海南大学学科建设专项基金资助项目

项目编号:ZXBJH – XK018

教育部人文社科 2013 年规划项目

"三沙市海洋管理体制刭新研究"（批准号 13YJA810004）阶段性
  成果

国家与海洋权益

STATE AND SEA RIGHY INTERESTS

江红义 著

人民出版社

责任编辑:陈寒节

装帧设计:朱晓东

图书在版编目(CIP)数据

国家与海洋权益/江红义 著. -北京:人民出版社,2015.6

ISBN 978 - 7 - 01 - 014767 - 3

Ⅰ.①国… Ⅱ.①江… Ⅲ.①海洋权 - 研究 - 中国

Ⅳ.①D993.5

中国版本图书馆 CIP 数据核字(2015)第 076582 号

国家与海洋权益

GUOJIA YU HAIYANG QUANYI

江红义 著

人民出版社 出版发行

(100706   北京市东城区隆福寺街99号)

北京龙之冉印务有限公司印刷   新华书店经销

2015 年 6 月第 1 版   2015 年 6 月北京第 1 次印刷

开本:720 毫米×1000 毫米 1/16   印张:13.25

字数:233 千字   印数:0,001 - 2,000 册

ISBN 978 - 7 - 01 - 014767 - 3   定价:35.00 元

邮购地址:100706   北京市东城区隆福寺街 99 号

人民东方图书销售中心   电话:(010)65250042   65289539

内 容 摘 要

　　本文从历史角度分析海洋权力与海洋权利的发展与演变历程,提炼出海洋权益的科学内涵。然后根据国家自主性理论对海洋权益予以分析,以此构建海洋政治分析的一个新框架;最后,通过对南海问题研究的回顾与反思,提出一个维护南海权益的综合性、宏观性的国家行为战略。

　　本文的主要结论是:

　　1. 海洋权益是海洋权能(sea capability)、海洋权力(sea power)与海洋权利(sea right)的结合体。其中海洋权力由海洋军事与海洋管理两种力量组成,海洋权利与国际法相关联。两者共同确保国家能够稳定实现海洋利益。

　　2. 国家海洋权益首先需要国家具有海洋利益的意识,以此为基础对内综合发展国家海洋权力;对外通过国家积极实践推动国际法的发展,从而扩展国家海洋权利。

　　3. 维护海洋权益方面国家自主性的发挥具有一定限度:对内归根到底受社会制约,对外归根到底受国际法、国际秩序及地缘政治格局的制约。因此在海洋权益方面,国家不应该无所作为,但也不应该恣意妄为。

　　4. 维护我国南海权益需要国家对内大力发展海洋管理与海洋军事,从而综合发展国家海洋权力;对外通过国家行为积极实践我国南海岛礁的领土主权及"断续线"内水域的历史性权利,从而推动国际法的发展,扩展国家海洋权利。

Abstract

This paper, from a historical perspective, will analyze the development and evaluation of sea power and sea right to find out scientific connotation of maritime rights and interests. Then, with the theory of the national autonomy, it analyses the maritime rights and interests, so as to construct a new framework of sea political analysis. Finally, it will put forward a comprehensive and macroscopic national behavior strategy to preserve the rights and the interests of the South China Sea through the review and reflection on the research of issue about it.

The main conclusions of this paper as follows:

1. Maritime rights and interests consists of sea capability, sea power and sea right. The sea power includes sea military and sea management and the sea right is associated with international law. The effect of two factors can ensure the country's sea interests stability.

2. If one country want to preserve its maritime rights and interests, the first step should be awareness. Then, we should develop the national comprehensively sea power at home and promote the development of international law abroad actively by the national practice to expand the national sea rights.

3. When it comes to protect the maritime rights and interests, the state autonomy is limited. At home, its main limit is the social background. Additionally, at abroad, it is also restricted by international law, international order as well as geopolitical pattern. Therefore, the government should do something appropri-

ately but everything without limit.

4. To protect the rights and interests of the South China Sea, on the one hand, China should reinforce the sea management and sea military vigorously, which would develop the national sea power comprehensively . On the other hand, the practice of China's territorial sovereignty to the islands – reefs in the South China Sea and the historical rights of Nine Dashes (Nine – Segmented Line) through the national behavior in the international. It can promote the development of international law and expand the national sea right actively.

目　录

绪　论

一、研究目的

本书在理论层次上来说，通过深入的文献研究和历史研究，为海洋权益提供一个完整的科学内涵。以此为基础，通过国家自主性理论对海洋权益予以分析，从而构建一个海洋政治学的基本分析框架。从实践意义来说，本书通过对南海问题研究的回顾与反思，为我国和平解决南海问题提供一个明确的国家行为战略。

二、关于海洋权益的国内外研究述评

"海洋权益"在国外学术界并没有成为一个单独的研究对象，但是相关研究则历史悠久。具体而言，主要有以下研究路径。

一是海权路径。"海权"是马汉在揭示海洋利益与历史发展之间的因果联系中提炼出来的。马汉以其著作《海权对历史的影响》、《海军战略》、《海权论》等开启海权论之先河。戈尔什科夫的《国家的海上威力》拓宽了传统"海权"观念的内涵。莱曼的《制海权》则复兴了马汉的海权思想。随后的国外学者基本上围绕着上述思想开展海权的研究。

二是海洋法路径。海洋法规定了国家在不同海域的权利和义务，是国家海洋权益的法律确认。该路径以劳特帕特的《奥本海国际法》、詹宁斯的《奥本海国际法》、拉扎列夫的《现代国际海洋法》、尼古拉耶夫的《国际法中的领水问题》、希金斯的《海上国际法》、斯塔克的《国际法导论》为代表。

三是海洋政治路径。海洋政治涉及到国家在追逐海洋利益中的国家行为。以阿姆斯特朗、赖纳的《美国海洋管理》；J. R. V. 普雷斯科特的《海洋政治地理》；鲍基思的《海洋管理与联合国》；巴里·布赞的《海底政治》；曼贡的《美国海洋政策》；帕冠的《二十世纪的西方地理政治思想》为代表。

四是海洋权益争端路径。海洋权益争端往往成为国外学术界的热点所在。其中就南海问题而言，以马奇的《斯普拉特利争端》，瓦伦西亚的《南海的紧张局势》，乔伊纳的《斯普拉特利群岛争议：南中国海地区法律、外交和地缘政治间交互作用的再思考》，艾默的《"南中国海"的主权要求与冲突》，朴春浩的《帕拉塞尔群岛和斯普拉特利群岛的法律地位》和《南中国海争议：谁拥有这里的岛屿和自然资源》等为代表。

"海洋权益"作为一个法律概念在我国最早出现于1992年的《中华人民共和国领海及毗连区法》中。自其出现以后，国内学者主要从以下路径对其展开研究。

一是关于海洋权益的理论研究。以杨金森、李明春、于宜法、陈可文、修斌等为代表。他们大体上从主权、权力、权利、利益等角度对海洋权益予以界定，并且阐述了海洋权益对于一个国家的意义和价值。

二是海洋权益的国际法研究。以赵理海、王可菊、陆儒德、慕亚平、刘振环、薛桂芳、曾皓等为代表。他们集中探讨了《联合国海洋法公约》生效后对我国海洋权益的正面及负面影响及维护对策等问题。

三是海洋权益的海权研究。以张文木、刘中民、郑立法、刘振环、张世平、李小军等为代表。他们集中探讨了海权的历史与内涵、中国海权的内涵及面临的挑战、我国海上军事力量发展的战略定位等问题。

四是维护海洋权益的对策研究。杨金森、张登义、王诗成、高伟浓、张良福等学者集中探讨了海洋经济及海洋开发等问题。张林、张瑞、刘惠荣等学者分别探讨了南极、北极、国际海底区域的海洋权益维护问题。赵恩波、陈正容、易传剑、桂静等学者集中探讨了我国海洋法律制度的建设问题。韩立民、何忠龙、陈万平、何传添、吴强、吕建华、张开城、刘光鼎等学者分别从海洋执法、海洋管理、海洋科技、海洋文化等角度探讨了维护海洋权益的对策。杨金森、张耀光等学者探讨了我国海洋发展的宏观战略及地缘政治战略。

　　五是周边国家海洋权益维护策略及权益争端研究。江淮、金永明、邱兆锋、高伟浓、朱凤岚等学者分别探讨了日本、韩国、东南亚国家的海洋权益维护战略、海洋政策等问题。张沱生、林泰、刘中民等学者分别探讨了东北亚海洋权益争端及中日钓鱼岛争端等问题。韩振华、赵理海、吕一燃、戴可来、李金明、司徒尚纪、吴士存、贾宇、朱坚真、安应民、李国强、于向东、刘中民、鞠海龙、郭渊等学者分别从历史地理角度、国际法角度、地缘政治角度以及权益维护策略角度研究南海问题，并提出了相应对策。

　　总体而言，国内学者从不同角度对海洋权益予以研究。从海权及海洋法的角度研究的论述和论著较多，海洋权益的维护策略及关于我国与周边国家海洋权益争端的研究日益成为热点。注意到目前的相关研究中，从历史角度对海洋权益进行的研究较为欠缺，从而导致无法完整准确地理解海洋权益的科学内涵及其演进的动力机制，也就难以提出维护海洋权益的综合性、宏观性的国家行为战略。

三、理论基础和分析

　　（一）海洋权益历史演进及动力机制。通过梳理海洋权益历史演进，提炼海洋权益的内涵，以此厘清海洋权益与海洋权能、海洋权力、海洋权利的联系与区别，并揭示海洋权益演进中的动力机制，即国家自主性。

　　（二）海洋权益的权力维度。主要涉及的基础理论是国家海洋权力的构成要素问题，即国家如何通过对内自主性的充分发挥，综合发展国家海洋权力，从而有效实现海洋利益问题。

　　（三）海洋权益的权利维度。主要涉及的基础理论是国家与国际法的关系问题，即国家如何通过对外自主性的充分发挥，形成有利的国际海洋法律制度，确保海洋利益得以持续稳定实现。

　　（四）海洋权益的国家行为限度。主要涉及的基础理论是国家自主性理论中的国家行为制约性问题，具体到海洋权益而言主要涉及的是国家在实现海洋利益方面的国家行为限度问题。

　　（五）维护南海权益的综合性、宏观性的国家行为战略研究。南海问题日益复杂化。通过国家自主性理论对我国在这一过程中的国家行为予以评估,找出问题症结所在,从而为维护南海权益提供一个综合性、宏观性的国家行为战略。

四、预期结果

(一)海洋权益是海洋权能、海洋权力与海洋权利的结合体。国内学术界对于海洋权益具有不同的理解。我们认为海洋权益的演进过程就是以海洋权能为基础,海洋权力与海洋权利的协同发展过程,从而赋予其丰富内涵。海洋权益是一个合成词,是海洋权能(capability)、海洋权力(power)与海洋权利(right)的结合体,其中海洋权力由海洋管理与海洋军事两种力量组成;海洋权利与国际法相关联。两者共同确保国家能够稳定实现海洋利益。

(二)海洋权益的形成、发展及实现有赖于国家自主性的发挥。国家自主性以实现国家利益为依归,包括对内对外两个方面:对内自主性是指国家具有针对社会各阶级、阶层、利益集团的超越性;对外自主性是指国家具有针对其它国家、国家组织·国际法的超越性。由于国际法是国家间的法,它是通过国家实践而不断得到发展的,因此实现国家海洋权益首先需要国家具有海洋利益的意识,以此为基础对内超越部门利益及地方利益,综合发展国家海洋权力;对外通过国家积极实践推动国际法发展,从而扩展国家海洋权利。

(三)维护海洋权益方面国家自主性的发挥具有一定限度。国家自主性的发挥具有限度:对内归根到底受社会制约,对外归根到底受国际法、国际秩序及地缘政治格局的制约。因此,我们认为在维护海洋权益方面,国家不应该无所作为,但也不立该恣意妄为。盲目诉诸武力是不可取的,和平解决海洋权益争端依然具有其价值。但必须处理好两者之间的关系,如我们所恪守的和平必须是以武力为后盾的和平,等等。

(四)维护我国南海权益需要国家充分发挥自主性。造成南海问题日益扩大化、复杂化的原因是多方面的,我们认为国家自主性的弱化是一个重要原因。因此,要想扭转南海问题上我国所处的日益被动局面,国家必须发挥自主性:对内超越部门利益及地方利益,大力发展海洋军事、海洋管理,从而综合发展国家海洋权力;对外通过国家行为积极实践我国南海岛礁的领土主权及"断续线"内水域的历史性权利,从而推动国际法的发展,扩展国家海洋权利。两者相结合,确保我国在南海"断续线"内水域的海洋利益得以稳定实现。

五、研究意义

目前,我国海洋权益争端尤其是南海权益争端日益复杂化国际化,解决难度日益增大。维护海洋权益不仅是法律问题、地缘政治问题,而且也是海洋政治问题,要求我国必须在国家层面对内对外积极主动实施综合性国家行为,否则必将陷入更加被动局面。因此,本书研究的理论意义在于通过提炼海洋权益的科学内涵,为海洋政治学提供一个完整的分析框架;实践意义在于为我国维护海洋权益尤其是南海权益提供一个综合性、宏观性的国家行为战略。

六、研究设想

本书强调问题意识,立足解决实际问题;强调学理分析,注重对策研究。力求将理论分析与对策建议结合起来。

具体研究设想是:"历史"——"理论"——"分析"——"对策"。首先从历史维度揭示海洋权益的内涵与动力机制,从而为本书的研究奠定坚实的理论基础;然后根据国家自主性理论对海洋权益予以分析,以此构建海洋政治学的一个新框架;最后,提出一个维护南海权益的综合性、宏观性的国家行为战略。

七、研究方法

历史唯物主义方法是本书的基本理论方法,这一方法在本书中的具体运用就必然表现为历史与逻辑的统一。所谓历史与逻辑的统一,就是说客观现实的历史是逻辑的基础和内容,而逻辑行程终归要由历史进程来决定。历史与逻辑相统一的方法是马克思主义方法论的核心。具体到本书而言,海洋权力、海洋权利都是特定历史的产物。只有分析海洋权力、海洋权利所产生的时代特点,了解特定国家在特定时代对于海洋利益的维护与实现所必须面对并予以解决的问题,我们才能真正了解海洋政治理论。因此,在本书中,历史与逻辑统一的方法就是历史唯物主义这一基本理论方法的具体运用。

本书除了运用历史唯物主义这一基本研究方法以外,为了更好地实现研究目标,还要具体运用文献研究方法与历史研究方法。

文献研究,即搜集、整理和分析相关文献,包括关于海权、海洋权益、《联合国海洋法公约》的相关文献资料;关于国家自主性的相关文献资料;关于南海问题的相关文献资料;关于海洋科技、海洋开发、海洋管理、海洋军事的相关文献资料等。

历史研究,即对海洋权力、海洋权利和南海问题研究等进行历史分析,包括从历史角度分析海洋权力的发展与演变历程;从历史角度分析海洋权利的发展与演变历程;从历史角度分析南海问题研究的发展与演变历程等。

第一章 海洋是国家的重大利益

第一节 古典时代的海洋价值

在漫长的人类历史上,早期的人类逐水草而居,依水临海成为其必然的选择。因此,生活在沿海地区的人类,为了自身的生存,也直观地利用海洋的某些可以简单索取的资源。于是人类最初的海洋渔猎、海上航行和煮海为盐便应运而生了。这种原始的海洋利用活动,经历了漫长而又曲折的过程,逐步演化并发展成为传统的海洋渔业、海上交通运输业和海洋盐业。我国考古发现证明,原始的海洋捕捞和海产品采集活动,最迟不会晚于生活在距今18000年之前的北京周口店山顶洞人。这是因为在山顶洞人生活过的遗址中,发现了不少食剩下来的鱼骨、作为装饰品的穿孔海贝壳,以及经磨制、钻孔的鱼眼上骨等。这些考古发现有力证明,山顶洞人是进行过海洋捕捞活动的。

我国"煮海为盐"由来已久。《世本》书中有"夙沙氏(即宿沙氏)煮海为盐"、"宿沙氏始煮海为盐"的字句。宿沙氏生活的时代大约在公元前4000多年前。夙沙氏煮海为盐的传说从战国、汉、唐直至宋流传很普遍。《中国盐政史》中有"世界盐业莫先于中国,中国盐业发源最古在昔神农时代夙沙初作煮海为盐,号称'盐宗'"的说法。而且考古发现也证明,我国在将近5000年前就已经学会煮制海盐。宋朝程大昌在《演繁露》中写道:"盐已成卤水,暴烈日,即成方印,洁白可爱,初小渐大或数十印累累相连",形象地描述了食盐通过蒸发结晶成为晶体的过程,以及结晶后的食盐形态。

至于海上航行,可能与海洋捕捞同时或稍迟一些开始,新石器时期文化考古确凿地证明,我国在公元前四五千年前已乘船到海上进行捕捞航行了。

原始的海洋利用活动产生以后,时间又逝去数千年。及至传说中的夏朝,据《史记·夏本纪》记载:"海岱维青州:堣夷既略,潍、淄既道;其土白坟,海滨广舄,厥田斥卤;田上下,赋中上;厥贡盐絺,海物维错,岱畎丝、枲、铅、松、怪石,莱夷为牧,其筐檿丝;浮于汶,通于济"。这段话可以翻译为:大海到泰山之间是青州:在这个地区堣夷平治之后,潍水、淄水也得到了疏通。这里的土质色白而且把美,海滨一带宽广含碱,田地多是盐碱地。田地属上下,即第三等,赋税属中上,即第四等。进贡物品是盐和细葛布,有时也进贡一些海产品,还有泰山谷地生产的丝、大麻、锡、松木、奇异的石头,莱夷地区可以放牧,所以,那里进贡畜牧产品,还有用筐盛着用来作琴弦的柞蚕丝。进贡时,走水路,由汶水转入济水。这段文字说明,到夏朝的时候,海洋捕捞和海水制盐已经有了一定的规模。因此,沿海地区缴纳的实物贡税主要是各种海货和海盐。如果捕捞和制盐没有形成有影响的经济内容,那么也就不可能将海盐作为贡税的主要品种。此外在《竹书记年》中,还记载有反映海上航行开展游乐等活动的内容。夏朝中叶,"帝芒十二年,东狩于海,获大鱼"(《竹书纪年》),由此证明,在夏朝的中期,近海航行和捕捞已经比较普遍,否则,帝王巡幸、游乐不会冒着生命危险狩猎于海上。此外,以海岛为避难场所也是夏朝海洋文化精神形态的一个表现。少康死后,子杼继位,兴师"征于东海",结果使得不甘臣服的东海人逃亡出海,据海进行反抗。"以玄珪宾于河"说明夏朝时代即有模糊的海神崇拜。总之,由于"海"、"四海"、"东海"等概念只是在具体标明方位时才具有的明确概念,因此在夏人那里也就具有了文化符号的意义,这也体现出早在夏代就已经具有较为丰富的海洋文化元素。

及至商朝,海洋利用行为除了渔盐、捕捞、交通航行以外,依托海洋进行军事活动也已经开始了。据《诗经·商颂·长发》记载:"相土烈烈,海外有截",这可以翻译为:先祖相土武功烈烈,四海之外顺服齐一。相土是契的孙子,在位时曾开展了对周边的征讨,其中也包括利用海洋进行的征讨活动,一时威力四播。不仅如此,殷商时期沿海和更远距离的海上航行较之夏朝大为发展,特别是商朝末年殷人航海抵达美洲之说,尤为值得关注。最早提出这一想法的是法国人金勒(De. Guignes),他于1761年提交的一份研究报告中指出:根据中国史书,认为古扶桑国就是今之墨西哥,殷人航行到扶桑,应该是到达了墨西哥。金勒所言的中国史书,指的是《梁书》"扶桑传"。在中国学者中较早响应此说的是章太炎,他在所著《文始》中也认为扶桑即墨西哥。如此看来,扶桑国应远在西半球的美洲,原产于墨西哥的棉花,即具备扶桑木的全部特征。墨西哥玛雅人的首领称"Dui – –Lu,"其发音正是《梁书》中所说的扶桑国贵人:大小"对卢"。由此推定新大陆的发现者并不是哥伦布,而是远为更早的古代中国人。如果这个观点是正确的,那么中国人越大洋航海,将比哥伦布早2000多年,此举无疑应该是人类历史上奇迹般的成就。在认定殷人远航的基础上,又可以作出如下引申的认识:一是当时的造船技术应该已经达到一定的水平,否则经不起海洋大风大浪的袭击;二是当时已经积累了一些粗浅的海洋知识,如利用海岸海流、风向、星辰等进行航海和掌握航向等。此外,商朝的海洋捕捞较之夏朝更为扩大,在殷遗址中发掘到很多海洋鱼类骨骼,还出土鲸鱼骨的残骸。所谓的"获大鱼",有人认为"大鱼"是搁浅的鲸鱼,还有人认为,从商代开始历代朝廷都规定东南沿海地区要进贡鲨鱼皮。可以想象能够从海洋里猎取如此的大型动物,若无较高技术和方法那是不可能的。最后,殷商盛行甲骨占卜,在发现的甲骨片中,有相当部分是使用海龟甲克,其中大者长44厘米、宽35厘米。经研究,有的海龟是产自较远的海域,如马来半岛附近等。来自较远的龟甲,可能有两个途径:一是商民远航捕捞的;二是交换或外方贡纳的。不论哪种途径,这都说明当时的海洋捕捞是比较发展的。

第二节 近代以来海洋资源价值的演变

总体而言,人类从原始的、取而为用的海洋利用,到建立稳定的海洋产业之间大约经历数万年之久。纵观人类社会的海洋利用史,虽然人类不断地扩大海洋资源的开发与利用,但大部分开发利用只不过是实践经验的增长,其所积累的海洋知识也极为有限。直到 18 世纪以后,近代工业革命开始更大范围地进入海洋,于是大规模的全球海洋调查、探险活动在新的条件下得以勃兴,人类的海洋知识迅速得以增加,海洋对于人类社会的价值从海面直到海底区域全方位得以扩展开来。

一、海洋的面上价值

据统计,地球的表面约有 3.6 亿多平方公里的面积被海水所覆盖,几乎占地球表面面积的 71%。我们所赖以生存的陆地,宛如无限汪洋中的岛屿。海洋既把人类赖以生存的陆地分割开来,又是天然的连接纽带,这就是海洋所具有的海面之上的通道价值。事实上,这种通道价值是人类利用海洋最为古老和传统的方式,"舟楫之便"即为此意。随着近代科学技术的发展,海洋所具有的通道价值俞益彰显,传统的海洋交通运输业逐渐发展成为现代的海洋交通运输业。在现代社会,随着社会分工的不断发展,完全自给自足而不需要对外贸易的国家几乎不存在,贸易已经构成国家经济运行的必要条件。随着技术的发展,船舶的吨位不断提高,由数万吨直至数十万吨的船舶大量涌现,而且技术水平也不断提高。技术的发展使海洋运输所具有的承载量大、运费低的优点日益彰显,充分显现出与其它运输工具相比较的明显优势。可以这样说,海洋交通运输是当今世界经济发展的基本因素,对于一些高度依赖对外贸易的沿海国家或海洋国家而言,海洋交通运输甚至是其生存与发展的生命线。

海洋的面上价值除了海洋通道价值以外,还具有旅游价值。目前,世界旅游人数与日俱增,旅游业已经发展成为现代社会的主要产业,这是社会发展的必然结果。在整个旅游产业中,海洋以其优美壮观的自然景观、宜人的气候、特色的风物吸引着越来越多的旅游者,使得以海洋表面为基本依托的滨海旅游或海洋旅游在整个旅游产业中占据相当大的比重。

二、海洋的水体价值

地球表面不仅海洋面积巨大,而且海水水体体积巨大,约为13.2亿立方千米。巨大的海水水体蕴含着极为巨大的价值,而且随着近代以来自然科学的发展,海水水体所具有的价值也不断挖掘出来。概言之,海水水体具有如下价值。

1. 海水水体所蕴含的生物资源价值。开发海水水体的生物资源,是人类海洋开发利用的最为古老、最为基本的形式之一,原始的海洋捕捞就是基本表现形式。随着现代科学技术的发展,海洋捕捞业的装备技术水平大为提高,人类的海洋捕捞量及捕捞水域大为扩展。而这都以海洋所具有的生物资源价值为前提和基础。据统计,整个地球每年生产的生物总量相当于1.5×10^{10}t有机碳,而海洋生物就占了87%。已知海洋生物资源蕴藏量约为3.4×10^{10}t,约有20万种海洋生物。目前海洋每年向世界人类提供9.0×10^{7}t以上的鱼产品——高质量的蛋白食品[①]。据估算,每年仅海洋鱼类的生长量多达6.0×10^{8}t,在不破坏资源的前提下每年可捕获量为2亿吨至3亿吨[②],是目前世界海洋渔获量的2—3倍。

当然随着海水养殖技术的发展,在世界广阔的滩涂、海湾、海岛、浅海甚至适合条件的深海海域,海水养殖业也大为发展,其产量在海洋水产品中的比例急剧增加。仅以我国为例,在20世纪70年代中期以前,海水养殖年产量,高者也只不过二十几万吨,仅是捕捞量的十分之一;70年代中期以后养殖产量提高很快,1983年超过50万吨,1986年达到85.8万吨,占当年海洋捕捞量的22%以上。1995年进而达到412.3万吨,较之1986年的产量几乎翻了三倍多,占当年捕捞量的40%以上。[③] 这也是目前海洋生物资源利用的一种重要形式。目前,在我国的海洋产业中,海洋生物资源的开发利用

---

① 刘瑞玉:《关于我国海洋生物资源的可持续利用》,《科技导报》2004年第11期,第28—31页。

② 王芳:《中国海洋资源态势与问题分析》,《国土资源》2003年第8期,第27—29页。

③ 鹿守本:《海洋管理通论》,海洋出版社1997年版,第7页。

位居首位,海洋渔业(水产业)所占比例超过50%[①],近年已达55%[②]。1999年,中国海洋水产品总产量达2472万吨,占世界渔业总产量的1/4,居世界第一位[③]。2002年,我国海洋捕捞产量达到1433万吨(含远洋捕捞),养殖产量达到1212.8万吨[④]。海洋生物资源已用作优质食品、药物、生物制品和其它精深加工品的原材料。

2. 海水水体所蕴藏的可再生能源价值。海水所蕴藏的可再生能源主要有潮汐能、海流能、波浪能、温差能、风能和盐差能等,而且储量很大。仅以我国临近海域的调查统计,我国潮汐能可开发的资源量约为2200万kW,其中潮汐能资源最丰富的地区集中于福建和浙江沿海,潮差最大的地区(如浙江的钱塘江口、乐清湾,福建的三都澳、罗源湾等)平均差为4～5m,最大潮差为7—8.5m;我国海流能可开发的资源量约为1400万kW,其中以浙江沿岸最多,有37个水道,资源丰富,占全国总量的一半以上,其次是台湾、福建、辽宁等省份的沿岸,约占全国总量的42%;我国波浪能可开发的资源量约为1300万kW,可开发利用的区域较多,其中以台岛沿岸丰度最大,占30%以上,浙、闽、粤三省沿海共占40%以上,山东沿海也有较丰富的蕴量,占10%以上;我国温差能资源蕴藏量在各类海洋能中占居首位,可开发的资源量超过13亿kW,其中海域表、深层水温差在20℃—24℃,是我国近海及毗邻海域中温差能能量密度最高、资源最富的海域;我国离岸风能相当丰富,全国海上可开发利用的风能约7.5亿kW,是陆上风能资源的3倍,其中以福建、江苏和山东省海洋风能最丰富;我国拥有大量富油藻类种群,适合

---

① 刘瑞玉:《关于我国海洋生物资源的可持续利用》,《科技导报》2004年第11期,第28—31页;或唐启升,苏纪兰:《海洋生态系统动力学研究与海洋生物资源可持续利用》,《地球科学进展》2001年第1期,第5—11页。

② 王芳:《中国海洋资源态势与问题分析》,《国土资源》2003年第8期,第27—29页。

③ 唐启升:《中国海洋渔业可持续发展及其高技术需求》,《中国海洋年鉴》2000年,第42页。

④ 刘瑞玉:《关于我国海洋生物资源的可持续利用》,《科技导报》2004年第11期,第28—31页。

开展海洋生物质能开发利用研究工作。[①] 由此可见世界海洋可再生能源的总蕴藏量之庞大。海水所蕴藏的可再生能源昼夜不息,不可耗尽,而且开发不占陆地空间、不污染环境,又可开展综合利用,一举多得,是一类符合人类长远根本利益的能源资源。尤其是在目前石油、煤炭等化石能源耗尽可期的情况下,海水所蕴含的可再生能源更具有令人向往的价值。

3. 海水水体自身的价值。科学家把海水分为三层,海平面100米以内是表层,100米至600米之间是温越层,600米以下是深海层。深海层的海水终年没见过阳光,从未被人类污染过。海水水体体积庞大,在13.2亿立方千米的海水水体中,溶解有大量的以盐类为主的矿物质。目前,人类在陆地上发现的106种元素,现已有80多种在海水中找到。海水中的化学元素,除氢和氧以外,含量在1毫克以上的有氯化物、硫酸盐、碳酸氢盐、溴化物、硼酸盐、氟化物、钠、镁、钙、钾和锶等。这些被称为海水中的常量元素,它们的总合量占海水化学元素的99%以上。含量在1毫克以下的还有60余种,称"微量元素",有锂、铷、碘、钼、锌、铀、铅、钒、钡、铜、银和金等。微量元素中另有磷、氮、硅等几种,对海洋生物的生长具有重要意义,故被称为"营养盐类"。海水的平均盐度(每千克海水中的克数)约为35。按此数算下来,全球海洋中固体矿物质含量多达5亿亿吨,如将它们平铺在陆地上,会使陆地加高150米。其中海洋中氯化钠的总储量可达4亿亿吨,从海水水体中提取无机盐(氯化钠)是人类海水水体利用的最古老、数量最大、最为重要的形式。但是由于科学技术水平的落后,人类对于海水融存的矿物资源的利用一直较为单一。随着近代以来自然科学的发展,人类对于海水水体的融存矿物质的认识水平和利用水平也越来越高,越来越多的海水融存矿物质被人类发现并成为开发利用的对象,有些甚至已经投入工业化生产。例如,陆地上的铀储量估计只有100万吨左右了,铀在1吨海水中的含量虽只有33微克,但海洋中的总储量却多达40多亿吨,是陆地储量的

[①] 史丹,刘佳骏:《我国海洋能源开发现状与政策建议》,《中国能源》2013年第09期,第6—11页。

2000—3000 倍;溴在工农业、国防和医学等方面被广泛应用,目前全世界
80%的溴是从海水中提取的;镁是机械制造工业的重要金属材料,它在海水
中的总含量约为 180077 亿吨。① 据统计,全世界每年大约从海洋中提盐
5000 万吨、镁及氧化镁 260 多万吨、溴 20 万吨。②

　　与海水提取融存矿物质相匹配的就是海水淡化。海水经淡化生产淡
水,现在已经发展成为一种较为成熟的技术,这也是海水水体自身价值实现
的一种重要形式。目前,全球有海水淡化厂 1.3 万多座,海水淡化日产量约
3500 万立方米左右。其中 80%用于饮用水,解决了 1 亿多人的供水问题。③
经成套设备较大规模地生产供应生活与工农业用水,是目前干旱——沙漠
沿海国家,如科威特、沙特阿拉伯等国淡水供应的主要来源之一。

　　海水直接利用。随着现代科技的发展,海水用于工业冷却水已经为各
沿海国家广泛推广使用。海水冷却一方面可以减轻沿海城镇日益短缺的淡
水压力,另一方面可以降低工业品的生产成本。早在 20 世纪 30 年代,日本
就已经使用海水,其沿海城市绝大多数企业均采用海水冷却,工业用水量的
40%—50%为海水,仅电力企业直接利用的海水已达 100 多亿 m^3;美国 70
年代末海水的直接利用量已达 720 亿 m^3,现在工业用水的 1/3 为海水;西
欧六国海水利用量已达到 2500 亿 m^3。国内方面,早在 1935 年,青岛电厂
用海水作冷却水,日用水量 70 万 m^3。现在,青岛市的海水年利用量约为 7.
7 亿 m^3,山东沿海城市海水总利用量为 12 亿 m^3。全国海水年利用量也已
经约为 60 亿 m^3。④ 而据最新统计,全球直接利用海水作为工业冷却水总量
每年约 6 000 亿立方米左右,替代了大量宝贵的淡水资源,主要应用于发电
厂、炼油厂、化工厂、钢铁厂等耗水大户。其中,日本工业冷却水总用量占世
界年利用海水冷却总用水量的一半多。美国占世界年利用海水冷却总用水

---

　　① 陈健生:《海水中的化学资源》,《今日中学生》2005 年第 2 期,第 76—77 页。
　　② 王海芳:《南堡开发区海水深度利用研究》,《中外企业家》2014 年第 3 期,第 250—251 页。
　　③ 王海芳:《南堡开发区海水深度利用研究》,《中外企业家》2014 年第 3 期,第 250—251 页。
　　④ 丁晖:《海水直接利用及含海水城市污水的处理》,《辽宁城乡环境科技》卷 22,第 4 期,2002
年 8 月,第 13—14 页。

量的近 20% 。我国海水冷却水用量每年不足 150 亿立方米,为世界年利用海水冷却总用水量的 3% 。[1] 全国海水直接利用量 692.7 亿 m³,主要作为火(核)电的冷却用水。其中广东、浙江、福建和山东利用海水较多,分别为 270.4 亿 m³、204.0 亿 m³、58.4 亿 m³ 和 55.9 亿 m³。[2]

海水直接灌溉。海水直接灌溉是海水利用在农业领域的一种基本形式。目前经过多年的探索与实验,已经有了初步成效。海水灌溉的核心问题是耐盐作物品种的选择与培育问题。美国等国的科学家在经过多年的调查选择后,找到了一种水稻,曾在墨西哥湾沿海栽培取得成功,使这项工作见到了曙光。不仅如此,适应海水的牧草也得到一定的推广。可以预测,海水直接灌溉必将会有较为广阔的应用前景。

海水降解污染。尽管海洋系统具有其脆弱性,但与陆地相比,海水具有较好的稀释扩散能力,也有一定的降解能力,而且海水水体体积庞大并具有流动性,从而进一步增强了海水水体的稀释降解能力。因此,将海洋作为陆地产生的固体废弃物、废水、城市垃圾的排放出口,充分发挥海水水体的稀释降解能力,减轻陆地所承载的污染压力,也就成为沿海地区废弃物排放的一个重要选择。

三、海洋的海底价值

海底是一片辽阔的潜没陆地,三亿六千万平方公里的海面底下皆为海底。根据地理特点,海底大体可以划分为两个区域:大陆边和深海底。大陆边本身又可分为三个区域:大陆架、大陆坡和大陆基。深海底也可以划分为若干地理区域,包括平缓的深海平原、深海沟、海底山岳、海底山脉和深海脊。海底蕴藏着巨大的财富,主要体现为以下两类价值:

海底的矿产资源价值。目前,陆地发现的矿产,在海底几乎都有蕴藏。海底矿物资源大体可以分为四类:

---

① 王海芳:《南堡开发区海水深度利用研究》,《中外企业家》2014 年第 3 期,第 250—251 页。
② 《2013 年中国水资源公报》(第三点 水资源开发利用)。

第一类是海底表层矿物,其中多数是陆地矿产的延伸,而且其蕴藏大部分没有越出大陆边的范围,这些矿物主要包括石油、天然气、硫磺、煤、盐、锡和钾碱等。其中石油、天然气,以及天然可燃冰则是具有战略意义的矿产资源。根据我国勘探成果预测,在渤海、黄海、东海及南海北部大陆架海域,石油资源量就达到275.3亿吨,天然气资源量达到10.6万亿立方米。我国石油资源的平均探明率为38.9%,海洋仅为12.3%,远远低于世界平均73%的探明率;我国天然气平均探明率为23%,海洋为10.9%,而世界平均探明率在60.5%左右。我国海洋油气资源在勘探上整体处于早中期阶段。近年来近海大陆架上的渤海、北部湾、珠江口、莺琼、南黄海、东海等六大沉积盆地,都发现了丰富的油气资源。就天然可燃冰而言,据科学家估计,地球海底天然可燃冰的蕴藏量约为500万亿立方米,相当于全球传统化石能源(煤、石油、天然气、油页岩等)储量的两倍以上,是目前世界年能源消费量的200倍。全球的天然气水合物储量可供人类使用1000年。① 此外,就其它的矿产资源而言,根据海洛和梅纳德的计算,仅仅在太平洋海域,各种矿产资源的蕴藏量达16000多亿吨,其中锰2000多亿吨,镍90多亿吨,铜50多亿吨,钴30多亿吨。而整个世界洋底的矿产资源总储量在3万多亿吨,按现在世界年消耗量计算,这些矿产够人类消费数千甚至数万年。②

第二类是滨海砂积矿藏。这类矿藏主要包括两种类型,一是由于海浪冲击海滩或者由河流冲刷岸地矿藏的碎粒而形成的重金属矿,这类矿产包括金、铂、金刚石、锡、磁铁、金红石等;二是单位价值较低的粗糙商品矿藏,包括沙子、砾石和骨质沙(海洋贝壳),这类粗糙商品矿物由于生产量很大,成了海洋硬矿物开采工业中最有价值的部门之一。我国是世界上滨海矿产种类较多的国家之一,已发现60多种矿种,估计地质储量达1.6万亿吨。③

① 吴荣庆:《我国海洋矿产资源开发现状及发展趋势》,《中国国土资源报》2009-08-21(08)。

② 黄裕安:《浅论国际海底矿产资源之开发制度》,《法制与社会》2014年第28期,第36—37页。

③ 吴荣庆:《我国海洋矿产资源开发现状及发展趋势》,《中国国土资源报》2009-08-21(08)。

各类砂矿床 191 个，其中大型 35 个、中型 51 个、小型 105 个，总储量约为 31 亿吨。探明储量约 15.27 亿吨，其中大多数为非金属砂矿，金属砂矿仅占 1.6%。目前已探明具有工业储量的有钛铁矿、金红石、锆石、磷钇矿、独居石、磁铁矿、砂锡矿、铬铁矿等 13 个矿种，此外还发现有金刚石和砷铂矿颗粒。矿床和储量分布均不平衡，南多北少，广东、海南、福建三省的砂矿储量占全国滨海砂矿总储量的 90% 以上。[①] 并且形成了 8 个成矿带，如海南岛东部海滨带、粤西南海滨带、雷州半岛东部海滨带、粤闽海滨带、山东半岛海滨带、辽东半岛海滨带、广西海滨带和台湾北部及西部海滨带等。特别是广东海滨砂矿资源非常丰富，其储量在全国居首位。

第三类是某些海洋断裂活跃区域因海底热液矿床而形成的含金属泥浆。海底热液矿床是与海底热泉有关的一种多金属硫化物矿床，系海水侵入水深 2000 至 3000 米海底裂缝中，被地壳深处热源加热后，溶解了地壳内的多种金属化合物，再从洋底喷出，遇冷海水而凝结生成的沉淀物，因而又称为"多金属软泥"或"热液性金属泥"。这类泥浆分布水深一般为 800 至 2400 米，含有锌、铜、铅、银、锡、金、铁和锰等多种金属，其中金、银等贵金属的含量高于锰结核矿，被称为"海底金库"。含金属泥浆在海底分布不均，最为有名的就是红海咸水潭的沉积物，此外在亚丁湾、加利福利亚湾、东太平洋海脊等区域也有所分布。海底热液矿床的发现，引起世界各国的高度重视。专家们普遍认为，海底热液矿是极有开发价值的海底矿床，一些深海探查开采技术发达的国家纷纷投入巨资研制各种实用型采矿设备，我国也将海洋技术列为未来重点发展的高新技术之一。

第四类是存在于海底表面的结核矿。这些结核矿包括重晶石结核矿、磷结核矿和锰铁结核矿。其中锰结核是一种深海海底自生的锰矿产，主要成分为锰和铁的氧化物和氢氧化物，含铜、镍、钴等多种金属元素，广泛分布于太平洋、大西洋和印度洋水深 4 至 6 千米的海底，其中从中美洲海岸到经

---

① 崔木花，董普，左海凤：《我国海洋矿产资源的现状浅析》，《海洋开发与管理》2005 年第 5 期，第 16—21 页。

度180度、从赤道到北纬20度之间的太平洋底区域最为富集,一般呈球状或椭圆球状或块状,直径1至20厘米。根据中国大洋矿产资源研究开发协会网站披露的数据显示:世界洋底的锰结核总量约3万多亿吨,其中太平洋底最多,约1.7万亿吨,含锰4000亿吨、镍164亿吨、铜88亿吨、钴58亿吨。这些储量相当于目前陆地锰储量的400多倍,镍储量的1000多倍,铜储量的88倍,钴储量的5000多倍。按现在世界年消耗量计,这些矿产够人类消费数千甚至数万年。更重要的是这种卵状矿物还在不断生长。太平洋底的锰结核以每年1000万吨左右的速度生长,一年的产量就可供全世界用上几年。上个世纪70年代 国际上出现锰结核开发热。随着勘探技术和开发技术的发展,对锰结核的开采将形成新兴的海洋矿产业。由于此项资源直接关系到世界未来发展的巨大矿物需求,因此其开发、管理备受联合国的重视,并且成立了国际海底管理局和国际海洋法庭等具体负责这一工作。尤为值得注意的是,砂积矿藏、含金属泥浆和结核矿都处于不断形成的过程之中,因而是一种"自然增生"资源。因此,当陆地资源正日益枯竭之时,海底矿物由于是多种金属取之不尽的宝库而更加弥足珍贵。

　　海底的空间资源价值。人类的生存与发展需要空间。随着人口增加、经济活动的不断扩展,陆地空间越来越狭小而拥挤,这在经济发达的沿海地区表现得尤为明显,于是向海洋要空间也就越来越紧迫而突出,而海洋的空间资源主要存在于海底部分。长期以来,围填海造地是海洋空间资源利用的主要形式。围填海造地就是将浅海海底通过人工填埋的方式改造为高出海面之上而形成陆地的过程。通过围造新的陆地,用以建设城镇、机场、工厂和耕地等。目前,世界上一些国土面积狭小的沿海国家,为解决陆地空间的不足,都开展了围填海造地活动,充分发挥了海底的空间价值。不仅如此,随着现代科学技术的发展,为了减少陆地土地资源的使用,依托海底进行工程建设已经得到广泛的开展。这类工程主要包括:依托海底建设海底仓库、依托海底建设公园、依托海底建设水上建筑群、依托海底建设海上桥梁等。此外,依托海底建设海底隧道也在兴起,如日本的青函隧道全长54千米,英吉利海峡海底隧道也已经建成通车。上述海底工程的建设使得海底所拥有的空间价值得到了进一步的挖掘。

第三节 现代海洋所具有的安全价值

海洋对于一个国家所具有的安全价值是由海洋通道价值所衍生出来的。海洋通道就是海上航线,是海洋提供给人类的重要的交通条件。从历史上来看,海洋通道价值在海洋诸多价值中居于首要地位已经保持了几百年甚至几千年,尤其是"18 世纪以来海洋通道是海洋国家的至关重要的利益,不仅是维持经济繁荣和施加全球影响的手段,而且甚至是国家的生存手段。"①尽管人类社会正步入信息社会,但全球的人员流动、资本流动和信息流动是建立在巨大的物质流动基础之上的。目前世界上主要有三大交通体系,即陆上、海上和空中的交通体系。这三大交通体系在世界贸易运输中的排序是海洋占第一位,陆地占第二位,空中占第三位,海洋交通运输居于遥遥领先的地位。这是因为海洋运输具有无可比拟的优越性:其一,世界的海洋是连为一体的,海洋是全球通道;其二,据专家测算,陆地运输成本是海运的 5 倍,空运成本则是海运的 50 倍②,并且只有海运能够承担大宗、笨重、远距离货物的运输。没有依赖于海洋运输的全球物质流动,现有的世界经济秩序就难以为继,因而海洋所具有的通道价值日益凸显,尤其是具有战略意义的石油的流动更是依赖于海洋这个通道。据统计,世界上 80% 的货物贸易都是通过海运完成运输的,2005 年全球海运贸易总量约为 72 亿吨,其中原油海运量就达 19 亿吨③。就我国而言,2005 年沿海港口完成吞吐量 49 亿吨④。2006 年末,在世界排名前 20 位的国际港口中,我国沿海港口已占近一半席位,其中上海港以 5.37 亿吨货物吞吐量稳居世界第一大港⑤。

---

① Same Bateman and Stephen Bates, eds. ,The Seas Unite: Maritime Cooperation in the Asia Pacific Region(Australian National University Printing Service,1996) , p. 27.
② Anthony E. Sokol,Sea Power in the Nuclear Age(Public Affair Press,1961) ,pp. 56 – 57.
③ 孔鹏:《跟随国家能源战略,掘金油轮运输业》,《新财富》2006 年第 11 期。
④ 《中国海洋统计年鉴 2005》中国 2005 年沿海地区海洋交通运输量统计。
⑤ 《中国海洋统计年鉴 2006》中国 2006 年沿海地区海洋交通运输量统计。

2013 年中国对外贸易总额破 4 万亿美元,超越美国跃居全球第一。而据新华网 2013 年 11 月 08 日报道,我国对外贸易运输量的 90% 是通过海上运输完成的。

海洋通道上的关键点被称为海上咽喉。海峡、运河、内河的出海口和其它的各种狭窄水道都是海上咽喉,它们常常是国际航行的主要通道。由于海上贸易对大多数国家的安全和经济至关重要,基于这些海上咽喉地理位置的特殊重要性,一旦海上贸易在这些狭窄水域被打断,就必然产生不堪设想的后果。因此海洋通道安全也就成为全球关注的首要问题之一,直接涉及到国家的经济、政治安全,对于这些重要的海上咽喉施加影响和控制也就成为海洋国家尤其是海洋大国的重要目标。尤其值得注意的是,这些海上咽喉的组成及布局一旦对相关沿海国家形成一种紧锁甚至包围之势,就会将这些沿海国家置于一种极端不利的局势,从而在一定程度上影响地缘政治格局,并对区域经济、政治、外交产生重大影响。

正是因为海洋对于沿海国家所具有的经济、政治上的安全价值,海上通道的畅通与否直接关系到国家的兴衰存亡,影响和控制海上通道比以往任何时候对于沿海国家尤其是海洋大国都具有决定性的意义。二战以后爆发的 230 余场局部战争和军事冲突中的 20% 左右与海洋通道的争夺与冲突有关。冷战后越来越多的冲突和斗争围绕海洋通道而展开,控制海洋通道越来越成为 21 世纪国际利益博弈的关键领域和军事战略的重要课题。所有这些都归因于海洋通道对于沿海国家所具有的安全上的价值。

基于上述分析,我们可以发现海洋价值是一个历史范畴,它是随着人类开发利用海洋的海洋实践活动不断深入而在认识上不断深化的结果。随着人类涉海活动的不断深入,开发利用海洋的能力与水平也就不断提高,发展海洋经济以实现海洋利益的能力得到迅猛发展,海洋文明作为一种新的文明形态也就应运而生并且其影响力不断提高,不仅不断左右人类的经济生活,而且不断影响人类的政治生活,必然导致越来越多的沿海国家不断卷入海洋利益的争夺之中以适应经济基础的需要。"海洋究竟是任何人都可自由使用的共同财产,还是象陆地一样,可以被任何有权实现某种权利主张的人所占有?"①,这是一个人类海洋文明早期必然需要思考的重大问题。事实上,早期的人类不可能过多思考海洋权利问题,而更多的是依靠武力,依靠国家有组织的暴力来对海洋施加影响和控制,这就是海洋权力,即海权。只是到了近代,随着民族国家的普遍建立而形成新的国际政治秩序,国家有组织的暴力逐步让位于平等国家之间的协商谈判以确定海洋秩序,从而形成了国际海洋法律制度所确认的海洋权利。无论是海洋权力还是海洋权利,其目的都是确保国家能够有效维护和稳定实现海洋利益。

---

① [加拿大]巴里·布赞:《海底政治》,时富鑫译,北京三联书店1981年版,第9页。

第二章 国家与海洋权力

第一节 海洋文明与海洋权力

水是人类生存的第一需要。人类早期的四大文明皆源于水、维系于水，无论是古代埃及、古代巴比仑、古代印度以及古代中国无不如此。四大文明绵延数千年，人们从大江大河中汲取水，供饮用、灌溉，从而使人类得以繁衍、生息，使文明得以延续。总之，人类的生存本能需要水，这就是大河文明产生的基础。

令人不可思议的是，公元前三千年左右，地中海东部海域四处泛起了比布尔人的"V"形底独木舟。而他们利用的则是一种人不能直接饮用的蓝水，即海水。事实上，最初的海上泛舟与大河扬帆似乎并没有多大的区别，以至于荷马时代的地理学家们将海洋称之为"海洋河流"。在社会生产力基本上处于同一发展水平的情况下，地中海之所以能够成为蓝色文明——海洋文明——的源头，是由地中海所拥有的无可比拟的自然条件决定的。地中海是一个由欧亚大陆与非洲大陆三面环抱而成的内海，海岸线蜿蜒曲折，海中的岛屿星罗棋布，气候温和湿润，海面往往风平浪静，而且数个伸入地中海中央的半岛形成相应的海湾水域。这种地理特征在地中海东部海域尤为突出。在这里，海面上航行如同在河流上航行一样，因此所谓的飘洋过海也就如同跨越大江大河一般。

必须明确，位于地中海东部海域的作为蓝色文明起点的古希腊文明之所以能够开创海洋文明，是因为大地赐予古希腊的财富远不及其它四大文明那么多。这是由古希腊独特的地理特征决定的。古希腊全境山岭连绵，群山把各地分割成小块陆地，导致内陆交通堵塞，肥田沃土较为匮乏，因而也就缺少发展自给自足的自然经济的条件，以大河为依托的农耕文明无从发展。因此古希腊文明不得不将发展的方向瞄准海洋，从而确立了以贸易立国的蓝色海洋文明的新路。

古希腊独特的地理特征还表现在，希腊半岛深入地中海，将两侧的海域分割为两个小海域，东侧为爱琴海，西侧为爱奥尼亚海，本土上除了北部以外，没有一个地方距离海岸线 50 公里以上。从希腊半岛出发渡海往南经克里特岛可以抵达埃及，渡海向东可以抵达小亚细亚、巴比伦。古希腊独特的地理优势，使它必须发展而且也能够发展对外交流与贸易，使得古希腊能够充分吸收引进东方农耕文明的同时，也创造了独特的海洋文明，贸易文明。

古希腊文明通过与东方文明不断交流，公元前 2500 年至 2000 年，克里特岛成为最古老的商业贸易中心。这个商业贸易中心呈现出如此的景象：克里特人驾驶从比布尔人那里买来的木舟，沿地中海航行。他们从努比亚（尼罗河上游今苏丹境内）换来金，从塞浦路斯运回铜，从西班牙买来锡……。克里特人建起了规模宏大的王宫，建立了古希腊最早的奴隶制国家。于是，以"克里特"命名的海洋文化，迅速呈现后来居上之势，并传遍希腊本土。迈锡尼、雅典、科林斯、斯巴达等沿海城邦在克里特的影响之下相继兴盛起来，古希腊文明逐渐步入发展的兴盛期。

古希腊文明独特的发展路径告诉我们，"过分富饶的自然，使人离不开自然的手，就像小孩离不开引带一样"，"它不能使人自身发展成为一种自然必然性"。或许正是这样，尼罗河流域、两河流域、印度河流域，当然也包括黄河流域的自然资源太富饶了，而古希腊却没有这种优势，这迫使它有了这样一种"必要性"——"社会地控制自然力以便经济地加以利用，用人力兴建大规模的工程以便占有或驯服自然力"。① 于是，古希腊便竭尽全力地走向一个新的、有着更为远大前程的"第二类资源"——海洋，农耕文明与

---

① 《马克思恩格斯全集》第23卷，人民出版社1972年版，第561页。

海洋文明开始拉开了距离。这是两种不同性质的文明，即农耕文明以农为本，受自然经济规律支配；而海洋文明则以商为本，受商品经济规律支配。因此，尼罗河上的泛舟与地中海上的扬帆具有完全不同的意义，前者是自给自足自然经济的补充，后者则是生存致富的主要手段。由于农耕文明与海洋文明的动力完全不同，导致两种文明由此分道扬镳。随着海洋文明的产生与发展，基于对海洋所具有的通道价值的竞争与控制，海洋权力也就应运而生。

在西语中，"权力"一词与力量、强力是等价的：例如在拉丁语中是 Potere，意为"能够"、"能力"；在法文中为 lepouroir，英文中为 power，侧重指影响、支配、操纵他人的能力与力量。① 可见以强力作为基础和后盾，是权力的基本属性。权力几乎是一种与人类相生相伴的现象，正如罗素在《权力论》里所言，权力充满魔力，人类对权力的欲望与生俱有，"只有在上帝的无限之中，才能休止。"②但是由于权力在人类社会分配的不平等以及掌握权柄者存在对权力滥用的可能性，人类对权力的怀疑、恐惧和抗争也从未停止。

海洋权力（sea power）产生的根源是海洋国家间由于贸易而引发的经济利益冲突。这是因为以贸易立国的海洋国家，海洋所具有的通道价值是联通市场的渠道，是商品贸易的桥梁，是商业利润的来源，是国家富强的基础。一旦同一海洋通道被多个以贸易立国的海洋国家共同分享时，在价值规律的作用下，对其中的单个国家而言直接意味着垄断被打破，市场被分割，利润被削减，随之带来的政治后果是国家利益的流失。因此对海洋通道的控制、垄断乃至独占是这些海洋国家国家权力的内在要求，直接意味着对市场的控制和垄断，巨额利润乃至垄断利润的稳定实现，其必然结果就是给国家带来繁荣与富强。基于控制乃至独占海洋通道的目的，这些海洋国家往往首先在商船上部署军队，通过国家有组织的军事力量控制海上通道，保护海

---

① 郭道晖：《社会权力与公民社会》，译林出版社 2009 年版，第 3 页。
② ［英］伯特兰·罗素：《权利仑》，吴友三译，.商务印书馆 2012 年版，第 3 页。

上贸易,独占彼岸市场,从而确保垄断利润的稳定实现。于是,在长期的海洋军事实践中,船只的职能逐渐实现专门化,船只的型号与建造也逐渐实现专门化,海军也就由此而生。质言之,国家为了确保自身经济、政治利益的稳定实现,运用国家军事力量,其中主要是海军的力量去控制海洋,此之谓海洋权力,简称海权。

第二节 古希腊与古罗马的海洋权力

古希腊是海洋文明的源头,海洋权力及其观念最早在古希腊得以萌发。最初的希腊人从伯罗奔尼撒来往于各处海岸,他们和克里特、塞浦路斯、埃及人做生意。公元前十二世纪,随着多瑞安人的入侵,希腊进入"黑暗时代"。这一时期的希腊以自然农业、放牧和捕鱼为主,部落组织则让位于城邦。到了公元前八世纪初期,希腊结束了"黑暗时代",其主要原因是自给自足的自然经济因人口的迅猛增加而遭到破坏,渴望土地而得不到满足的希腊人不得不到海上去当海盗、商人或殖民者。于是,希腊人开始向其它海岸大迁徙,并在那里建立起新的城邦。随后,包括黑海在内的整个东地中海地区环布繁盛的希腊殖民地,海上贸易成为母邦与殖民地之间的主要经济联系。随着航海技术的不断进步,海上贸易因而逐渐发展并走向繁荣。基于维护经济与政治利益的需要,海军也就逐渐发展成为保护商业、增加财富的有力工具。至于古希腊国家海洋权力的发展历程,在以地中海为中心的新航路的开辟以及具有关键性的海上征服与海上战争之中体现得尤为明显。

一、新航路的开辟

地中海所拥有的无可比拟的自然条件奠定了海洋文明的基础。事实上,跨出地中海寻找地中海之外世界的尝试已经相当久远了。如克里特人曾经沿着尼罗河南下到大瀑布区的努比尔贩运黄金;希腊人则从爱琴海向东北推进,进入黑海、亚速海,进而进入多瑙河、德涅斯特河、第聂伯河等内陆河流。这些尝试利用的都是地中海或与地中海相通的水域,其方向基本上是地中海以南、以东或以北的方向。至于西出地中海的方向,当时的人们似乎还相信这样的一个神话,即直布罗陀海峡是世界的尽头,在那里,宙斯的儿子海拉克列斯立下的两座"石柱"是不可逾越的。

但是,腓尼基人所做的尝试则稍有不同之处。公元前6世纪,当从尼罗河到阿拉伯湾的运河挖掘完毕时,埃及国王涅科斯便派遣腓尼基人进行了一次环绕非洲的航行,其基本路径是要求他们返航时要经过海拉克列斯柱,最后进入北海(今地中海),然后返回到埃及。"于是腓尼基人就从红海出发而行驶到南海(今印度洋,作者注)上面去,而在秋天到来的时期,他们不管航行到利比亚(古代对非洲的统称,作者注)的任何地方都要上岸并在那里播种,待在那里一直等到丰收的时候,然后,在收割谷物之后,他们再继续航行,他们在两年之后到第三年的时候,便绕过了海拉克列斯柱而返回了埃及。在回来以后他们说,在绕行利比亚的时候,太阳是在他们的右手的。……如此我们就得到了关于利比亚的最早的知识"。① 不仅如此,腓尼基人还从北非出发,穿过海拉克列斯柱护卫的海峡,沿着海岸线北上,进入西欧的比利牛斯半岛。

于是,早期人们走出地中海的尝试从东、南、西、北四个方向展开,在这个漫长的探索中,欧、亚、非三大洲的关系逐步被人们所确认,于是,西出西进地中海也就逐步被人们所认同,这或许就是大西洋的由来。现在的问题在于,大西洋究竟有没有彼岸?世界究竟是陆地拥抱海洋还是海洋环绕陆地?这些都是未解之谜,也吸引着人们不断对其进行探索。

其中古希腊的荷马学派最先提出陆地是被四面八方的"海洋河流"环绕的理论,随后的地理学家则把地球画为圆形。而希罗多德则嘲笑这些理论,只是承认欧洲和利比亚(即非洲)以西、利比亚和亚细亚以南有一片统一的海洋。而到了公元前3世纪至公元前2世纪的时候,地圆学说有了进一步发展,代表性的学者有亚历山大的厄拉托斯尼、波西多尼,以及随后的

---

① [古希腊]希罗多德:《历史》(上),周永强译,安徽人民出版社2012年版,第282页。

斯特累波等。于是,世界海洋是一个整体的假设就这样产生了。在上述的理论假设中,印度始终占据西方人追求的目标。如希罗多德认为"从亚细亚直到印度地方都是有人居住的地区,然而从那里再向东则是一片沙漠,谁也说不清那里是如何的一块地方了"。① 厄拉托斯忒尼则指出"假若我们不被大西洋辽阔的海域阻隔,那么我们可以从伊比利亚(西班牙)出发沿这个或那个圆周平行线航行到印度"。② 这种对印度的探寻早在古希腊、古罗马时期就已经作为基因植根于西方文明之中。

二、古希腊时期的海权争夺

(一)米诺斯国王的征服

古希腊米诺斯国王的征服史就是一部充分体现国家海洋权力力量的历史。克里特岛诺萨斯王国的米诺斯国王是海上统治者,"是一个征服了大量土地而且是一个在战争中常常取得战绩的国王"。米诺斯统治卡里亚人的方式,不是令他们纳贡,"而是提供给他船只以及乘务人员"③,足见海军在克里特岛兴旺与发展中的地位与作用。同时米诺斯还注意提升了海军技术装备水平。强大的海洋军事力量使得卡里亚人在米诺斯统治时期比其它任何民族都要声名远播。因此"克里特文化"又称为"米诺斯文化"。由于米诺斯国王是"第一个组织海军的人。他控制了现在希腊海的大部分;他统治着西克拉底斯群岛。在这些大部分的岛屿上,他建立了最早的殖民地;他驱逐了开利阿人之后,封他的儿子们为这些岛屿上的总督。我们很有理由料想得到,他必尽力镇压海盗,以保障他自己的税收"④,原因在于当时海上交通比较便利些,不仅是西伦人,而且住在沿海一带和岛屿上的蛮族都把海上掠劫作为共同的职业,海上掠夺甚至在开利阿人和腓尼基人中间也同

---

① [古希腊]希罗多德:《历史》(上),周永强译,安徽人民出版社 2012 年版,第 282 页。
② [苏联]约·彼·马吉多维奇:《世界探险史》,屈瑞、云海 译,海南出版社 2006 年版,第 38 页。
③ [古希腊]希罗多德:《历史》(上),周永强译,安徽人民出版社 2012 年版,第 84 页。
④ [古希腊]修昔底德:《伯罗奔尼撒战争史》(上),谢德风译,商务印书馆 1960 年版,第 4 页。

样流行。米诺斯组织海军的初衷就是保护本国商业航行的安全,防范占据了沿途岛屿的开利阿、腓尼基海盗的劫掠活动。米诺斯组织了海军以后,他便派遣海军征服周围的岛屿,驱逐著名的海盗,将这些岛屿化为自己的领地,于是海上不安全的交通状况得到改善。通过优势的海军使米诺斯控制了希腊海的大部分,统治着西克拉底斯群岛。到了公元前1194年著名的特洛伊战争时,希腊人沿着米诺斯开辟的路线已经发展的相当远了。

(二)特洛伊战争

特洛伊战争充分体现了海军的功能。发生于公元前1194年的特洛伊战争是古希腊历史上的一场著名战争。该战争因为荷马史诗《伊利亚特》中特洛伊木马的故事而声名远播并流传最为久远。荷马史诗是这样描述这场战争的:古希腊斯巴达国王的妻子海伦美貌得倾国倾城,却被地中海东北岸的特洛伊国王的儿子抢走。于是斯巴达国王的哥哥阿伽美浓率领10万大军,推1200条舰船下海,杀向特洛伊,苦战十年,最后用木马计攻克了特洛伊城。事实上,真实的历史则是:阿伽美浓是当时最有权势的统治者,是迈锡尼的国王,所以才能够拥有强大的海军,才能够召集庞大的舰队。"阿伽美浓正是继承了这个帝国,同时他有比其他统治者更强的海军;因此,照我看来,他之所以能够募集远征军进攻特洛耶的原因,不是由于同盟者对他的忠顺,而是由于同盟者对他的畏惧。如果我们能够相信荷马史诗上的证据的话,阿伽美浓自己指挥的船只似乎比其他任何人要多些,同时他又帮助阿卡狄亚人装备了一个舰队。在描写阿伽美浓所继承的权杖时,荷马称他为:'许多岛屿和全亚哥斯的国王'。他的势力根据地是在大陆上;如果他没有一个强大海军的话,徐海岸附近的几个岛屿外,他不会统治着其他任何岛屿的。"①这次战争的目的,主要不是为了海伦,而是一场为了打击海盗,控制赫勒斯湾海峡(今达达尼尔海峡),进而控制黑海贸易的一场商业战争。而且在特洛伊战争以后,希腊居民还是处于迁动的状态中,经常迁徙和

---

① 〔古希腊〕修昔底德:《伯罗奔尼撒战争史》(上),谢德风译,商务印书馆1960年版,第7—8页。

再定居,因而没有和平发展的机会。于是又经过许多年代,克服许多困难之后,希腊人才能够享受和平的定居生活,人民迁徙的时代才告结束,接着就进入殖民时代。正是"因为希腊势力的增加,获得金钱的重要性愈来愈明显,几乎所有的城市都建立了僭主政治。收入增加,造船事业兴旺,于是它们的野心开始倾向于海上势力了"。[①]

(三)希波战争

希波战争则充分体现了海军在国家兴衰中所具有的压倒一切的影响。希波战争是古希腊历史上具有决定性意义的海战。在泽尔士远征之前,希腊没有其它重要的海军。雅典、厄基那和少数其它城邦可能已经有了一种所谓海军,但是这些海军主要是由一些五十桨大船组织而成的,而且这些船舰也还不是完全建造了甲板的。"希腊的海军,无论在较远的时代或在较近的时期中,都是这样的;尽管如我所描述的,但这些海军还是各海上强国势力的来源。它们为国家取得收入,是帝国的基础。利用海军征服岛屿,最小的岛屿最先陷落。在领土的扩充中,没有陆地上的战争,只有边疆上的小冲突"。[②] 当时濒海的雅典本来并不强大,随后雅典著名政治家提米斯托克利斯说服当政者开始造舰船,海上力量逐渐发展起来。而且通过对埃吉纳的战争,雅典建立起了一支强大海军。希波战争时,提米斯托克利斯被任命为雅典海军统帅,抵抗入侵的波斯人。波斯原本是一个内陆国家,从大流士一世起开始扩张,成为一个包括整个中近东地区的大帝国。波斯本没有海军,靠征服腓尼基后收编起一支比较强大的海军。公元前 492 年,波斯开始进攻希腊。雅典联合其它城邦建立了海上同盟提洛同盟。此时雅典的海上力量虽远不如波斯强大,但却拥有掌握先进海军理论的统帅提米斯托克利斯。提米斯托克利斯的海战天赋在战争中得到充分体现。公元前 480 年 8 月,提米斯托克利斯力排众议,在萨拉米斯海峡摆下与波斯海军决战的战

---

① [古希腊]修昔底德:《伯罗奔尼撒战争史》(上),谢德风译,商务印书馆 1960 年版,第 13 页。

② [古希腊]修昔底德:《伯罗奔尼撒战争史》(上),谢德风译,商务印书馆 1960 年版,第 15 页。

场。"就战术而论,萨拉米斯并不算是一个超级的伟大胜利,但是在战略上,它的胜利却具有决定性的效果:彻底击毁了波斯人的计划。萨拉米斯这一战,使波斯人在爱琴海的制海权从此告一段落。"① 提米斯托克利斯可能是人类军事史上第一个相信海军的力量足以影响战争全局的人。不仅如此,他还认为,"如果雅典人成为一个航海部族的话,他们有一切的优势,可以增加他们的势力。真的,他是第一个敢于对雅典人说,他们的将来是在海上的"。② 提米斯托克利斯的成功,昭示了海军在国家兴衰中压倒一切的影响。在他领导下,雅典海上力量从无到有,最后使雅典控制了海上霸权一个世纪之久。其后的伯里克利,同样牢牢秉持着这把武器,将雅典海上霸权的势力扩充到黑海沿岸。提米斯托克利斯也就成为有文字记载以来的第一位海军理论的先驱者。雅典海上力量的强大引起斯巴达人的恐惧。萨拉米斯海战后,古希腊两个最强大的城邦成为敌手。在雅典与斯巴达展开的规模宏大的伯罗奔尼撒战争中,靠陆上称雄的斯巴达,为了战胜雅典,也不得不建立一支能够与之抗衡的海军,从而在战争中逐渐占据优势,取代了雅典的霸权地位。古希腊的海洋权力意识,由此可见一斑。

　　体现古希腊国家海洋权力的重大历史事件在古希腊的文学、艺术、历史、哲学等领域中成为了主要题材并得到了充分的展现。如古希腊的"历史之父"希罗多德在《历史》中对米诺斯国王予以较为充分的分析,从而成为最早阐述海洋权力的学者。荷马史诗则可以被视为最早记述海军活动的一部著作。而公元前四世纪古希腊著名历史学家修昔底德在其名著《伯罗奔尼撒战争史》中对米诺斯国王的征服、特洛伊战争、希波战争给予详细的描述和评论,他首先结合古希腊的历史对国家海洋权力的产生予以阐述,是最早系统阐述国家海洋权力重要性的人。因此,《伯罗奔尼撒战争史》可以被看做是第一部对国家海洋权力的产生、发展予以系统阐述的著作。不仅

---

① ［古希腊］希罗多德:《希波战争史》,吴玉芬、易洪波编译,重庆出版社 2007 年版,第 186 页。

② ［古希腊］修昔底德:《伯罗奔尼撒战争史》(上),谢德风译,商务印书馆 1960 年版,第 74—75 页。

如此,与以前的历史学家相比较,修昔底德是第一个注意到经济因素影响历史发展的历史学家。正因为如此,他才能将海洋与贸易,海洋与国家兴衰的关系揭示得比较透彻。他认为,海军"是各海上强国势力的来源.它们为国家取得收入,是帝国的基础"。① 他以公元前 5 世纪的科林斯、爱奥尼亚等古希腊城邦国家的兴衰为例并特别给予具有典型意义的雅典之兴盛以浓墨重彩,认为"当希腊的海上运输事业更发达的时候,科林斯人有了一个舰队,镇压海盗;同时因为它能够在陆地上和海上供给通商的便利,从海陆交通上得来的收入使它富强起来了。"②总之,以海洋权力的发展为支撑的古希腊文明整整兴盛了两个世纪。

三、古罗马时期的海权争夺

罗马人所在的意大利半岛位于地中海中央,地形狭长,三面环海,有着漫长的海岸线。罗马共和国成立于公元前 510 年,此后不断扩张。到了公元前 3 世纪,陆续打败意大利南部的希腊城邦,控制了整个意大利半岛,成为西地中海的强国。不过罗马人在企图控制整个西地中海时,受到隔海相望的另外一个海上强国迦太基长达一个世纪的挑战。

迦太基是古代腓尼基人建立的奴隶制国家,位于今北非突尼斯和阿尔及利亚沿海地区。依靠强大的海上力量,迦太基的殖民地遍布西地中海,领土向西延伸到西班牙、摩洛哥,控制着直布罗陀海峡。而继续占领对岸临近亚平宁半岛的西西里岛,完全控制西地中海的贸易,是迦太基人多年的愿望。为此他们曾与西征的希腊人进行过反复的争夺。

当罗马人夺取了整个亚平宁半岛后,便将争夺的目标瞄准迦太基人控制下的西西里岛。于是,经济、政治利益的冲突不可避免地引发战争。从公元前 264 年至公元前 146 年,罗马人和迦太基人进行了三次战争,时间延续

---

① 〔古希腊〕修昔底德:《伯罗奔尼撒战争史》(上),谢德风译,商务印书馆 1960 年版,第 15 页。

② 〔古希腊〕修昔底德:《伯罗奔尼撒战争史》(上),谢德风译,商务印书馆 1960 年版,第 14 页。

长达110余年,史称"布诺战争"。

蒙森在其名著《罗马史》指出,三次"布诺战争"的结果都是靠海上力量取得的。本来,迦太基人很有信心战胜罗马人,因为海战是他们的强项,"实际说来,罗马人今始感到此战的真正困难。据说战争发动以前,迦太基外交人员曾警告罗马人,切勿致此事于决裂,因为他们若不情愿,一个罗马人就是要在海里洗手也不可能"。① 当时迦太基的舰队独霸地中海,不但保持西西里沿海各城的相当服从,以及供给他们一切的必需品,而且有袭击意大利之势。不过他们的小队人马登陆意大利海岸,向罗马的同盟国勒索贡赋,更为恶劣的是,他们把罗马及其同盟的商业完全破坏。然而,"罗马现在得到昔日狄奥尼修斯、阿加托克里和皮罗斯所得的教训,即逐迦太基人出战场甚易,而征服迦太基人却甚难。他们晓得一切有赖于建造舰队,便决定成立一个舰队。"②罗马人为了对付迦太基海军,将曾经象是前妻的孩子一样不被重视的罗马海军迅速发展起来。罗马人认为,要战胜迦太基海军,必须解决两个方面的问题:一是解决造船技术不发达的问题,尽快建造一支舰队,二是解决没有海战经验的问题,因为就舰队数目和在海中效能而论,罗马的舰队绝非迦太基舰队的敌手。要想获取海战的胜利,罗马必须在海战中以战略战术获取制海权。罗马人组建了海军之后,改进了萨拉米海战前传统的接舷技术,即短兵相接战术,发明了一种叫"乌鸦"的接舷桥,装备在船头。"罗马人得一妙计 他们的将士没有实际经验,必缺乏运动能力,为弥补这个缺陷,又在海战里给士兵一个较重大的职责。他们在每船的头部置一飞桥,桥可向前方或左右放下,桥两旁均有短墙,前面足容两人。敌船向罗马船驶来撞击,或罗马船闪避撞击而敌船横靠其侧之时,甲板上的飞桥忽然放下,用一条钩篙钉住敌船,这不但可阻敌船的冲撞,而且使罗马水兵能由飞桥走到敌船的甲板,以陆战的方式攻取敌船。罗马未编制特殊水兵队,需要时仅以陆军充这种兵",③这样罗马人就创造了一个足以与迦太基

---

① [德]特奥多尔·蒙森:《罗马史(第3卷)》,李稼年译,商务印书馆2005年版,第30页。
② [德]特奥多尔·蒙森:《罗马史(第3卷)》,李稼年译,商务印书馆2005年版,第31页。
③ [德]特奥多尔·蒙森:《罗马史(第3卷)》,李稼年译,商务印书馆2005年版,第32页。

抗衡的舰队。"罗马忽然成为一个海权国,并且对于这个似将永无绝期而致意大利商业于毁灭的战争,手握着用力把他结束的方法"。① 罗马人通过这种战术的运用,扬长避短,在海战中大获全胜。

迦太基人在海战中失败后,其著名将领汉尼拔不去研究如何改进海军的战略战术,反而选择了陆战,通过翻越阿尔卑斯山,绕道从陆路进攻罗马,结果海陆优势全部丧失。而罗马人则运用新获得的海上优势把战场扩展到北非。结果,第一次"布诺战争",罗马人得到了西西里岛;第二次"布诺战争",罗马人得到了西班牙;第三次"布诺战争",罗马人得到了北非。此后,罗马的海军开始在海上所向披靡,肃清了地中海上的海盗,保障了罗马的海外运输,成功地应付了敢于同罗马争夺制海权的任何国家海军的挑战,地中海沿岸及其海军基地全部被罗马所控制,整个地中海变成了罗马的内湖。并且势力范围还不断向地中海外围扩展,向东经希腊半岛和中东到达了里海和波斯湾,向北经高卢到达了不列颠。从而发展成为横跨欧、亚、非三大洲的大帝国,并将这种地位维系了 5 个世纪之久。居于优势的海洋权力是成就罗马帝国的根本原因。"谁控制了海洋,谁就控制了世界",就是古罗马时期著名哲学家西塞罗对罗马兴盛与海权之间的关系给出的一个基本论断。

第三节 西班牙与葡萄牙的海洋权力

一、西出地中海的经济动因

尽管罗马人征服了希腊人、迦太基人,建立了地中海新秩序,但却不能使这一新秩序延续久远。西罗马帝国在来自北方蛮族的入侵下灭亡之后,欧洲进入到中世纪,古希腊古罗马所开创的海洋文明逐渐褪色,而地中海则陷入绵延不绝的争斗之中,其中争斗的主角则是来自地中海东岸的阿拉伯

---

① ［德］特奥多尔·蒙森:《罗马史(第3卷)》,李稼年译,商务印书馆 2005 年版,第 33 页。

人。最后，随着奥斯曼土耳其帝国的兴起，逐渐征服了阿拉伯帝国。至1453年，土耳其攻占君士坦丁堡，进而侵占东欧，并以在北非和中东的基地为出发点，逐渐控制了地中海。于是，地中海向东向南的通道被阻断，欧洲人迫切需要新的通道与世界其它地方尤其是印度相联系。

欧洲人之所以热衷于印度，是因为在他们的眼中，印度是财富的象征，是"金羊毛"的产地。西方人渴望找到印度，首要的动因是认为印度盛产西方最畅销的香料。在14、15世纪的时候，由于当时没有冰箱，因此保存食物的方法主要依赖香料。所以欧洲人对于香料的需求十分急迫，香料在欧洲市场的价格也达到了前所未有的高度。当东南亚的丁香、印度的胡椒、锡兰的肉桂等产品，通过红海、波斯湾，经过尼罗河、幼发拉底河进入地中海，转手到欧洲的时候，这些被统称为"香料"的调味品使欧洲人为之倾倒。由于香料的畅销，又由于辗转运输的艰难，使它昂贵得惊人，以至于人们在做胡椒粉交易时，一律禁闭门窗，怕的是一阵过堂风吹散这些曾以颗粒计价的粉状香料。这个印度，不仅盛产香料，而且盛产用作交换手段的黄金及其它珍贵的宝石。于是，寻找通往印度的捷径，成为几个世纪以来欧洲沿海国家不懈的奋斗目标。

总之，经济利益的诱惑、地理学家的描绘、地圆学说的普及，使越来越多的欧洲人笃信这样的一个真理：与欧洲、非洲连接的亚洲大陆的尽头是印度，大西洋的彼岸也是印度。所以，通往印度的道路除了穿越中东阿拉伯地区走陆路外，一定还应该有两条海路：一条是沿大西洋绕过非洲，一条是横越大西洋。但是，利润丰厚的香料贸易，先是被阿拉伯商人垄断，接着，商路又被突然崛起的奥斯曼土耳其帝国阻断。欧洲急于摆脱困境，不论是神圣的宗教，还是世俗的商业，都希望能找到强有力的措施来扭转这种局面。在陆地上的军事突围失败之后，焦躁不安的欧洲人开始到海洋寻求出路。这就是15世纪地理大发现的真正动因。结合当时的航海技术、海上武器和自卫能力以及商业上的进步，技术上如复试簿记的出现，融资上如银行和信贷业的发展，观念上如放贷取利、经商等已被普遍接受，商业组织上革命性的股份公司的出现等，这一切为西欧商业带来了活力，同时也加强了西欧向海外殖民扩张的能力。

随着海外扩张的继续推进,人们到达了越来越多的海域,于是形成了对"大海洋",即今天的大西洋的全新认识。过去人们认为,"大海洋"仅仅是一个沿海狭长的海域,现在他们发现,这个大海洋比他们想象的大得多,它同时向南、向西无限地延伸。

二、葡萄牙南下大西洋

(一)亨利王子的西非探险

位于欧洲西南边陲的葡萄牙,首先成为大西洋的主人。公元 1143 年,一个独立的君主制国家葡萄牙,在光复领土的战争中应运而生,并且得到了罗马教皇的承认,这是欧洲大陆上出现的第一个统一的民族国家。这个国家的特点是,它不是一个封建割据的国家,而是人民的王国,葡萄牙的国王不仅受到贵族、也就是他的臣属的支持,而且得到百姓的拥戴。于是,强大的王权使葡萄牙人有了强烈的民族归属感,但实现国家的强盛却还有很长一段路程。这是因为葡萄牙只有不到十万平方公里的发展空间,资源十分匮乏,东面近邻的绵绵战火,又不断侵扰着这块贫瘠的土地,独立之后的葡萄牙王国在经历了两个世纪之后,也依然是危机四伏、风雨飘摇。这个率先建立的民族国家究竟能够持续多久? 强大的君主制将会给它带来什么? 葡萄牙民族的未来在哪里? 一直靠近海捕捞谋生的人们,不得不把目光投向被称作"死亡绿海"的大西洋。

与此同时,1406 年,尘封了一千两百多年的古希腊天文学家托勒密的著作《地理学指南》一本得以出版,从而引发了一场地理知识和观念的革命。该书所引发的疑问与当时欧洲人对香料的渴求,把葡萄牙推向了到海洋寻求出路的历史前台。而巨大的历史需求总是伴随着伟大人物的产生,而这个历史职责落到了热衷于航海探险的亨利王子身上。

亨利王子出生于 1394 年,又名恩里克,是葡萄牙国王若昂一世的第三个儿子。作为葡萄牙最南部阿加维省的总督,亨利王子广纳八方贤人,将意大利人、阿拉伯人、犹太人、摩尔人,不同种族、甚至不同信仰的专家、学者,聚集在他的麾下。他们改进了中国指南针,把只配备一幅四角风帆的传统欧洲海船,改造成配备两幅或三幅大三角帆的多桅快速帆船,正是这些20多米长、60到80吨重的三角帆船最终成就了葡萄牙探险者的雄心。他们还成立了一个由数学家组成的委员会,把数学、天文学的理论应用在航海上,使航海成为一门真正意义上的科学。在亨利王子的主持下,葡萄牙曾经建立过人类历史上第一所国立航海学校,曾经有过为航海而建的天文台、图书馆和灯塔。尤为重要的是,航海发现是首先在葡萄牙作为国家计划的,是一个全国计划,是一个由亨利王子主持的计划。这使得葡萄牙的航海大发现不像那些商人为贸易所进行的孤立探险,而是一个两百年来有规划、有系统组织的任务和策略。它使传统的探险活动获得了巨额资助,从而使其具有了官方性质。这就是葡萄牙成为早期海上强国的秘诀。

亨利王子之前,葡萄牙探险队曾屡屡扬帆去寻找通往大西洋彼岸印度的道路,但都没有成功,只是到达了大西洋中无人居住的亚速尔群岛和马德拉群岛。1415年,20岁的亨利王子率探险队到达了与直布罗陀隔岸相对的休达城。在休达,他收集了有关西非的一些真实可靠的消息,确信在西非有一个富有黄金和奴隶的国家。他决定他的探险队沿海岸线向南挺进,去寻找这个国家。然而,亨利没有找到黄金,他的探险陪了本,遭到国内的尖锐批评。颓唐之中,他决定转而贩卖奴隶。他认为这些非洲黑人虽然面目怪诞,却有着健美的身体,发达的肌肉,是西方迅速发展的经济活动迫切需要的劳动力。他们靠贩卖奴隶绝处逢生,又用这笔巨额的不义之财增加了他的海上力量,更加速了向南推进的探险活动。1456年,亨利的探险队发现了非洲的佛得角群岛,占领了这块战略要地。亨利使他的国家拥有了非洲海岸的大量殖民地,在无数黑人奴隶的白骨上建立起了葡萄牙的强国地位,并在1452至1456年间,通过罗马教皇将这些殖民地的主权正式赋予葡萄牙,承认葡萄牙人占有博哈多尔角以东和以南"直到印度人居住地"的新发现的陆地,并且拥有对西非奴隶的专卖权。此间,大约在15世纪40年代,亨利已读到了马可·波罗的书,并让他的船长们收集通往印度航道的资料,但是巨大的西非利益阻滞了他前进的脚步。亨利终身未能绕过非洲,也终身未能利用大西洋的水域到达印度。

虽然亨利一生从未亲自出远海航行,却无愧于"航海家"的称谓,因为欧洲航海界全部载入史册的伟大发现,都是以他倾一生之力量组织实施的航海计划作为起点的。1960 年葡萄牙政府为纪念"航海家恩里克"逝世五百周年而修建的纪念碑的正面写着:"献给恩里克和发现海上之路的英雄"。正是海上之路使葡萄牙摆脱了贫穷和落后的境遇,正是在亨利的带领下,葡萄牙启动了征服大海的行程。

(二)达·伽马东抵印度

1497 年 7 月,葡萄牙贵族达·伽马率领 4 只船由里斯本出发,沿着 10 年前另一个葡萄牙人迪亚士曾经到过好望角的道路南进,在一位阿拉伯向导的指引下,一路乘风破浪绕过好望角,1498 年 5 月到达了印度的卡里库特,这才是真正的印度。葡萄牙人的到来意味着欧洲通往印度的新航路得以开通,打破了长期以来阿拉伯商人对于印度洋香料贸易的垄断地位。1499 年 9 月,达·伽马返回里斯本。葡萄牙国王曼努埃尔一世致信教皇,要求其重申葡萄牙对所发现地区的主权,并自称"埃塞俄比亚、阿拉伯、波斯和印度的征服、航海与贸易之主"。鉴于其特殊贡献,达·伽马受到曼努埃尔国王的嘉奖,被封为"伯爵"。随后,葡萄牙逐渐控制出入印度洋的狭窄的海上通道。1509 年"第乌海战"葡萄牙舰队战胜埃及—印度联合舰队后,葡萄牙大肆占领印度洋沿岸重要港口和香料产地,基本垄断了印度洋上的贸易。但是葡萄牙人不久发现,印度并不是真正的香料之国。于是他们便继续渡海南寻,穿过马六甲海峡,于 1511 年到达了号称香料之国的摩鹿加群岛(今马鲁古群岛)。葡萄牙人没有遇到西班牙人,他们把这片新发现的群岛称为"东印度群岛"。于是,经过近一个世纪的艰难探索,亨利王子的愿望终于变成了现实,欧洲航海家几十年知识和勇气的积累开始转化为耀眼的财富。他们从贩卖香料中获取暴利。葡萄牙也就终于打通可从东方通往印度的航路。

(三)巨大的商业利益

葡萄牙在坚船利炮的猛烈攻击下,一个个海上交通战略要点相继成为其囊中之物,占据了大西洋到印度洋的 50 多个据点。葡萄牙垄断了半个地球的商船航线,打破了阿拉伯人和意大利商人对印度洋的传统垄断,从而给葡萄牙带来巨大的商业利益。

　　香料是葡萄牙商业帝国最重要的财源。达·伽马曾经以 2 克鲁扎多在印度的科钦购买 220 磅胡椒,到里斯本则以 80 克鲁扎多出售。[①] 在 16 世纪初的前五年中,葡萄牙的香料交易量从 22 万英镑迅速上升到 230 万英镑,成为当时的海上贸易第一强国[②]。与之相反的是,威尼斯商人在亚历山大港获得的香料,平均每年仅值 100 万英镑,而在 15 世纪末的几年中他们平均每年获得的香料价值达 350 万英镑[③]。总体而言,15 世纪末到 16 世纪初,葡萄牙人运走了亚洲香料总产量的十分之一。[④] 当时香料贸易的利润率为成本的 13—16 倍,可以想象葡萄牙人在这一贸易中所获得的财富是多么巨大! 葡萄牙香料贸易的黄金时期是 1510—1540 年。到 1510 年,葡萄牙国王曼努埃尔一世本人每年从香料交易中大约获得 100 万克鲁扎多[⑤]。

　　就金银掠夺而言,黄金贸易由国王垄断。1422 年葡萄牙首次从境外输入黄金,即用小麦、金属、布匹、床单、珊瑚串珠和白银在非洲换取黄金。此后,葡萄牙从非洲进口的黄金便具有掠夺性质。1500—1520 年,非洲平均每年流失黄金 700 公斤[⑥],其中大部分落入葡萄牙人之手。15 世纪葡萄牙从非洲掠夺的黄金大约为每年 500 公斤,16 世纪则达到 27.6 万公斤。[⑦]

　　此外,来自巴西的蔗糖收入也是葡萄牙的重要财源。当 16 世纪 80 年

---

　　① James M. Anderson, The History of Portugal, London, 2000, p. 77. 克鲁扎多为葡萄牙古金币,于 1447 年始制。

　　② 侯淑波:《国际贸易实务与法律》,南开大学出版社 2013 年版,第 11 页。

　　③ 唐晋:《大国崛起》,人民出版社 2006 年版,第 55 页。

　　④ 齐世荣、钱乘旦、张宏毅主编:《15 世纪以来世界九强兴衰史》(上),人民出版社 2009 年版,第 22 页。

　　⑤ Stanley G. Payne, A History of Spain and Portugal, The University of Wisconsion Press, 1973, p. 232.

　　⑥ [法]费尔南·布罗代尔:《地中海与菲利普二世时代的地中海世界》(第一卷),唐家龙、曾培耿等译,商务印书馆 2013 年版,第 703 页。

　　⑦ David Birmingham, A Concise History of Portugal, Cambridge University Press, 1993, p. 27.

代马德拉群岛的蔗糖生产开始下降时,巴西的蔗糖产量大幅提高,成为葡萄牙最重要的蔗糖生产地区。到 17 世纪初,巴西每年输出蔗糖达 2 万吨,占欧洲蔗糖市场的 80%,其收入占葡萄牙国王总收入的 40%。①

　　总之,葡萄牙在 1493—1600 年间,从非洲掠夺了 27.6 万公斤黄金,价值 50 亿美元以上;在对巴西 300 年的统治中,又掠夺了 6 亿美元的黄金和 3 亿美元的钻石。葡萄牙在对拉美国家 300 年的殖民扩张中,共掠夺黄金 250 万公斤,白银 1 亿公斤。以当时葡萄牙的人口计算,人均掠夺的海外黄金和钻石的价值就达 1000 美元,而其当时的人均年收入不足 20 美元。②

三、西班牙西出大西洋

(一)哥伦布的发现新大陆

　　葡萄牙依靠海权的迅速崛起,让整个欧洲都非常的震惊而羡慕,但财力、物力和人才的缺乏使所有的国王、贵族、商人们望而却步。1492 年 1 月 2 日,在西班牙军队的猛烈攻击下,摩尔人弃城投降,长达八个世纪的战争宣告结束,西班牙女王伊莎贝尔用 23 年的时间缔造了统一的西班牙,从而成为继葡萄牙等国之后欧洲大陆上出现的又一个统一的民族国家。

　　国家的统一为西班牙走向海洋,走向世界奠定了基础。1492 年 1 月,刚刚完成统一大业的伊莎贝尔女王第三次召见了哥伦布。此时的哥伦布通过研究地圆说理论产生了一个想法,那就是:向西走也能到达东方。哥伦布坚信,他的航海计划能很快将欧洲人带到东方。但是,在此前的六年中,哥伦布在葡萄牙却一直遭受冷遇。通过本次召见,伊莎贝尔女王决定赞助哥伦布远洋航行。西班牙国王之所以资助哥伦布作横跨大西洋的远洋航行,主要是为了夺取新大陆扩大殖民地的政治利益和夺取新大陆金银财宝和香料的经济利益。

　　哥伦布与西班牙王室的谈判进行了三个月。1492 年 4 月 17 日哥伦布

---

　　①　Clive Ponting, World History, A New Perspective, London,2000,p.507.

　　②　辛向阳:《霸权崛起与挑战国家范式分析》,《当代世界与社会主义》2004 年第 4 期,第 98—102 页。

临行前与西班牙国王卡斯蒂利亚达成了一项历史上有名的探险协议《圣塔菲协议》，国家的意志同航海家的愿望最终结合在了一起。该协议中最重要的两条分别是：其一，"作为海洋领主的陛下从今以后赐予克里斯多芬·哥伦布以'唐'的尊号，并委任他为一切海岛和大陆的司令，这些海岛和大陆是他亲自发现和夺得的，或是由于他发挥了航海技能而发现的。在他逝世以后，这个尊号和属于他的一切权力、特权将永远赐予他的继承人和后代……陛下把哥伦布封为被发现和夺得的海岛、大陆的副王和首席执政者……"；其二，"一切商品，不论是珍珠或宝石，黄金或白银，香料或其他货物……凡是在司令管辖范围内购买、交易、发现或夺取的，他都有权把全部获得物的十分之一留给自己，以偿清耗去的费用，其余的十分之九应呈献给陛下。"[①]哥伦布被任命为发现地的统帅，可以获得发现地所得一切财富和商品的十分之一并一概免税。对于以后驶往这一属地的船只，哥伦布可以收取其利润的八分之一。也就是说得到的殖民地由探险者进行殖民，但是殖民地的主权还是属于王室的。1492年8月3日，带着女王授予的海军大元帅的任命状，哥伦布登上甲板，对女王资助给他的三艘帆船下达了出航的命令。向西，帆船驶入了大西洋的腹地。

1492年10月12日，哥伦布的船队经过70天的艰苦航行后，哥伦布和他的船员看到的陆地，就是今天位于北美洲的巴哈马群岛，从那一天起，割裂的世界开始连接在一起。哥伦布到达了巴哈马群岛中的华特林岛，接着又到达古巴和海地，7个月后回到西班牙。以后又数次到达美洲，将殖民主义的触角不断向南延伸。哥伦布一直到死都认为他到达的是印度，并将它称为"西印度群岛"，将当地土著人称为印度人（印第安人）。

哥伦布穿越大西洋的壮举，使海洋第一次显示了它作为大西洋两岸信道和桥梁的功能。哥伦布和他的船队通过占领新大陆、开垦处女地，通过贱买贵卖的方式为西班牙夺得了大量的黄金。于是，在这种无法抑制的"求

---

① ［苏联］约·彼·马吉多维奇：《世界探险史》，屈瑞、云海译，海南出版社2006年版，第112—113页。

金欲"的指使下,掀起了一个世界性的走向海洋的狂潮,从某种意义上说,海洋成为黄金的桥梁。10月12日,后来被定为西班牙的国庆日。

(二)麦哲伦的环球航行

历史往往令人啼笑皆非,葡萄牙人麦哲伦向葡萄牙国王建议继续开辟新的航路,但是却被断然拒绝并被赶出王宫。愤怒的麦哲伦再次步哥伦布的后尘来到西班牙,满怀信心地向西班牙国王进言,声称向西航行也同样可以到达摩鹿加群岛。求贤若渴的西班牙国王对这位曾经参加过达·伽马东印度之行并在印度呆过七年的年轻人格外青睐,慨然给予麦哲伦一个船队的指挥全权。麦哲伦以抛弃葡萄牙国籍为回报,表示了甘于效命的决心。1519年9月20日麦哲伦率265人的船队从西班牙出发,渡过大西洋,沿着巴西海岸南下,越过南美大陆最南端的海峡(后被成为麦哲伦海峡),开始了人类历史上第一次环绕地球的航行。麦哲伦和他的船队航行了整整三个月,竟然未遇风浪,"太平洋"也就由此而得名。1521年这支船队终于抵达菲律宾。不幸的是麦哲伦和他的许多船员被杀,在历经1080个日夜、17000公里航程之后,在同岛上居民的反抗中身亡,剩下18名船员继续航行,终于抵达了摩鹿加群岛。最后船队载满香料,经印度洋,绕过非洲,于1522年终于回到西班牙。这次环球航行也第一次证实了地圆假说,同时,关于地球上陆地与海洋的关系的谜底从此揭开。人类前所未有地认识到,海洋再也不是阻隔,而是连接全球大陆的通途,是一个可以带来巨大财富的通途。人类对海洋的认识产生了一个质的飞跃。不仅如此,这次航海更是一次划时代的壮举,它的意义甚至可以和人类离开地球登上月球相比,它标志着一个海权时代的全面到来。此时展现在西欧人眼前的,已不再是一个半球的四分之一,而是整个地球了。当时制图员夜以继日地辛勤工作,仍然满足不了人们对修订版地图的需求,地图在潮湿和未着色的时候就被取走,航海家开辟的新航线成为了欧洲控制世界的铁链。

(三)巨大的商业利益

在新航路开辟以前,欧洲和地中海地区的货币流通总量约合黄金5000吨,白银6万吨,而在1500年到1650年这一个半世纪里,从美洲运到欧洲的白银约 1.6 万吨，黄金 180 吨①，其中绝大部分来自西班牙人的殖民掠夺。因此，新航线的开辟及其所带来的遍及世界的殖民地，使西班牙成为真正的暴发户。

相关数据显示，从 1503 年至 1660 年，西班牙从美洲得到了总计 18600 吨登记白银和 200 吨登记黄金。未经登记、私自运入西班牙的金银据多方估计占总数的 10% 至 50%②。其中，1521 年到 1544 年间，西班牙从拉丁美洲运回的黄金，每年平均为 2900 公斤，白银 30700 公斤。1545 年到 1560 年间数量激增，黄金每年平均为 5500 公斤，白银达 246000 公斤。③ 这 40 年中，共掠夺黄金 16 万公斤，白银 445 万公斤。④ 这种掠夺使西班牙在短期内成为欧洲的强国，成为霸权国家。

总体而言，16 世纪 80 年代，西班牙在那里建立起了世界历史上最早、最庞大的殖民帝国。⑤ 至 16 世纪末，世界贵金属开采量的 83% 来自西班牙⑥。在入侵拉丁美洲的 300 年中，西班牙从那里共运走黄金 250 万公斤，白银 1 亿公斤⑦。难怪蒙克雷蒂安曾言道，西印度使西班牙的财富多得快要"溢出"来了⑧。印第安人的鲜血流满了美洲大地，而黄金、白银却源源地流向西班牙半岛。

---

① ［法］费尔南·布罗代尔：《地中海与菲利普二世时代的地中海世界》（第一卷），唐家龙、曾培耿等译，商务印书馆 2013 年版，第 646 页。

② ［美］斯塔夫里阿诺斯：《全球通史》，吴象婴、梁赤民译，北京大学出版社 2006 年版，第 422 页。

③ 唐晋：《大国崛起》，人民出版社 2006 年版，第 87 页。

④ 辛向阳：《霸权崛起与挑战国家范式分析》，《当代世界与社会主义》2004 年第 4 期，第 98—102 页。

⑤ 陈必祥、段万翰：《世界五千年》，汉语大辞典出版社 2004 年版，第 390 页。

⑥ 参见滕藤：《海上霸主的今昔——西班牙、葡萄牙、荷兰百年强国历程》，黑龙江人民出版社 1998 年版，第 167 页。

⑦ 唐晋：《大国崛起》，人民出版社 2006 年版，第 87 页。

⑧ ［法］费尔南·布罗代尔：《地中海与菲利普二世时代的地中海世界》（第一卷），唐家龙、曾培耿等译，商务印书馆 2013 年版，第 711 页。

四、葡萄牙与西班牙的海权争夺

哥伦布发现新大陆的消息不胫而走,迅速传遍欧洲大陆,其中最懊恼的就是葡萄牙。在那个时代,人们认为大海不是开放的,大海属于它的发现者,毫无疑问,是葡萄牙人发现了它。于是,葡萄牙拿出了"法理依据",声称西班牙发现的西印度群岛本来就应该属于葡萄牙。

最后,罗马教皇亚历山大六世再次出面仲裁,于 1493 年 5 月 4 日划定亚速尔群岛和佛得角以西约 100 里格(约 3 英里)的子午线为分界线,该线以西的一切土地划归西班牙,以东的一切土地划归葡萄牙。[①] 1494 年 6 月 7 日,两国又缔结托德西利亚斯条约。该条约规定:在这个大洋上划定一条边界,或者一条从北极到南极的直线,它自北向南(……)距佛得角群岛以西 370 古海里。以此线为界,在它以东(……)凡是已被或将被葡萄牙国王及其船队发现的岛屿和大陆均属于葡萄牙国王及其继承人(……)。在它以西(……)凡是已被或将被卡斯蒂利亚及阿拉贡(……)的国王及王后发现的岛屿和大陆(……)均属于卡斯蒂利亚(……)的这两位国王及王后[②]。该条约把 1493 年划定的分界线向西移动了 270 里格。该线即称为教皇子午线。于是,人类第一次以大西洋为界,瓜分了地球,包括陆地、山川、海洋和岛屿。这样两国在地球上划一条线,像切西瓜一样把地球一分两半。葡萄牙拿走了东方,西班牙把美洲抱在了怀里。根据此条约,西班牙对新大陆有绝对的权利,但对巴西是个例外。1500 年,葡萄牙发现和占有了教皇子午线以西的巴西,西班牙承认这个南美洲的隆起部分归属葡萄牙。这个条约在西方文明中产生的意义在于确立了大国瓜分殖民地的先例,这一趋势在后来的柏林条约中达到了顶峰,欧洲各国坐在一起将全世界已知和未知的地方全都加以分配,形成了当今世界格局的雏形。我们可以说西方世界开始全球扩张始于这个条约。游戏规则已经制定,接下来的事情就是看谁的

---

① 吴于廑等:《世界史近代史编(上卷)》,高等教育出版社 1992 年版,第 11 页。
② [法]阿尔德伯特等:《欧洲史》,蔡鸿滨、桂裕芳译,海南出版社 2002 年版,第 328 页。

行动更迅速了。

麦哲伦的环球航行打通了西出大西洋、横穿太平洋并直抵亚洲的新通道。西班牙人的成功,再次侵犯了葡萄牙人的利益,两国纷争再起。1529年,教皇再次进行干预,在摩鹿加群岛以东17度处划一条线,以解决两国对东印度群岛的争夺。

尽管如此,此时的西班牙,经过数十年与葡萄牙的竞争,航海能力和应付海上冲突的能力大大超过了葡萄牙。基于巨大的商业利益,为了保护其海上交通和海外利益,西班牙理所当然发展起一支拥有100多艘军舰,3000余门大炮,数以万计士兵的海军,称之为"无敌舰队"。拥有了无敌舰队,也就拥有了海洋权力,于是,西班牙再也用不着怕葡萄牙人,再也用不着遵守教皇子午线。西班牙无敌舰队上的舰载大炮和带滑膛枪的士兵,使他们的国家拥有了稳定的海上交通线。他们国家的大帆船沿着西海岸定期往返,与来自菲律宾群岛的商船衔接,交换来自东南亚及中国的丝绸、珠宝、香料等珍品。西班牙跨越大西洋的贸易额,1510年——1550年增长了7倍,1510年－1610年间又增长了2倍。正是在这支舰队的保护下,西班牙人充分利用海洋所具有的通道价值在世界范围内稳定地获取商业利益。而作为小国寡民的葡萄牙,始终未能过渡到资本主义阶段,因而逐渐走向没落。1580年,葡萄牙议会宣布承认西班牙国王菲利普二世兼任葡萄牙国王。西班牙兼并葡萄牙,终于成为海洋独一无二的主宰者。

第四节　英国与荷兰的海洋权力

一、英国海洋权力的发展

(一)英国的内涵式发展道路

英国是大西洋上的一个岛国,自古以来就与西欧大陆有着不可分割的密切联系,甚至可以说有着血缘关系。但是,毕竟隔着一条英吉利海峡,英国不像地中海沿岸国家那样往来方便,导致其海洋活动算不上出色。但是英国却以优质的羊毛和呢绒在地中海贸易中占据了重要的一席之地。直至15世纪,英国对外贸易中起主导作用的仍然是外国商人。当葡萄牙、西班牙人以勇敢的开拓精神穿越大西洋,进行地理大发现,并为争夺殖民地角逐的时候,英国人仍旧在默默地做着羊毛生意。然而,进入16世纪,随着哥伦布发现新大陆、麦哲伦环球航行带来的贸易大发展,将世界连接为一体,羊毛、呢绒需求的急剧增长,使英国人再也无法安于现状了。于是,当葡萄牙、西班牙在海外瓜分殖民地的时候,英国则在自己本土发展起来的重商主义政策的支持下,在国内进行着著名的"圈地"运动,即农场主把大量的肥田沃土变成牧羊的草场,将农民与生产资料分离而抛向劳动力市场。这种被称为"羊吃人"的"圈地"运动一方面为资本主义大纺织工业的诞生提供了羊毛,另一方面又为大生产提供了一无所有的劳动者。英国国内这种生产关系的调整,尽管在一定时期内没有海外扩张那种唾手可得的虚荣,却使它获得了后来居上的潜力。从根本上说,这种潜力在于它最先获得了资本主义生产关系萌芽的条件,从而走出了一条内涵式的发展道路。

(二)英国海军的发展

西班牙和葡萄牙的成功宣告了一个全新时代的全面来临,意味着在新世界的游戏规则里,赢得海洋比赢得陆地更为重要。英国敏感地把握住时代发展的脉搏,终于在亨利八世(1509-1547)时期建立了国家所有的常备海军。在E.B.波特所主编的《海上力量——世界海军史》中对亨利八世经营海军的行为作出如此评价:亨利八世是英格兰第一个能建造一些专门用来作战的舰船的君主。亨利在建造舰船的同时研制了大型船用前装炮,最终取代了过去那些安装在舷墙和船楼里用来消灭或击退登上甲板的敌人的小型滑轨炮。但是,假如重型火炮安装在吃水线上方很高的地方,那舰船就非常容易倾覆。因此国王的木匠们则在舷边安装了炮门,将大部分重炮安装在货仓里。这样,便出现了第一门舷侧火炮。在1545年,于肖勒姆军事行动中,这种火炮显示了巨大的威力,它不但能杀死敌军,而且还能摧毁敌舰。这些行动产生了一种新的海战方式。"远距离作战"已成为可能,海战时再也不需军舰靠近、进行交手战了。

不仅如此,1548年,英国政府通过法案,规定星期五和星期六为食鱼日,全体国民只准吃鱼而不准吃肉。1563年又增加星期三为食鱼日,这样加上原有的恩伯节和四月斋,一年便有一半以上时间为食鱼日。英国政府就是这样利用供求规律、利用价值规律来发展渔业生产,进而促进相关工业的发展,从而使其海上力量呈现出咄咄逼人的势头。

(三)英国北出大西洋的探险

与西班牙无敌舰队相比较,英国的海上力量显得太弱小。然而,随着海上利益及力量的不断增长,英国政府也尝试着如何避开西班牙海上霸权的锋芒、寻找一条新的通往东方的海上航线。由于西出大西洋及南下大西洋通往东方的航线已经被西班牙和葡萄牙所控制,"于是英国人着手探寻东北通道,这就是说,探寻一条从欧洲起穿过冰海绕过北亚地区通往东亚海岸的航道"①,因此北上大西洋通往东方的航线也就成为英国人的必然选择。1548年,一些受人尊敬而又富有才略的伦敦商人组成一个名叫"商人探险协会"的组织。1553年5月中旬,协会组织的一支由三艘航船组成共搭载105人的探险队在礼炮的轰鸣和"万岁"声中驶出了格林尼治海湾和泰晤士河河口,从北方穿过冰海,寻找一条新的通往东方中国或鞑靼人国家的航线。带队的是在军事上颇有天才的尤希·威尔劳彼。1554年冬天,俄罗斯白海沿岸的居民在瓦尔泽纳河河口发现了其中的两艘航船抛锚停泊在一个停泊场上,船上的货物积存很多,并且发现了威尔劳彼的航海日记,但是人员均已死亡,共有63人。

(四)伊丽莎白女王的励精图治

历史给每个民族腾飞的机遇都是有限的。由于英国官方海上活动的成效不大,而且英格兰的任何一个地方距离海洋都不超过120公里,1558年继位的伊丽莎白女王认为可以利用这个天然的优势,发展海洋贸易。但是这样做,无异于从西班牙人那里虎口夺食。尽管如此,英国海上力量并不是

---

① [苏联]约·彼·马吉多维奇:《世界探险史》,屈瑞、云海译,海南出版社2006年版,第273页。

体现在其海军的规模上,而是体现在其海上斗士的素质上。居住在岛国的英格兰民族具有某种"海盗"的天赋。伊丽莎白十分清楚对手的实力,她不希望在公开对抗中输给西班牙。为了有效保护海外贸易,英国开始求助于本国的"海盗"活动,这些所谓的"海盗"像私人掠夺船只一样行动,差不多就是海盗了,因此,如果他们和西班牙发生冲突,女王可以否认他们和她有关,并且说他们是违反政府的官方政策的。这样一来,女王可以不牵扯到一些海军行动,但是却积极鼓励他们,因为她将其看做发展国家的一种方式。于是,当时英国涌现出一大批海上冒险家、海盗或半海盗式的人物,其中以沃尔特·雷利、约翰·霍金斯、弗兰西斯·德雷克等为典型代表。

沃尔特·雷利是伊丽莎白时代著名的冒险家,对于海军及制海权有着独到的见解。雷利认为,任何海洋国家,靠在海岸构筑坚固的防御工事,以迎击制海权在握的强大敌军都是办不到的。因为一来不可能在每条河川、每个港口或每片海滩上都有一支强大的军队扼守,二来军舰根本不需要跑得上气不接下气,就能摆布得岸上的士兵疲于奔命。所以雷利认为,最聪明的办法就是秉承上帝的意旨,在海上运用精锐的军舰。不仅如此,雷利在他与女王讲述过去新大陆的冒险历程以及观察西班牙如何在海外殖民贸易上撷取庞大财富的报告里,还明确提出了"谁控制了海洋,即控制了贸易;谁控制了世界贸易,即控制了世界财富,因而控制了世界"[1]的观点。

约翰·霍金斯和他的堂兄弟弗兰西斯·德雷克属于半海盗式人物。伊丽莎白女王纵容他们去抢劫西班牙的殖民地和海上航运。就是这些以德雷克、霍金斯为代表的海上大盗,放荡不羁,好勇斗狠,在英国女王的默许和支持下,神出鬼没于大西洋。霍金斯凭借自己的实力,长期以来一直得到女王的尊重,在对外和海洋贸易政策上提出自己的观点,得到了女王的大力支持,并于 1585 年受爵。在 E.B. 波特所主编的《海上力量——世界海军史》中对霍金斯经营英国海军的事迹予以详细的描述:1577 年,霍金斯担任了英国海军的财政司库和审计官员。在普利茅斯,霍金斯的商船航运事业十

---

① ［英］D. 豪沃思:《战舰》,伍江译,海洋出版社 1984 年版,第 1 页。

分兴旺,他除了正当的经营外,还常在西班牙到美洲的水域中进行抢劫和贩运奴隶。有时,霍金斯还能得到英国女王政府的默许并与其瓜分渔利。霍金斯的航海经验及对一些激烈的海战的体验,使他竭力反对甲板格斗战术,而坚定不移地主张在海战中使用枪炮和实施机动。后来,在霍金斯的积极游说下,他身体力行并亲自随船督训,于是英国皇家海军战舰成为重视速度和机动的水上炮台。这些战舰首尾两端的高楼堡逐渐撤销,而战舰的宽度相对增加了。虽然海军装备在霍金斯的职责之外,但他对海军的影响是显而易见的。由于霍金斯的改革,英国海军产生了新的作战方式,即用远射程的炮战取代了面对面的肉搏。在这种情况下,火炮的射程越远越好。于是,在英国当时的舰船上很少发现有粗短笨拙、虽能发射重型弹丸但射程较近的火炮,而长身管火炮的比例却在明显增大。这种火炮虽然只能发射较轻的 17 磅球形弹丸,但是它的射程可达 1.25 英里。

而德雷克则被称为"铁腕海盗",不仅仅在于其过人的智力和敢于冒险的精神,关键在于他是一个大股份公司的老板,英国女王伊丽莎白本人就是这个股份公司的股东之一。女王用自己的私人资本为其装备了船只,并与其分享利润。1573 年 8 月,德雷克将从西班牙手中抢来的财宝大部分敬献给伊丽莎白女王,而女王却欣然接受。1577 年冬,德雷克的"金雌鹿"号船穿过专属西班牙的麦哲伦海峡,沿着南美西海岸到处袭击和劫掠西班牙所属的城市和船只。1580 年 9 月底,当德雷克带着价值 50 万英镑的金银财宝穿过太平洋、印度洋回到伦敦普利茅斯港的时候,受到了隆重欢迎。满载而归的德雷克给投资者带来了 4700 倍的利润。作为资助者之一,伊丽莎白一世分到了 16.3 万英镑的红利,这个数字几乎相当于当时政府一年的支出。英国女王亲自到船的后甲板上,封德雷克为爵士,纵容这位魔鬼般的海盗继续去"烧西班牙国王的胡须"。

(五)西班牙无敌舰队的覆没

在伊丽莎白女王统治期间,英国加快了建设海军的步伐,他们凭借先进的工业技术,建造起一批新式战舰。在 E.B. 波特所主编的《海上力量——世界海军史》中详细记载了当时英国海军的规模:到 1588 年,女王海军的

34 艘军舰的装备有所加强。来自沿海城市港口的武装商人和来自全英国的炮兵很快使这支舰队的实力非常可观,这支舰队共有 197 艘战舰、1.6 万人和 2000 门火炮。不仅如此,这段时期海盗们长期的海上劫掠活动导致其所具有的英格兰民族意识以及对伊丽莎白女王的忠诚度不断增强,从而培养出一批英国皇家海军的精英。1587 年,德雷克爵士率领舰队突然袭击了西班牙的加的斯港,摧毁西班牙战舰约 33 艘,然后又在西班牙沿海劫夺船舶。由于英格兰人正在试图抢占和扩大海上优势,西班牙帝国的利益遭到了前所未有的侵犯。西班牙再也不能容忍英国的挑衅,决心给英国以报复性的打击。1588 年 7 月 7 日,西班牙 130 艘战船、8000 名水手和两万名士兵组成的无敌舰队教训英格兰。但是,英国海军再也不是过去的海军。无敌舰队遇到了大西洋上最强劲的对手———一支由商船和海盗组成的小型舰队。虽然无敌舰队在数量占明显的优势,但战术上西班牙仍然恪守"钩船、接舷、跳帮和白刃战"人对人的传统战术,而英国海军将领霍华德勋爵却明智地采用舰艇上的中程重炮、近程和远程火炮等先进热武器,以火炮代替冷兵器,以舰对舰的先进战术代替了传统的人对人战术,使其新型的侧舷炮威力得以充分发挥。霍华德抓住了英国海军的优势,用灵活机动的战略战术击败了无敌舰队,把西班牙 67 艘战舰上的数百个头颅葬于英吉利海峡。无敌舰队的神话被打破了,西班牙慢慢退出了历史的主要舞台,海上霸权开始向英国转移。英国在 1588 年英西海战中的胜利,标志着英国海上力量的崛起,从此长期处于欧洲主流文明之外的岛国,迅速进入世界海洋霸权和商业霸权的争夺中心。英国皇家历史学会副主席哈里·狄更斯对伊丽莎白女王曾作出如此评价:"你需要记住:英国在 16 世纪末实际上还是一个人口很少的小国。英国的强大最终还是通过商业和殖民地的经济扩张。西班牙阻挡了它的发展,荷兰人和后来的法国人都挡了它的路。因此英国必须利用它的海军,挑战所有这些国家的权威和力量,争夺他们的殖民地和贸易,而伊丽莎白(一世)是第一个真正成功做到这一点的人"。①

---

① 央视纪录片:《大国崛起》第三集:《走向现代(英国上)》。

二、荷兰海洋权力的发展

(一)海上马车夫兴起的两个条件

当英国与西班牙鏖战之时,一个海上马车夫却乘机驾着它那无与伦比的马车队驰骋在便利畅达的蓝色通道上,这就是荷兰的崛起。

地处西北欧的荷兰,面朝大西洋的北海,背靠广袤的欧洲大陆,欧洲的两条主要水道在这里入海。为了排涝,荷兰人修建了多条运河,构成了当时欧洲最发达的水上交通网。这些优势使荷兰具备了成为欧洲新的商品集散地的可能。15世纪末的地理大发现,给欧洲带来前所未有的商业繁荣,也为荷兰提供了成就商业帝国的历史性机遇。

如果说,最早开始远洋冒险的葡萄牙和西班牙,主要是依靠暴力去进行赤裸裸的财富掠夺,那么,紧随其后的荷兰人由于缺少强大的王权和充足的人力资源,十分自然地选择了依靠商业贸易来积累财富,同时也积累着足以让自己强盛起来的竞争技巧和商业体制。荷兰在这个贸易体系中充当了中间人、代理人、加工者和推销商的角色。荷兰人从葡萄牙和西班牙那里装载香料、丝绸和黄金,然后把它们运销到欧洲各地。返航时,他们又为这两个最早的海上霸权国家运去波罗的海产粮区的小麦、瑞典的铁器、芬兰的木材,以及自己生产的海军补给品。但是,荷兰商人很快发现,在这项利润丰厚的贸易中,他们不得不面对来自英格兰商人强有力的挑战。于是荷兰人从两个方面赢得了这个海上马车夫的称号。第一,荷兰人设计一种造价更加低廉的船只——甲板变小,船身变圆。当时在斯堪的纳维亚,船只所缴纳的税取决于甲板的宽度,甲板越窄,付的钱越少。此前,典型的欧洲商船都建造有可以架设火炮的平台,这样做可以有效地防止海盗袭击,但是需要更多的木头而且甲板变得很大,需要更高的造价成本和运输费用。为了减少木头,荷兰人冒险建造出了一种仅能运送货物而不可装置火炮的商船,这样甲板变小了不仅省了木头,而且减少了费用。荷兰人为了能获得尽可能多的利润,还把船肚子做的很大,船身很大很圆,而甲板很小,这样费用进一步减少了。在很大程度上,就是靠着这种船,荷兰人赢得了享誉世界的"海上马车夫"的称号。

但是,要想在竞争中立于不败之地,仅仅依靠特殊的船只显然不够,最终决定胜负的关键,是那些驾驶船只的人。1594年到1597年,一个叫威席·巴伦支的荷兰船长,试图探寻一条从北方通向亚洲的航路,曾在北冰洋地区进行了三次航行,后来人们把那个地区命名为巴伦支海。其中巴伦支经过了三文雅,即现在隶属于俄罗斯的一个岛屿,但是他们被冰封的海面困住了。

由于三文雅地处北极圈之内,巴伦支船长和17名荷兰水手在这里度过了8个月的漫长冬季。他们拆掉了船上的甲板做燃料,以便在零下40度的严寒中保持体温。他们靠打猎来取得勉强维持生存的衣服和食物。尽管环境恶劣而且已经死了8个人,但是荷兰商人们私毫未动别人委托给他们的货物,而这些货物中就有可以挽救他们生命的衣物和药品。第二年春天,幸存的商人终于把货物几乎完好无损地带回荷兰,送到委托人手中。他们用生命作代价,守望信念,创造了传之后世的经商法则,最终为荷兰人赢得了海运贸易的世界市场。于是荷兰就成为了欧洲真正的海上马车夫。

(二)政治制度创新

伴随着商业贸易的发展,城市作为交易的市场、储存货物的仓库、维修船只的工场,在荷兰逐渐兴旺起来。和欧洲其它地方一样,一开始,荷兰城市的主人是那些贵族们,因为城市总是建立在某个贵族的领地之上。贵族们建立起小型的军队,名义上是为城市提供保护,实际上是依靠武力取得税收。日渐富有的市民们最终做出一个让人惊讶的选择。他们像购买货物一样,从贵族手中买到了城市的自治权。从此,市民们自行立法,贵族不能直接向他们收税。"市民自治"为荷兰的城市注入了强大的发展动力。到公元15世纪末,将近一半的荷兰人生活在城市中。荷兰人满足于生活在彼此独立的城市中,这些城市惟一关注的事情就是尽可能多地增加财富。在1543年,不管荷兰人情愿与否,都不得不去面对国家这个问题。那一年,西班牙的国王通过政治联姻的方式取得了荷兰的统治权。但是当西班牙国王菲利普二世把手伸向他们的钱袋时,荷兰人奋起反抗了。这是因为菲利浦二世需要很多的钱,原因在于他一直和法国打仗,要用大量的钱维持。他希望得到永久的财力保障,而荷兰人拒绝这样做,他们只同意在一段时间内提供部分的钱。于是荷兰的独立战争爆发了。1581 年 7 月 26 日,来自荷兰各起义城市的代表在海牙郑重宣布:废除西班牙国王对荷兰各省的统治权,于是他们实际上已经拥有了一个国家。荷兰人首先将自己的国家托付给了英国女王伊丽莎白一世。1588 年,七个省份联合起来,宣布成立荷兰联省共和国。这是一个在人类历史上前所未有的国家。很多历史学家说,它是世界上第一个"赋予商人阶层充分的政治权利的国家"。这是一个共和民主的混合,实际的政治权力掌握在商人和知识精英的手中。崭新的国家诞生了,但它的未来仍处于重重迷雾之中。如果用国土、资源、人口等条件来衡量,荷兰几乎不具备作为国家生存下去的条件。更何况组成共和国的七个省份依然是各自为政。荷兰凭借着自己的商业直觉,很快找到了自己的优势。因为这片土地上拥有人数众多、对财富充满强烈渴望的商人阶层,如果将他们的爱财之心转化为一种力量,那么,荷兰就拥有了比王权更为强大的武器。根据这个优势,荷兰人决定从精明的中间商变成远洋航行的斗士,靠自己去开辟前往东方和美洲的航线。那么,远洋航行需要的大量资金又从哪里来呢?

(三)现代商品经济制度创新

荷兰人是靠海洋起家的,是商业上的霸权造成了工业上的优势,而"殖民制度"在商业霸权中起着决定性的作用。16 世纪末到 17 世纪初,逐步建立起资本主义生产关系的荷兰,以更加史无前例的殖民活动,实现着它的"资本的原始积累"。16 世纪末,荷兰人发现,东印度群岛中的"香料之国"远不止马鲁古群岛,他们发现了爪哇、班达,进而开发了印度尼西亚的大片岛屿,控制了马六甲海峡。新的发现带来了新的商机。商人们争先恐后地出现在南下的海洋通道上,不断有新的航路被开辟,不断有新的岛屿被占领。1601 年,荷兰去往东印度的商船达 84 艘。1602 年,在共和国大议长奥登巴恩维尔特的主导下,荷兰联合东印度公司成立。就像他们创造了一个前所未有的国家一样,如今,他们又创造了一个前所未有的经济组织,即第一个联合的股份公司。为了融资,这家公司发行股票,不过不是现代意义的股票。人们来到公司的办公室,在本子上记下自己借出了钱,公司承诺对这些股票分红,这就是荷兰东印度公司筹集资金的方法。通过向全社会融资的方式,东印度公司成功地将分散的财富变成了自己对外扩张的资本。甚至,阿姆斯特丹市市长的女仆也成了东印度公司的股东之一。成千上万的国民愿意把安身立命的积蓄投入到这项利润丰厚,同时也存在着巨大风险的商业活动中,一方面是出于对财富的渴望,更重要的是,因为荷兰政府也是东印度公司的股东之一。政府将一些只有国家才能拥有的权利,折合为25000荷兰盾,入股东印度公司,这就大大增加了东印度公司的权限和信誉。荷兰人同时还创造了一种新的资本流转体制。1609年,世界历史上第一个股票交易所诞生在阿姆斯特丹。只要愿意,东印度公司的股东们可以随时通过股票交易所,将自己手中的股票变成现金。当大量的金银货币以空前的速度循环流通时,荷兰的经济血脉开始变得拥堵起来。这一次,荷兰人解决问题的探索直接进入了现代经济的核心领域——这就是建立银行。1609年阿姆斯特丹银行成立,大约比英国银行早一百年。这是一家城市银行、财政银行和兑换银行,它吸收存款,发放贷款,所有一定数量的支付款都要经过银行,因此,阿姆斯特丹银行对于荷兰的经济稳定起到了重要作用。更重要的是,它发明了我们现在所说的信用,那时叫做"想象中的货币"。"对这家银行的信赖不仅仅建立于金银之上,还在于它向阿姆斯特丹城与王国提供贷款,其资本高于许多王国。银行保证归还一切存款。商人之间的巨额支付是通过银行的钞票进行的,不仅在外省的不同城市如此,在世界上许多商业城市都如此。因此,可以说这家银行是一个大保险箱,每个人都可以那里存钱,这比存在自己家里要安全和方便得多"①。为了保障银行的信用,阿姆斯特丹市通过立法规定:任何人不能以任何借口限制银行的交易自由。由此,一个看上去不可思议的现象出现了:当荷兰和西班牙的军队正在海洋上厮杀时,西班牙贵族手中的白银仍可以自由地从阿姆斯特丹银

---

① [法]阿尔德伯特等:《欧洲史》,蔡鸿滨、桂裕芳译,海南出版社2002年版,第346页。

行的金库中流进流出。荷兰的银行,可以合法地贷款给自己国家的敌人。总之,荷兰的市民是现代商品经济制度的创造者,他们将银行、证券交易所、信用,以及有限责任公司有机地统一成一个相互贯通的金融和商业体系,由此带来了爆炸式的财富增长。于是,有着 600 万载重吨船队的东印度公司在好望角设立转运站,垄断了东南亚的海上贸易。此后,又侵占了中国的台湾,逐渐控制了对日本的海上贸易。1621 年,荷兰西印度公司成立,商船越过大西洋,驶进南美的各个港口。接着,又将殖民主义的触角伸向哈德逊河谷,在北美的曼哈顿岛上建立起富庶的殖民地"新阿姆斯特丹"。荷兰的商船还从东南亚继续南下,发现了澳大利亚和新西兰,将殖民势力扩张到了大洋洲。

荷兰这个仅有 2.5 万平方公里的弹丸小国在一个世纪里创造了壮观的业绩。17 世纪初,荷兰人口只有 250 万左右,同期英国人口约 650 万,法国约 1650 万。① 一个拥有如此狭小面积的国土、少量人口、资源匮乏的国家,17 世纪初荷兰却拥有商船 16000 多艘,运载吨位占欧洲总吨位的 4/5,相当于英、法、葡、西四国船舶运输吨位的总和;若以国家为单位进行比较,则是英国的 4 - 5 倍、法国的 7 倍。② 发达的航海业创造了大量就业机会,沿海各省商人、水手和渔民都卷入进去,从而拥有 16 万海员的海上商业力量,囊括了全世界五分之四的的海上运输量,其殖民地遍及亚、非、美洲和大洋洲。小小的荷兰因而成为全世界的"海上马车夫",几乎垄断全球的海上运输。有人评论说:"荷兰人从各国采蜜……挪威是他们的森林,莱茵河两岸是他们的葡萄园,爱尔兰是他们的牧场,普鲁士、波兰是他们的谷仓,印度和阿拉伯是他们的果园"。③

马克思曾这样评价道:"殖民制度大大地促进了贸易和航运的发展,'垄断公司'是资本积聚的强有力的手段。殖民地为迅速产生的工场手工

① David Maland, Europe in the Seventeenth Century, Second Edition, London, 1983, p. 241.
② 唐晋:《大国崛起》,人民出版社 2006 年版,第 126 页。
③ 滕藤:《海上霸主的今昔——西班牙、葡萄牙、荷兰百年强国历程》,黑龙江人民出版社 1998 年版,第 277 页。

业保证了销售市场,保证了通过对市场的垄断而加速的积累……第一个充分发展了殖民制度的荷兰,在 1648 年就已达到了它的商业繁荣的顶点。它'几乎独占了东印度的贸易及欧洲西南部和东北部之间的商业往来。它的渔业、海运业和工场手工业,都胜过任何别的国家。这个共和国的资本也许比欧洲所有其它国家的资本总和还要多'"。①

（四）强大的海上军事力量

为了它那遍及世界的贸易,荷兰建立起了强大的舰队,虽然没有类似于西班牙无敌舰队那样的专业化海军,但其实力却是雄厚的。荷兰远涉重洋的商船上都有重装备,都有武装的军队,一旦遭遇不测,商船就是战舰。荷兰实际上有着世界上最强大的海上后备军事力量。荷兰握有海权,则荷兰兴。通过海洋的地理大发现为资本主义原始积累开辟了最重要的捷径,通过海权的争夺与战争,又加速了资本主义的发展进程。这就是历史的辩证法。荷兰就是这样兴起的。荷兰的兴起使欧洲诸大国不得不刮目相看。有着比荷兰长 10 倍海岸线的英国,几乎其所有的海上运输任务都由荷兰人承担,海上交通线为荷兰独占。看到源源财富旁落他人手中,英国人自然不甘心,而当他们转而向海上寻求致富之路时,他们到处碰到有冒险精神的荷兰水手和商人的拼命竞争。当他们也想插手香料贸易时,发现荷兰人已经在东印度群岛牢固地扎下了根。"海上马车夫"的无情垄断,使两者必将成为仇敌。

三、英国与荷兰的海上竞争
（一）克伦威尔的海军改革

十六七世纪的社会历史的流行色是蓝色。海权的实践,带来了作为观念形态的海权意识的长足发展。于是,"这时展现在一切海洋国家面前的殖民事业的时代,也就是建立庞大的海军来保护刚刚开辟的殖民地以及殖民地的贸易的时代。从此便开始了一个海战比以往任何时候更加频繁、海

---

① 《马克思恩格斯全集》第 23 卷,人民出版社 1972 年版,第 822 页。

军武器的发展比以往任何时候更有效的时期"。① 要打破荷兰的毫不留情
的海上贸易的垄断,只有把希望寄托于出现另一个海上强国。第一个向荷
兰发出挑战的是英国。

英国海军伊丽莎白时期有所发展,但是其遗留下来的海军由于詹姆士
管理失当而遭到严重的削弱。继承人查理一世上台之后想整顿海军舰队,
于是曾要求征收"造舰税",但最后却以失败而告终。1640 年,英国资产阶
级问鼎政权。英国革命后的资产阶级政府首脑克伦威尔特别注重海军建
设。克伦威尔尤其欣赏沃尔特·雷利生前对海军的一些论述并接受了他的
理论,他说:"军舰最能显示一国的军力及对利益的关切。军舰可以采取主
动或有利的行动,没有其它的军事力量可以提供这种机动和弹性"。② 于
是,克伦威尔上台伊始便进行海军改革,其举措主要包括:其一,通过变卖从
贵族那里夺来的财产,来大力扩展英国海军;其二,成立了专业性的海军委
员会,将伊丽莎白女王时期延续下来的靠征用武装商船和海盗进行海战的
旧习俗彻底革除,为海军建造专门的军舰,培养专业化的海军军人及其统
帅,改进海军的训练与管理,改善水兵的薪饷和膳食,制定一条发放"奖金"
的刺激制度,专门奖励那些俘获或击沉敌舰的士兵,从而着手打造一支装备
精良的专业化海军;其三,在政府各部门中改组和加强了与海军有关的机
构;其四,特别注重研究和总结英西战争以来海军战术运用上的发展和变
化,使英国海军真正走上近代化的道路。

(二)第一次英荷战争

基于上述改革举措,英国终于拥有一支装备精良、训练有素、纪律严明
的舰队,于是向荷兰发起了挑战。1651 年,英国国会颁布"航海条例"。该
条例规定:凡是从欧洲运到英国的货物,必须由英国船或商品生产国的船运
送;凡是从亚洲、欧洲、美洲运送到英国、爱尔兰以及英国各殖民地的货物,
必须由英国船或英国殖民地的船运送;英国各港口的渔业进出口以及英国

---

① 《马克思恩格斯全集》第 1 卷,人民出版社 1964 年版,第 383 页。
② 辛向阳:《霸权崛起与挑战国家范式分析,当代世界与社会主义》2004 年第 4 期,第 98—102
页。

境内沿海的商业,完全由英船运输。这一法案是直接针对荷兰的中转贸易而定的,对荷兰的海外航运业必将造成沉重的打击。条例一颁布,荷兰就要求废除,英国不予理睬,荷兰人很恼怒,于是英荷关系处于剑拔弩张的状态。1652 年 6 月,英国海军舰队在多弗尔海峡巡逻,与荷兰舰队遭遇,英国海军进行挑衅,引发第一次英荷战争。此时两国海军实力旗鼓相当,因此海战异常激烈。尽管如此,在 E. B. 波特所主编的《海上力量——世界海军史》中明确指出了当时荷兰海军严重的虚弱性:第一,它绝对依靠海运事业生存,而英国则控制了通向荷兰海岸的水域;第二,因为荷兰有象海岸那样大的陆疆需要守卫,它被迫投入大量的人力和物力去建造陆上要塞,并保持一支常备军队;第三,荷兰的海军虽然有数量惊人的船只,但体型很小,船底较平,难以操纵,并只能停靠象荷兰那样的浅水港;最后,英国海军总是设法在战术上走在荷兰的前面。

荷兰海军将领们在当时被公认为世界上最优秀的将领。荷兰海军由两位海军上将特罗普和赖特统帅舰队。英国海军由布莱克统帅,他根本不是真正的海军将领而是被称为"海上的陆军将军"的陆军军官,是由克伦威尔任命的,因为他怀疑海军军官中有人拥护君主制度。海战打响以后,英国统帅海军的陆军军官布莱克看见海战不定形的情景时都吓坏了,于是发布了一套新的《海上作战条令》。其中包括有划时代意义的第三条:各分舰队的所有战舰都必须尽力与其分队长保持一线队列前进……"。在 E. B. 波特所主编的《海上力量——世界海军史》中深刻阐述了该条令在海战中所具有的重大意义:这个条令废除了舰只的集团混战,从而建立了纵队这个海军作战时的标准队形。这种舰队纵列队形也被称为"单行纵列"队形。这个战术理论的出现是舰船安装舷炮的必然结果。军舰按这种纵列队形作战,舷炮火力就不会被自己的战舰所遮挡。这种队形还可以防止敌人登舰和被敌人分而歼之,因为敌人的军舰在这种队形面前难以穿过他们的舰首和舰尾,敌舰如进入这两个部位,则我舰的舷炮不仅打不着它们,而它们则可以通过纵射给我舰以致命的打击。

1652 年 9 月,英国与荷兰的主力舰队在泰晤士河交锋,激战两天两夜,荷兰大败。2 个月后,荷兰以 78 艘战舰、300 艘商船组成的联合舰队前出北大西洋,在达格尼斯海角再次与英国海军激战。终于,荷兰报了一箭之仇,将英国海军赶入港口,控制了整个英吉利海峡。

1653 年,两军再次对阵,英国海军使用了英西战争中制胜法宝舷侧炮,以纵列队形迎敌,血战 3 天,将荷兰暂时再次击败。由于战争消耗非常巨大,能否支付得起战争费用,成为两国面临的最现实的问题。荷兰显得力不从心,而以工业资本立国的英国,在此时却显示出雄厚的战争潜力。克伦威尔政府采纳海军的意见,动员全国的工业力量赶制海军装备,于是各种军用品都得到迅速补充。1653 年夏天,英国海军已经占压倒性优势,开始封锁荷兰海岸,将荷兰所有过往船只一律俘获。由于荷兰以商业立国,贸易、工业、税收全部依靠海运,长达 18 个月的封锁使得荷兰财源枯竭,银行倒闭,百叶凋零,其舰队更是无法振兴,终于不得不认输。1654 年,双方签订和约,在荷兰承认英国与其有同等权力与东印度群岛进行贸易时,克伦威尔宽恕了荷兰海军,赢得了第一次英荷战争的胜利。

(三)第二次英荷战争

1660 查理二世复辟,登上英王的宝座,之后授予英国海军为"皇家海军"称号并任命他的弟弟詹姆士——约克公爵为最高指挥官,这样英国海军的地位得到很大的提高。战后英国认真总结了英国海军作战经验,颁布了《战斗教范》,废除传统的横队密集队形,以能够充分发挥舷侧炮威力的"单行纵列"为标准队形。于是,武器装备的变化与战术技术的变化相互促进,英国海军日趋强大了。

面对皇家海军不断袭击海岸以及海军在海上惨遭失败的境况,荷兰要求结束战争,尽快议和,但查理国王并没有积极的回应。1665 年 6 月,第二次英荷战争爆发,荷兰舰队再次出征。由于查理国王的怠慢,大量的皇家海军舰只被闲置,几乎全部的水手都被遣散,这使英国人在第二次英荷战争中处于危险的境地。荷兰海军迅速驶入泰晤士河入海口,夺取了英国海军的仓库贮存品,轰击了查塔姆,击毁了 7 艘大型军舰,并俘获了英国皇家海军"皇家查理"号旗舰。随后,荷兰海军牢牢封锁了英国的海运事业,这样促使伦敦政府很快准备议和。第二次英荷战争,双方均有所得失。英国放弃了对东印度群岛的所有要求,更改了《航海法案》,荷兰承认西印度群岛为英国的势力范围,并割让哈得孙河流域和新阿姆斯特丹的殖民地给英国。英国给新阿姆斯特丹改名为纽约。此后1672年第三次英荷战争爆发,双方虽各有胜负,但荷兰的海上霸权最终无可挽回地被削弱了、衰败了。1688年"光荣革命"发生,荷兰统治者奥伦治亲王威廉入主英国成为英国国王,荷兰也就成为英国的盟国。

对此马克思曾评价道:"我们可以拿英国和荷兰来比较一下。荷兰作为一个占统治地位的商业国家走向衰落的历史,就是一部商业资本从属于工业资本的历史"。[①] 军舰是大工业的产物,荷兰没有发展大工业,导致缺少经济实力以支撑海军的发展。而没有强有力的海军,就没有海权,就没有大国、强国的地位。海军就是这样与海权联系在一起,也与国家的兴衰联系在一切。英国终于在国际舞台上站稳了脚跟。

第五节 英国与法国的海洋权力

一、早期英国与法国的海权较量

英国要称霸世界还得清除潜在的强有力的竞争对手法国。法国是欧洲最强大的国家之一,领土辽阔,人口众多,自然资源丰富。法国虽然面临大西洋和地中海,有着远远长于荷兰、西班牙的海岸线,却从来都以大陆国家自居。17世纪,在世界海洋经济大潮的裹挟下,法国加入了殖民竞争的行列,但并没有因此而改变其以大陆为主的经济思想和政治思想。17世纪英荷战争时代,法国还曾与英国结盟,迫使荷兰两面受敌,但终归失败。由于英国在战争中消耗了巨大财力,给了法国人以乘隙崛起的机会。17世纪末,法国建立了欧洲最庞大的陆军,1690年兵力达40多万,几乎6倍于英

① 《马克思恩格斯全集》第25卷,人民出版社1974年版,第372页。

国,海军规模也在英国之上,已经成为了当时世界上最强大的海军。就主力舰艇数量而言,法国与英国之比为 120:100。法国海军的主要缔造者柯尔培尔是路易十四的财政总监。在他的资助下,法国舰船的设计也较为科学化,其水平远远超过了英国按照实践经验所进行的舰船设计。到 1683 年柯尔培尔去世的时候,法国海军可与在公海上航行的任何海军相抗衡。到了 1689 年,法国的战舰在数量上已赶上英国和荷兰的联合舰队。然而,法国海军的增长在很大程度上存在两个严重障碍。其一,法国是一个大陆国家,海军得与陆军竞争军费。在长期的战争中,海军不能指望有足够的人员或物资进行补充。其二,法国两面临海,法国政府将其海军分为大西洋和地中海两个部分,分别驻扎在右勒斯特和土伦。

　　尽管如此,法国强大的海军力量仍然使英国受到威胁,直接冲击着英国的国家战略。于是利益之争使英法两国开始反目为仇,展开了长达一个多世纪的互为对手的较量。1689 年至 1697 年的奥格斯堡同盟战争,又称"威廉王战争"是英法两国的第一次较量。英国的基本战争战略是:充分抓住法国的弱点,采用了让法国保持在欧洲消耗巨额军费,同时防止法国的两部分舰队联合起来。在这场战争的大部分时间,英国人达到了这个目的。他们靠鼓励甚至资助欧洲盟国,在土伦港附近或接近直布罗陀海峡的海域保持一支对付法国人的舰队。这场战争的关键战役发生在 1692 年,法国国王路易十四率领 24000 人的海军舰队横渡英吉利海峡,直接扑向英国。与英国相比,无论战舰性能,还是战术技术,法国都远远不是英国的对手,结果大败而归。由于传统的大陆思想作祟,法国感到既然无力同时顾及海陆两方,就索性放弃一方,改变策略,只在海上袭扰英国商船,不作正规海战。法国减少海军拨款,全力发展砣军,而英国则大力发展海军。双方棋逢对手,各有优势,暂时形成均势。最后,英法两国走到谈判桌前签订了《里斯威克条约》,从而结束了这场战争。

　　1702 年至 1711 年,英法两国因西班牙王位继承问题而引发了又一场战争。这场战争波及面很广,把西属尼德兰、德意志、西班牙、地中海以及北美殖民地等全部卷入其口。1703 年英国海军占领西班牙的直布罗陀,封锁了地中海的出海口。1707年英国海军占领了西属梅诺卡岛的马翁港,将法国地中海的土伦舰队与大西洋的布雷斯特舰队分割开来。1713年英法两国签订《乌特勒支条约》是这场战争的最终结果。通过这场战争,唯一能与英国抗衡的法国海军被击溃,西班牙、荷兰等国海军的实力进一步被削弱,英国海军则发展成为最强大的海军。随着海军实力的增强及殖民地的扩大,英国的商业触角伸向全世界,从而在通向"日不落帝国"的道路上迈出了坚实的一步。

二、18世纪中期的皮特计划

18世纪50年代,英、法、西、荷、奥、普、俄等国权衡利益,重新排列组合。法国与俄国、西班牙、奥地利结盟,而英国则与普鲁士结盟,形成了新的战争格局。1756年,法国首先发难,揭开了七年战争的序幕。七年战争是英国与法国争夺世界霸权的一场重要战争。这场战争以英法为主要对手,卷入了欧洲大多数国家,战场不仅在欧洲大陆和地中海、大西洋,而且在北美的加拿大、西印度群岛,亚洲的印度,并波及菲律宾和非洲的一些地区,堪称是第一次世界性的战争。这场战争的目标非常明确,即全力争夺海外殖民地,并对殖民地的贸易实行垄断。七年战争伊始,梅诺卡岛战役的失利使英国失去了地中海中一个重要的战略支点。初尝败绩的英国决定改组内阁,启用皮特为陆军大臣,赋予他调动海、陆军的全权。皮特提出了一个对英国以后的军事战略产生长远影响的著名计划"皮特计划"。从全球范围来看,皮特战略可以归纳为一个打击方面和一个抑制方面。英国主要的打击方面是在海外实施的,即利用英国海军的优势支持在法国和西班牙殖民地上进行的攻击。占领这些殖民地扩大了英帝国的势力,促进了贸易,从而带来财富,并把这个财富的一部分用以扶持英国在欧洲大陆上不可缺少的盟国。抑制方面是:皇家海军先是封锁继而消灭法国舰队,然后利用英国的盟邦尤其是普鲁士大公腓特烈,吸引和消耗了法国的财力和人力。否则,这些人力、物力就可能用来加强法国海军,突破英军的包围去支持法国的海外领地。

在欧洲战场,皮特计划也兼有打击和抑制两个方面。在欧洲大陆上腓特烈的陆军是其主要打击力量。而与此同时英国人又在法国沿海进行联合远征,这在某种程度上造成法国人对英军入侵的担心,从而抽回部分可以用来对付腓特烈的兵力。在 E. B. 波特所主编的《海上力量——世界海军史》中对皮特及其皮特计划的基点予以深刻的总结。就皮特本人而言,总体上来看皮特是最高指挥官的典范,他具有能把目标、一致性与果断性统一起来的特长。在战争的棋赛上,皮特把棋局看成一个整体,他相互兼顾地调配他的棋子,因为在宏大战略目标方面,皮特很自然地认为:他不仅必须确保胜利,而且还要保证英国实现其所有的战争目标。而"皮特计划"的基点则是:英国的繁荣应建立在贸易之上,英帝国鼓励贸易发展。贸易带来财富,而财富又加强了陆军和海军的实力。这样,英国在理论上总结出一个能不断增长国民经济、政治和军事实力的"良性三角":贸易——殖民地——海军。英国第一个具备了从国家利益出发而将整个世界作为一个整体来筹划战争的大视野。英国实际上成为第一个比较完整地运用海权进行世界性战争的国家。

反观法国,其陆权与海权的天平根本无法维持平衡。因此,每当法国要竭力维持欧洲大陆的霸权时,其海权的发展必然受到其陆上争霸的牵制。于是,在"皮特计划"的指引下,1758 年英国海军首先夺占了法国殖民地刘易斯城,1759 年集中兵力占领魁北克。1760 年,英军占领了蒙特利尔、法属加拿大、路易斯安那部分地区和西班牙殖民地佛罗里达。与此同时,英国远征军在印度取得胜利,法国殖民势力基本上被挤出了次大陆。在西印度群岛的加勒比海地区,英国远征军所向披靡,该地区法属殖民地瓜德罗普岛、多米尼加以及小安的列斯群岛等全部转归英国所有。在非洲西部,英国军队也先后夺取塞内加尔的戈雷岛、马提尼克、格林纳达和圣卢西亚诸岛。1762 年英国占领古巴,并以攻陷马尼拉、控制整个菲律宾的最后战果,结束了七年战争。

英国之所以能够在七年战争中获得胜利,原因在于其通过强大的海权而称霸欧洲,进而称霸世界。反观法国,由于其陆权与海权的天平始终无法维持平衡,每当法国要竭力维持欧洲大陆的霸权时,其海权的发展就要受到陆上争霸的牵制,失去海权的法国最终也就失去了整个战争。1763 年,英国与法国签订了《巴黎合约》,英国牢固树立了全球殖民霸权和商业霸权,从而奠定了英帝国的基础。保罗·肯尼迪为此评价道:在这一个世纪里,在欧洲的侧翼,乃至更边远的地区,大国的格局的确出现了重大的调整。某些西欧国家不断将其位于热带地区(尤其是印度、西印度群岛、南非和遥远的澳大利亚)的一些不稳定的小块飞地变为大得多的领地,其中占领殖民地最成功的国家是英国。

"皮特计划"巨大成功远远超出军事上的意义。英国获得了遍及全球的海外殖民地,大大扩充了海外贸易,刺激了英国本土的经济发展,引发了领先于欧洲其它国家的工业革命。工业革命又使英国的工业产品数量激增,成本骤降,大大增加了在对外贸易中的竞争力。英国实现了真正的良性循环,花费巨大的海军,非但未成为国家的沉重负担,反而成为国家兴盛必不可少的支柱。而且,在攻城略地中,海军及其某些武装商船本身还进行着贸易和掠夺活动,显示了直接和间接为国家增加财富的双重职能。

三、19 世纪初期日不落帝国的最终兴起

然而,英国并未如此获得世界王冠,法国也未善罢甘休。从世界各国海军力量对比来看,1790 年时,英国的海军总吨位为 48.59 万吨,仅次于它的法国为 31.43 万吨,第三的西班牙为 24.22 万吨。① 尽管英国排名第一,但没有确立绝对的优势。18 世纪末,法国第三等级发动了资产阶级革命。1798 年,拿破仑成为法国的统帅,挽救了资产阶级革命。拿破仑首先联合西班牙,企图组织大陆体系来对付英国。他认为他的海军主力舰数量虽不及英国的一半,但陆军却以 4.5 倍的优势远远强于英国。拿破仑试图以海陆军联合登陆来征服英国。1803 年,英法两国宣战。拿破仑并没有派军队直扑英伦三岛,而是指挥法国的土伦舰队突破封锁,从地中海西出大西洋,

---

① 唐晋:《大国崛起》,人民出版社:2006 年版,第 164 页。

去进攻英国在西印度群岛的殖民地,施以调虎离山之计。此举若或成功,便乘英国本土空虚之机挥师横渡英吉利海峡,实施登陆作战。但是法国海军并不是纳尔逊统帅的英国海军的对手。土伦舰队在英国舰队的压迫下,从西印度群岛撤退。最后,1805 年 10 月,英国海军与法国、西班牙海军联军在西班牙南部沿海的特拉法加进行决战,将法、西舰队各个击破。

特拉法加海战之后,英国所确立的海上霸权为英国本土与殖民地乃至世界其它市场的自由贸易提供了安全保障。反观法国,不仅失去了挑战英国海上力量的资本,而且也失去了保护自己及其附属国甚至殖民地的资本,更遑论进攻英国本土了。拿破仑被迫放弃了在海上进攻英国的计划,而是凭借其强大的大陆军事力量建立了"大陆体系",并于 1806 年 11 月颁布"柏林赦令",禁止一切从属于法国的国家与英伦诸岛及其殖民地进行贸易往来,以便在经济上窒息英国。然而就实际效果来看,拿破仑的大陆封锁政策是一把双刃剑:

一方面会给英国经济造成一定程度的打击。如 1807 至 1808 年英国的出口减少明显,特别是 1808 年英国海关的课税值以及申报值有了较大幅度的下降。尽管如此,英国的经济并没有受到实质性的伤害,这是因为英国与欧洲大陆之间的贸易在英国贸易中的比重一直呈现出下降的趋势,例如英国总出口商品中,"光荣革命"前欧洲所占的比例高达 90% 以上,而到了 18 世纪末,欧洲所占的比例则下降到 30% 。[①] 而居于英国对外贸易主体地位的欧洲以外的其它市场不仅毫发未损,而且呈现出日益繁荣之势。因此,英国经济的基本格局:本土率先发展的工业革命、作为原料产地的遍布世界的海外殖民地、基于自由贸易原则的海外贸易在超强的海军力量的保护下正常运转,导致其生产率和财富仍在不断增长。于是,18 世纪中期"皮特计划"中的增长国民经济、政治和军事实力的"良性三角":贸易——殖民地——海军在拿破仑战争中得以再现。

---

① Dean, Cole and Minchirton, The Growth of English Overseas Trade in the Seventeenth and Eighteenth Century, London, 1969, p. 97.

另一方面会给法国带来更大的损失。这是因为英国可以凭借其海洋霸权对大陆国家实行反封锁,阻断法国在内的大陆国家与海外殖民地的贸易往来。不仅如此,由于英国是率先进行工业革命的国家,英国与欧洲大陆的贸易本质上具有更强的互补性,由此大陆封锁政策会给法国在内的大陆国家带来更大的损失。此外,由于英国处于欧洲金融中心的地位,其雄厚的资金为欧洲大陆一些国家王室之所需,由此大陆体系在经济上的内在缺陷也为法国与其它执行大陆封锁政策的国家播下矛盾、冲突乃至分裂的种子。总之,大陆封锁政策使法国的海外殖民地和海外投资大量丧失,对外贸易联系基本被切断,法国经济被迫向内向型转型,转向农民和地方化的较小工业,从而也失去了大工业发展的催化剂。法国经济只有转向内地,所以呈现江河日下的局面。

拿破仑在经济上实施大陆封锁政策之后,在军事上则疯狂扩大陆军,企图在陆上制胜。到1810年,他以近60万铁骑踏遍欧洲,大部分西欧国家在拿破仑帝国的控制之下。经过长期战争,消耗了法国的大量人力、物力和财力。法国战线太长,树敌过多,从而使被奴役的欧洲国家组成反法同盟。威廉·小皮特领导的英国政府采用了老皮特的计划,即寻求大陆盟国并在必要时资助它们,使用皇家海军封锁和摧毁法国的舰队和海上贸易,袭击法国殖民地,和盟国一起打击法国的外围。总体而言,在时断时续延绵22年的英法冲突过程中,英国和大陆强国先后组织了四次大规模的反法联盟(暂时的结盟)。法国军队靠借贷和掠夺支撑,帝国大厦开始倾斜。1815年6月18日滑铁卢之役,拿破仑遭到彻底失败。英国通过战争彻底击败法国,在其建立全球性殖民帝国的道路上再也没有任何对手了。

丘吉尔曾对特拉法加海战作出如此评价:这次胜利是彻底的胜利。自此英国取得了拿破仑战争最后十年的制海权,直接的后果是拿破仑的大陆封锁政策也无法击败英国。经济是战争的基础,特拉法加海战使法国的败局基本注定。拿破仑战争的结局告诉我们,以海权立国的英国比以陆权立国的法国将最终拥有相比较的优势。

拿破仑战争的胜利使英国"日不落帝国"基本成形。1815年,英国海军总吨位为 60.93 万吨,法国尽管仍然排名第二,但减少到 22.83 万吨,俄国列第三,为 16.73 万吨,西班牙沦落到第四,还不到 6 万吨。英国海军总吨位数超过了排在其后的三个国家的总和,而大致相当于世界其它各国海军总吨位数的总和。希尔曾评价道:英国的政策在拿破仑战争中达到顶点,使得英国的国防力量,特别是海军力量在这场战争后的近一个世纪里无人能与之匹敌。① 战后英国对法国的宽容政策使得"日不落帝国"得以建立在自由贸易的基础之上。于是,率先发展的工业革命、强大的海洋军事力量与自由贸易政策相结合,使英国的帝国版图迅速扩大,到了第一次世界大战爆发的时候,英帝国拥有 1270 万平方英里的土地和 4.31 亿人口,占当时全球总人口的 1/4 及全球面积的 1/4。而英国本土只有区区 24 万平方公里。② 英国侵占了比英国本土大 150 倍的海外殖民地,全世界三分之一以上的商船飘扬着"米"字旗。1865 年,英国经济学家杰文斯描述当年被称为世界工厂的英国:北美和俄国的平原是我们的玉米地;芝加哥和敖德萨是我们的粮仓;加拿大和波罗的海是我们的林场;澳大利亚、西亚有我们的牧羊地;阿根廷和北美的西部草原有我们的羊群;秘鲁运来它的白银;南非和澳大利亚的黄金流到伦敦;印度人和中国人为我们种植茶叶;而我们的咖啡、甘蔗和香料种植园则遍及印度群岛;西班牙和法国是我们的葡萄园,地中海时我们的果园;长期以来早就生长在美国南部的我们的棉花地,现在正在向地球的所有的温暖区域扩展。

马克思说,"暴力是每一个孕育着新社会的旧社会的助产婆。暴力本身就是一种经济力"。③ 英国的海上暴力拥有远大于法国陆上暴力的经济力,这就是英国"日不落"的原因,这就是海权对这段历史的影响。

---

① 唐晋:《大国崛起》,人民出版社 2006 年版,第 164 页。
② 唐晋:《大国崛起》,人民出版社 2006 年版,第 169 页。
③ 《马克思恩格斯全集》第 23 卷,人民出版社 1972 年版,第 819 页。

第六节　海洋权力的理论总结

　　源于古希腊的"海权"观念深刻影响了海洋文明的进程,并且是近代英国成为"日不落帝国"的诸多原因中的最为重要的原因。通过对于海权的历史予以深刻的分析,可以提炼出构成海权的三要素及影响各国海权的五个主要因素。

一、海权的三要素

　　海洋所具有的最重要和最引人注目的价值是其可以充分利用的海上航线,即海洋在经济上所具有的通道价值。准确地说,海洋既能够使国与国之间相互隔离,又能够使国与国之间相互联系,海洋是人们借以通向四面八方的公有地。海洋所具有的通道价值赋予其极强的经济性,因为无论是旅行还是运输,海路总比陆路方便便宜,即使海上运输有遭抢劫的危险,但仍然比陆路运输安全迅速。在现代条件下,沿海国家的国内贸易只是其全部贸易的一部分,通过国际贸易实现国与国之间产品的交换构成国家经济活动的重要内容。每一个国家都希望这种从事国际贸易的运输业由本国船舶来承担,这些船舶返回时必须有安全的港口,而且在整个航行期间国家尽可能为船舶提供护航。换言之,这些运输船舶必须由武装舰船提供保护,因此从狭义上来说,海军应该应平时海运而生。

　　一个国家的运输船舶和武装船舶离开其海岸的那一刻起,就迫切需要一些能供平时贸易、避难使用补给据点。从历史上看,从事贸易的商船船员感觉需要在贸易线的远处寻找停泊地,他们往往通过诉诸武力或施以恩惠得到这些地方,使船员及其代理人可以较为平安地呆在那里,其舰船也可以安全地停泊在那里,可以连续不断地收集大陆上有销路的货物,等待本国船队运回。早期这种航行获利巨大,风险也巨大,但这种机构仍然成倍地增长和扩大,直到将这些地方变成殖民地为止。这就是殖民地产生的经济动因。换言之,创建殖民地的目的就是为了在国外获得一块立足之地,就是为了给本国的货物寻找一条新销路,给本国的舰船取得一个新的活动场所,给本国人民谋求更多的职业,使本国更加繁荣富强。

在开拓殖民地最活跃的时期,目无法纪的行为盛行海上,海洋国家间的持久和平极为罕见。基于准备武装冲突或战争的目的,国家需要在像好望角、圣赫勒拿岛、毛里求斯那样的地方建海军站。这些海军站的存在不是为了贸易,而是为了进行防御和战争。这些海军站具有战略上的价值,涉及到国家安全层面的价值,是一种具有战略意义的价值。这样,海洋不仅具有经济上的通道价值,而且还具有因海上信道地理位置而决定的国家战略层面的安全价值。

基于上述分析,可以提出了海权理论的核心内容,即"生产的目的在于交换,海运就是用来进行不断交换的,殖民地则是为了促进、扩大以及保护海运"。① 生产、海运、殖民地构成了海权的三要素,其中生产是三种要素中最基础的要素,因为有了生产出来的交换产品才促使海运的出现,而殖民地则是保护海运而出现的。在这三因素中可以找到决定沿海国家历史和政策的关键所在,从而揭示了一个基本规律,即"在一个商业时代,赢得海洋要比赢得陆地更为有利"。② 总之,商品经济是海权赖以建立的基础,海洋所具有的通道价值是海权赖以形成的条件,通过海洋军事力量对海洋通道予以控制是海权的基本表现形式。影响各国海权的主要因素可以归纳为自然因素与政府因素两大类。其中自然因素包括地理位置、自然结构、人口、民族特点等四个因素。

二、影响各国海权的自然因素

第一,地理位置。一个国家所处的地理位置,既不靠陆路去保卫自己,也不靠陆路扩张其领土,而完全把目标指向海洋,那么这个国家就占据着比

---

① [美]阿尔弗雷德·塞耶·马汉:《海权论》,范利鸿译,陕西师范大学出版社 2010 年版,第 44 页。

② [英]J. F. C. 富勒:《西洋世界军事史》第二卷,钮先钟译,台湾军事译粹社 1976. 年版,第 37 页。

一个以大陆为界的国家更优越的地理位置。英国的地理位置就大大优于法国和荷兰,因为后者必须长期保持一支规模巨大的陆军。不仅如此,地理位置还直接决定一个国家海军力量的集中或分散,在这方面英国也大大优于法国。优越的地理位置不仅有利于英国集中它的部队,而且还能为对付诸如荷兰、法国等敌国的可能进攻提供作战活动的中心位置和良好基地的战略优势。此外,"如果一个国家的地理位置,除了具有便于进攻的条件之外,又坐落在便于进入公海的通道上,同时还控制了一条世界主要贸易通道,显然它的地理位置就具有战略意义"。① 相比较荷兰、法国等其他国家,英国就占据了这样的有利位置。相反,由于西班牙失去了直布罗陀,丧失了对海峡的控制权,使其两个分舰队难以顺利会合。就意大利而言,由于马耳他被英国人占领,科西嘉被法国人占领,大大降低其地理位置优越性,从而不利于其有效稳妥地发展海权。总之,优越的地理位置使英国能够相继战胜西班牙、荷兰、法国等传统海洋强国,使其殖民体系不断扩大,作战舰队不断发展,商船及财富得以更快增长。优越的地理位置是英国成为"日不落帝国"的重要原因。

第二,自然结构。一个国家的海岸线如果能作为通向较远地区的便利通道,那么这个国家的人民也会愿意通过它与世界其他地方进行友好往来。如果深水港处于可通航河流的出口处,便于集中一个国家的国内贸易,那么这些港口的价值就会成倍增长。但是如果这些港口没有很好的防御,在战时则容易成为遭到入侵的要害部位。如 1667 年英荷战争中荷兰在英国泰晤士河对英国舰队的攻击就是最为明显的案例。不仅如此,自然条件会导致一个国家的国民到海上或者离开海洋。法国人对待海洋不如英国人及荷兰人那样热衷而富有成效,主要原因在于自然条件。法国由于优越的自然条件使其难以维持强大的海上力量,最终也有损于国内的繁荣。而大自然赐给英国的很少,这种困窘促使英国人到海外去寻找比本国更好和更富有

---

① [美]阿尔弗雷德·塞耶·马汉:《海权论》,范利鸿译,陕西师范大学出版社 2010 年版,第47 页。

的地方。如果说英国人是被吸引到海上去的,那么荷兰人到海上去寻求发展则是迫不得已。离开海洋英国人会变得软弱无力,离开海洋荷兰则会灭亡。"荷兰繁荣昌盛还有其他的原因,但其根本是贫穷而产生的海上力量"。[①]当然,荷兰的衰落也在于过度依赖海洋,即完全依赖于外国资源立足于世界的国家是非常脆弱的。总体而言,要想保持国内的繁荣,就必须在海外保持其力量。此外,如果海洋不仅仅是一个国家的边境或者把一个国家包围起来,还把一个国家分割成数个部分时,控制海洋则是涉及一个国家生死存亡的重大问题。这种自然条件要么使一个国家的海军强大,要么使其软弱无力。无敌舰队被消灭以后,西班牙由于没有一支强大海军保持其各个领地的紧密连接,海上力量的软弱无力使其海上运输业随之丧失。于是,没有海运的西班牙帝国,相继丧失了尼德兰、梅诺卡岛、哈瓦那、马尼拉和牙买加。总之,海上力量的衰落及其导致的海运的毁灭,是西班牙全面衰退的一个重要原因。最后,影响一国能否成为海上强国的自然条件中还包括可影响海权发展的领土范围,不仅指一个国家总面积的大小,还包括其海岸线的长度和港口的特点。如美国内战中,北方的工业力量及其对包括南方海岸线在内的海洋的控制起了决定性的战略作用。

　　第三,人口。与海权相关的人口不仅是指一国的人口总数,而主要是指水手或至少是可以雇佣在舰艇上和可以生产海军物质的人口计算在内。换言之,从事与海上事业有关的众多人口,是海权的一个主要因素。就海军而言,由于海军职业的特殊性,一个成熟的船员往往需要比陆军接受更长时间的训练。因此,良好充足的海员后备力量,是保证一个国家的海军持续保持战斗力的重要条件之一。这种在后备力量方面的差异甚至大于活动在海上的实力的差异。如法国与英国相比较而言,虽然法国在人口数量上远多于英国,但就与海上事业有关的人口数量而言,法国远不如英国。数量庞大的从事与海上事业有关的人口是英国相继战胜法国等其他海上强国,成为世

---

　　① ［美］阿尔弗雷德·塞耶·马汉:《海权论》,范利鸿译,陕西师范大学出版社 2010 年版,第53 页。

界上最强大海洋国家的重要原因。

第四,民族特点。民族特点对海权的影响主要体现在以下两个方面:其一,如果海权真正是建立在一种广泛的平时贸易基础上,那么从事商业贸易的习性往往必然是依靠海洋强大起来的民族的显著特点。换言之,"发展海权所必需的最根本的民族特点是喜好贸易,包括为了交换而进行的生产行为"。① 从海权的历史上来看,除去罗马人以外,所有依靠海洋强大起来的民族,都具有从事商业的习性。但是商业习性的内容不同,也会对这些海洋国家的后续发挥产生直接的影响。西班牙人和葡萄牙人在民族习性上具有可怕的贪婪,其上层具有一种傲慢的轻视平时贸易的传统,其政府在很多方面束缚甚至摧残了私人企业的自由健康发展。他们在发现的新大陆不去寻找新的工业基础,而是一味寻找金银。这种民族习性是对商业的致命打击,也是对依赖商业存在的工业的致命打击,尽管西葡两国在海权上占得先机而成为欧洲最富有的国家,但这种民族习性冲击了两国的贸易、工业和制造业,最终是对国家财富的致命打击。如果说西班牙人和葡萄牙人通过挖掘黄金致富,法国人的特点则是通过节俭、节约和囤积致富,其上层普遍轻视平时贸易,崇尚虚荣。因此与历史上其他海上民族相比较,法国只是占据了一个相当好的位置,难以取得真正的海权。而英国人和荷兰人是天生的贸易者,在国内他们成为主要的制造商,在国外他们控制的地区逐渐富裕起来,产品成倍增长。于是国内与殖民地之间的交换就需要更多的舰船,其海运事业也就随着贸易的需求而发展起来,从而也就为海权奠定了坚实的经济基础。其二,民族特点还会以另一种方式影响海权的发展,这就是一个民族能否成功地开拓更多的殖民地。详言之,如果殖民地极少受到宗主国的约束,人民又具有自治能力,建立完善的体制和管理制度,采取稳妥地达到目标的办法和精心管理,那么殖民地的快速发展将是确定无疑的,于是殖民地也就成为本国的一头奶牛,从而也就为贸易及海权的发展提供了基础。

---

① [美]阿尔弗雷德·塞耶·马汉:《海权论》,范利鸿译,陕西师范大学出版社2010年版,第64页。

殖民地的发展主要取决于其开拓者的特点。作为一个主要的殖民地开拓
国,英国所取得的成功是显而易见的,其原因与该民族的两个特点有关:一
是英国殖民者愿意在新开辟的地区定居,因为这与他们的利益相一致,而法
国人则非常留恋家乡;二是英国人会想方设法开发新地区的资源,而西班牙
的志向过于狭窄,束缚其开发新地区的能力。当然,荷兰人也建立了大片的
殖民地,他们当初建立这些殖民地是为了贸易,则是合乎规律的。但他们仅
仅满足于获利的愿望、倾向于使殖民地与本国保持贸易上的依赖关系、没有
什么政治野心,从而否定了殖民地发展的固有原则。

三、影响各国海权的政府因素

就海权而言,如果政府是明智的,就会取得成功。"如果是在一个完全
受人民的精神鼓舞,并了解大多数人的真正爱好的政府的领导下,这个国家
一定会取得非凡的成就。当人民的意愿和其代表们的意愿在组建这个政府
时起到了很大的作用,这个政府是最牢靠的"。① 当然,专制政府也可以创
建一支强大的海上贸易队伍和卓越的海军,但是专制君主谢世后政策能否
持续下去往往成为一个问题。英国是近代国家中最强大的海上强国,"英
国政府的目的一直是为了控制海洋"。② 这一点早在詹姆斯一世统治时期
就已存在,而后被历届政府所恪守,可以说"强大的海军是英国成功进行殖
民扩张的最重要因素"③。英国控制海洋的历史表明,"在欧洲政治家的心
目中有一种注定是用来达到利己的、侵略目的的权力正在稳步地、明显地不
可阻挡地建立起来。这种权力尽管不是十分残酷的,但是所取得的成功是
前所未有的,这就是海权"。④ 这段时期海上武装冲突显示出,"无法否认

---

① [美]阿尔弗雷德·塞耶·马汉:《海权论》,范利鸿译,陕西师范大学出版社 2010 年版,第
69 页。

② [美]阿尔弗雷德·塞耶·马汉:《海权论》,范利鸿译,陕西师范大学出版社 2010 年版,第
69 页。

③ 唐晋:《大国崛起》,人民出版社 2006 年版,第 169 页。

④ [美]阿尔弗雷德·塞耶·马汉:《海权论》,范利鸿译,陕西师范大学出版社 2010 年版,第
73 页。

英国不受干扰地支配海洋的权力,无疑是决定最后结局的诸多因素中最主要的因素",①英国政府所有的力量都直接来源于海洋。对于英国历届政府来说,始终如一地坚持一条总的方针政策,即坚决维护海权,决心发挥海权的作用,并使其军事力量保持良好的备战状态,是由其政治制度的特点决定的,即英国的统治阶级始终坚持这一明智稳妥的政治传统。英国海权的基础就是规模庞大的贸易队伍、机械工业队伍和范围广泛的殖民体系。就荷兰而言,虽然其从海上获得的繁荣和生存机会远远多于英国,但其政策不利于给海权以一贯的支持。由七个省份组成的荷兰具有一种离心倾向,从而消耗了荷兰的巨大优势。不仅如此,由于荷兰人民的贸易精神渗透到一个贸易贵族统治的政府里,使其不愿意进行战争,也不愿意为备战作过多的耗费。到了奥兰治威廉君主政府时期,为了与法国对抗,优先发展陆上力量,导致海军实力大为削弱,不再拥有强大的海上力量。因此,荷兰的衰弱未必是国土小、人口少的原因,而是由其政府的错误政策造成的。法国的地理位置使其具备了拥有海权的极好条件。黎塞留认为,根据法国的地理位置和资源,法国有可能获得海权。其继任者柯尔培尔极富远见地采取各种措施逐渐扩大法国的工业产品的生产,发展海运及海军,开拓殖民地并实施有效的管理和开发,即不断发展法国的海权。但是随着他失去法国国王路易十四的信任,其对法国政府的控制也就终止了,随之法国海权的发展也就衰退了。法国的历史证明,"专制君主完全能够创建一种单一的海上军事力量。但这种海上军事力量貌似强大,而实际上如同没有根的浮草一样,会很快干枯"。② 随后法国执行了错误的大陆扩张政策,耗尽了国家的资财;并且使法国的殖民地和贸易处于不设防的状态,从而中断了最主要的财富来源。

基于上述分析,可以提炼出政府对于发展海权所具有的几个方面的作用:其一,在和平时期政府必须采取政策支持民族工业的发展,支持国民利

---

① [美]阿尔弗雷德·塞耶·马汉:《海权论》,范利鸿译,陕西师范大学出版社 2010 年版,第73 页。

② [美]阿尔弗雷德·塞耶·马汉:《海权论》,范利鸿译,陕西师范大学出版社 2010 年版,第94 页。

用海洋进行冒险和满足获利的偏好,平时贸易是一支强大海军的坚实基础。其二,以最合理的方式保持一支装备齐全的海军,其规模应与海运的发展以及相关行业的发展相适应。换言之,政府必须建立一支至少能使自己国家的一些主要航道保持畅通的海军。其三,健全海军的组织机构,使其有助于形成一种健康的思想和行动,以便战争期间能充分利用预备役人员和舰艇,从而充分动员总的后备力量。其四,必须保持适当的海军站,为战舰提供歇息场所,以便它们到那里能够补充燃料和进行维修,对这些海军站的防卫必须直接依靠军事力量,武装舰船必须随贸易商船到世界各地。其五,经营好殖民地。政府应通过各种办法调动殖民地依附本国的热情,并保持双方利益的一致,使双方共同繁荣,以便从外部为本国的海上力量提供最可靠的支持。

总的来看,五百年来崛起的几个主要霸权国家,其共同性就是以上三个方面。美国哈佛大学肯尼迪政治学院院长约瑟夫·奈 2002 年发表《处于十字路口的美国巨人》,对过去五百年的实力资源演变提供了一个简单的描述:

主要国家及其实力资源(1500—2000 年)①

时期	国家	主要资源
16 世纪	西班牙	黄金、殖民地、雇佣军、王朝纽带
17 世纪	荷兰	贸易、资本市场、海军
18 世纪	法国	人口、农业、公共管理、军队、文化(软实力)
19 世纪	英国	工业、政治凝聚力、金融和信贷、海军、自由准则(软实力)、岛屿位置(易于防守)

当然,在其共同性的背后也存在着差异,其差异可以简单地概括如下②:

———————

① 见胡鞍钢、门洪华主编:《解读美国大战略》,浙江人民出版社 2003 年版,第 47 页。
② 辛向阳:《霸权崛起与挑战国家范式分析》,《当代世界与社会主义》2004 年第 4 期,第 98—102 页。

西班牙崛起的模式:海权(海军 + 海洋法律) + 殖民扩张

荷兰崛起的模式:海权(海军 + 海洋法律) + 殖民扩张 + 暴利的商业贸易

英国崛起的模式:海权(海军 + 海洋法律) + 殖民扩张 + 暴利的商业贸易 + 工业革命

海洋权力的理论在马汉那里作了最为完善的阐释。尽管马汉在其名著《海权论》中对于欧洲海权三百年的历史予以深刻的分析和总结,并且提炼出海权的三要素及影响各国海权的五个主要因素,从而构建了完整的海权理论,其实这一总结也是对源于古希腊的绵延二千多年的海权现象作了系统的理论总结,并且对十九世纪后期德国、日本、俄罗斯、美国等国的崛起及所引发的诸大国在二十世纪对全球霸权的争夺起着非常重要的理论指导作用。

当然,任何理论都具有相对的解释力,都是特定时代的产物。马汉的海权论也不例外。马汉的海权论诞生于十九世纪末期,当时人类社会还处于帝国居于支配地位的时代,由现代民族国家所构成的国际体系还没有形成。争夺殖民地,争夺阳光下的地盘依然是时代的主题并且殖民地也即将被几个大国瓜分完毕。因此源于古希腊的对于殖民地的争夺依然没有过时。所以在马汉的海权论中殖民地也就构成了海权的三要素之一。随着时代的发展,当人类社会进入二十世纪以后,越来越多的殖民地脱离宗主国而走向独立,人类社会也就步入由现代民族国家为主要组成单元的现代国际体系时代。于是,在现代国际体系下,由殖民地的争夺转变为国际市场的争夺,相应地,国际海洋秩序也就由争洋霸海的时代转变为由平等的国际法主体通过协商共同确定国际海洋秩序的新时代。海权,即谋求以武力实施对海洋控制也就逐步让位于以作为平等国际法主体的国家间共同协商确定国际海洋秩序的新时代。海洋权利也就应运而生。

第三章 国家与海洋权利(上)

第一节 海洋权利的缘起:海洋封闭主义与海洋自由

权利的概念在西方出现很早,它随法的产生而形成。早在古罗马时期,法律就对社会各阶级的权利和义务作了详细规定。[①] 权利的拉丁文是 Jus,与"正义"联系在一起,意为"应得的部分",古罗马法学家认为法律就是维护正义,保护权利,"而权利则是法律所确定和保护的利益"[②]。

在我国的古代文献中,"权利"的含义是"权势及财货",与权力相近而没有现今权利的含义,如《荀子·君道》:"接之以声色、权利、忿怒、患险而观其能无离守也"。1864 年美国传教士丁韪良在翻译惠顿的《万国公法》时使用了"权利"一词[③],这是"权利"作为一个法律概念被提出来最早的记录。"权利"一词入法最早出现于晚清制定的《钦定宪法大纲》,但其所规定的也只是臣民的权利。第一次真正把公民权利写入宪法的是《中华民国临时约法》。现今法学上的权利概念是直接从西方古典权利概念承袭下来的。因此,在我国"权利"(right)一词是个舶来品。

海洋权利(sea right)的过程就是国家通过谈判等非暴力方式逐步将海洋由"无主物"转变成为受国际法保护的在海洋特定区域能够享有相应权利的过程。加拿大学者巴里·布赞在其《海底政治》一书中对于二十世纪

---

① 赵磊、单丽莎:《权力、权利异同论》,《社会科学研究》1991 年第 4 期,第 102 页。

② 徐大同:《西方政治思想史》,天津教育出版社 2000 年版,第 60 页。

③ 李贵连:《话说权利》,《北大法律评论》1998 年第 1 卷第 1 辑,第 115—129 页。

三十年代至七十年代人类的海洋权利历程作了较为详细的阐述。事实上，海洋权利经历了一个漫长的演变历程。古代的希腊人和罗马人将海洋视为"无主物"，即海洋不属于任何人，因而任何人都可以对其提出权利主张。古罗马时期，在其强大之后曾提出海洋应归罗马所有的主张，从而开启国家主张海洋权利之先河。但是，古罗马的法学家盖尤斯和查士丁尼在那时就已经提出了"共有物"的概念，即海洋属于任何人，因而所有人都能使用，但是不得占有。

　　古代文明衰亡之后，国家的实践活动趋向于对海洋作"无主物"的解释。但是中世纪以来，国家倾向于对海洋某些区域提出了行使特定管辖权或者拥有完全主权的主张，如中世纪时期威尼斯曾宣布对整个亚得里亚海拥有主权权利，热那亚认为利古里亚湾是其行使主权的海域，许多国家对波罗的海主张权利，拜占庭早在 9 世纪便提出了对渔业和海盐的管辖权主张，英国国王从公元 10 世纪起就宣称自己为不列颠海洋之王，丹麦与挪威联合王国企图控制整个北海，到了 15 世纪检疫规则和检疫境域的制度已经普遍建立。上述权利主张基本上都是根据本国的航海力量提出的。

　　国家单方面提出海洋权利主张的行为到了 1493—1494 年达到了顶点。最先从新航路开辟中获取暴利的西班牙、葡萄牙两国为了解决新发现地区的主权、航线归属问题，以避免可能产生的矛盾与冲突，一直在寻找双方均可接受的解决途径。在哥伦布发现美洲回到西班牙后，西班牙政府便要求在欧洲颇具统治力的教皇亚历山大六世承认西班牙对新发现的土地等拥有主权。为此，教皇于 1493 年 5 月 4 日划定亚速尔群岛和佛得角以西约 100 里格（约 3 英里）的子午线为分界线，该线以西的一切土地或区域划归西班牙，以东的一切土地或区域划归葡萄牙。1494 年 6 月 7 日，两国又缔结托德西利亚斯条约，把该线向西移动了 270 里格。从而把全世界的绝大部分海洋加以瓜分。

　　十五世纪后期至十六世纪上半叶，西、葡两国几乎成为垄断欧亚之间贸易的霸主。葡萄牙和西班牙对全球海洋的控制激起了后起海洋强国的反对。到了 17 世纪初期，甚至西班牙本国的法学家们也对海洋封闭主义提出了怀疑,认为全球海洋是无法像陆地一样封闭起来置于西班牙、葡萄牙等主权国家管辖之下的。随着其他海洋大国的兴起,两国的霸主地位受到了挑战。其中,尼德兰革命后独立的荷兰是最强有力的挑战者。尼德兰原属西班牙领地,从 1566 年起为反对西班牙的统治而不断爆发革命,其北部行省意图脱离西班牙而独立。1581 年 7 月,奥兰治亲王在海牙召集了联合省代表大会,宣布正式脱离西班牙而独立,成立荷兰共和国。尼德兰革命为荷兰资本主义发展扫平了道路,为其成为西班牙之后的海上强国创造了极为有利的条件。实际上自其 1581 年一独立,它就积极开展了与西、葡两国争夺海上霸权的斗争。而最先到达东方海域的葡萄牙人,依据其武力侵占了满拉加(今马六甲)等,控制了海上通道,企图阻断他国与东方或中国、南洋各国的贸易。因此,荷兰与葡萄牙在通往东方航线上的斗争不可避免。

由于当时缺乏各国公认的法律、习俗惯例来调整和约束国与国之间的关系,为了打破已有海洋大国的垄断地位,出于新兴海洋强国的需求,这就历史地要求有人能为荷兰攻府的海上行为寻找合乎法理的依据,同时驳斥其他海洋强国的霸权言论。这个崇高使命落到了荷兰国际法学家格劳修斯的身上。1608 年格劳修斯单独发表了他的著名的小册子《论海洋自由》,指出海洋不应该被任何国家所占有,在海洋上航行谁也没有权力进行管制或行使管辖权,这是各国都应享有的海洋权利,从而明确提出了海洋自由原则,直接针对海洋霸权,适应了自由贸易的需要。格劳修斯的海洋自由思想将矛头直指瓜分全球海洋的海洋封闭主义思想,适应了新兴海洋强国的利益,具有一定的历史进步性。在这一思想的影响下,以及其他海洋强国的兴起,西班牙与葡萄牙等传统海洋强国的没落,大海洋封闭主义彻底破产。

第二节　国家单方面海洋权利主张

一、国家单方面领海及毗连区权利主张

然而,随着海洋国家海洋实践活动的日益频繁,对于邻接本国领土的特定区域的海域拥有管辖权的主张也是自古以来的一种诉求。因此格劳修斯发表该文之后,其主张受到许多学者的攻击与反对,其中最有影响力的是英国学者约翰·塞尔顿。1635 年塞尔顿为了维护英国沿海渔业权而写出《闭海论》一书,明确反对"海洋自由",竭力为"海洋主权"辩护,这也同样发展成为海洋法的指导原则。于是海洋封闭主义便缩小为关于一国邻接海岸的"领海"区思想,公海在理论和实践上因此又回到了公海自由制(海洋自由论)的时代。到了 17 世纪中叶,意大利法学家明确将沿岸一带海域划入沿海国家的领土之内,并称之为领水。1702 年荷兰法学家宾刻舒克出版的《海洋领有论》一书中更明确提出"陆地上的控制权终止在武器力量终止之处",不仅肯定了领海是沿海国领土的边界,由沿海国行使主权管辖,而且按当时的大炮射程推定领海的宽度为三海里。公海和领海的区分得以确立,相当于三海里左右的距离逐渐成为沿海国管辖权的普遍界限。于是国际海洋法律制度经过长期的探索和博弈,逐步确立了公海自由原则和领海制度,并以此为基础随着现代国际体系的建立,发展成为现代国际海洋法律制度。

这一妥协方案成为了两百多年间一项稳定的法律制度。除了挪威、瑞典和冰岛一贯采用四海里以及葡萄牙于 1885 年提出六海里的主张之外,三海里领海制得到了几乎普遍的承认。对于大多数沿海国家来说,三海里的疆界已经足以保卫他们的利益。而且,由于人类的活动还未明显地及于仿佛取之不竭的海洋资源,因而海洋自由显得只是一种理想的制度。

但是,随着海洋利用技术的发展以及相伴而行的海洋利用能力的提高,对三海里领海界限感到不满足的国家与日俱增。当然,他们真正关心的是

沿海的渔业资源。俄国为了捕鱼和关税方面的原因,于1909年将其管辖海域扩大到十二海里。但是,这一行动遭到传统海洋大国的强烈反对。不顾传统的规范而单方面扩大管辖权的做法引起了两个棘手的问题:国家是否有权或者有力量对长期作为公海使用的海域实施管辖权? 以及,习惯上是否形成了一些只有通过国际协议才能改变的国际规范?

国际联盟于1930年召开了国际法编纂会议,其目的至少是部分解决上述问题。这次会议主要关心的是领海制度。在要求扩大沿海国管辖权界限的重重压力之下,这次会议成为打破传统制度的一个里程碑。出席这次会议的一共有四十二个国家,而苏联则以观察员身份列席会议。经过长时间的辩论,会议未能就领海的标准宽度达成任何协议。当会议结束的时候,有三十六个国家表示了明确的立场。按照这些国家愿意接受的最宽领海界限,可以划分为四个集团。而按照其是否主张在领海之外再划定一片毗邻区,则可以再划分成更多的集团。一些国家拒绝考虑任何这种区域,一些国家主张划定毗邻区只是为了行使关税和卫生方面的权限,而另外一些国家则是出于安全和渔业管辖权方面的考虑而主张划定毗连区。那些明确赞成在传统规范之外再划定一个管辖范围的几乎都是没有能力充分利用世界范围的海洋自由制度所提供机会的不发达国家。这次会议明显地划分为以海洋国及其盟国为一方和以弱小国和非海洋国为另一方的两派。海洋国感兴趣的是维护其在海运、捕鱼和航海实践中形成的那种制度,而弱小国和非海洋国感兴趣的则是改变原来那种对它们毫无益处可言、在某些情况下,特别是在沿海捕鱼方面,甚至明显有损于它们利益的制度。

由于1930年的国际法编纂会议未能就领海界限达成一致协议,于是一系列国家陆续采取单方面行动,将其领海界限扩大到三至四海里以外。其中乌拉圭(1930年)、哥伦比亚(1930年)、伊朗(1934年)、古巴(1934年)、希腊(1936年)、意大利(1942年)先后宣布领海界限为六海里;墨西哥(1944年)宣布领海界限为九海里;危地马拉(1940年)和委内瑞拉(1941年)则宣布领海界限为十二海里。这些权利主张的提出开启了沿海国单方面扩大管辖权这一漫长过程的历程,从而将最终打破沿海国窄界限管辖权的旧制度。这个过程的意义将使大量海洋资源从自由使用变为归沿海国管辖。而且,尽管开始时沿海国提出的领海主张还比较克制,但是很快就发展成为更具野心的权利主张。

第二次世界大战刚刚结束,沿海国扩大管辖权的步伐就显著加快。这些对扩大海洋疆界感兴趣的沿海国家,除了简单地增加可计量的领海宽度外,还可以通过其它几种方法来达到目的。例如,他们可以将领海计量基线由高潮线变为低潮线,或者把穿越海湾和水湾的基线划为直线,从而增加其内水区域。不仅如此,他们还可以宣布与领海相邻接的海域为就某些特定职能行使管辖权的特殊毗连区,这类职能可以包括捕鱼、关税、卫生、污染、航行管制制度、安全或者海底采矿等。

二、国家单方面大陆架权利主张

沿海国家除了单方面宣布领海宽度及领海基线划定方法以外,也可以在不影响上覆水域的法律地位前提下宣布大陆边的全部或一部分为其国家领土,从而扩大其国家管辖权。于是,国家对领海的权利主张延伸至对海底的权利主张。

(一)经济和技术因素的发展

在 1945 年至 1950 年这段时期里,对海底提出主权或者管辖权要求的作法代替了扩大领海权的主张,成为当时扩大国家海洋疆界最流行的方式。之所以在这一时期沿海国家对海底提出权利主张,主要原因在于使海底的价值不断提高的经济和技术因素的发展。

海底是一片辽阔的潜没陆地,它在地球表面的覆盖面积达三亿六千万平方公里。根据地理特点,海底大体可以划分为大陆边和深海底两个区域。大陆边系指从地质学上看与大陆板块相联接的土地,占海底面积的百分之十五。大陆边又可划分为三个区域:大陆架,大陆的自然延伸,其特点是平缓地向深海倾斜;大陆坡,其标志是突然与陆架分开,并以大得多的坡度向深海倾斜;大陆基,由大陆坡底的沉积物堆积而成,徐徐向深处倾斜,直到与深海底合为一体为止。深海底又可划分为若干地理区域,包括相对平缓的深海平原、深海沟、海底山岳、海底山脉和深海脊,它们构成了世界上所有海洋的绵延无限的海底地貌。

海底蕴藏着巨大的财富和多种矿物资源,但是这些财富和资源的开发问题,一般而言在经济史上并没有占多大的地位,这也导致海底在海洋制度的变迁过程中始终没有受到多大的关注。受到关注的仅仅只是那些可以取得生物资源的地方,诸如斯里兰卡和委内瑞拉的近海以及波斯湾的珍珠养殖场,突尼斯近海的海绵采殖场和其它一些可以收获牡蛎、海菜和其它可供食用的定着类生物的地方等。其中一些地方几个世纪以来就存在传统的开采权,如英国的《1811 年殖民法》就是对领海以外的海底生物资源提出权利主张的最早法律文件之一,这种权利主张成为沿海国三海里界限管辖权的少数例外之一。

海底的重要性,只是到了十九世纪中期在突飞猛进的科学技术影响下才显示出来。那时,对深海的最早调查是开始勘测海洋的深度。1851 年横跨英吉利海峡的电缆敷设以及 1866 年穿越大西洋的电缆敷设相继获得成功,于是电报电缆的敷设已使海底变得重要起来。随后,"挑战号"于 1872 年 12 月至 1876 年 5 月间进行的环球航行给新的海底地图增添了大量辉煌的探测成果,而且带回许多海底资源的样品,其中包括第一批锰结核矿和磷结核矿的样品。然而,由于当时技术条件的限制以及利用陆上资源的可能性相对较大,因而人们对海底矿物资源的商业兴趣大大落后于科研兴趣。以至于直到十九世纪末期,商业性的海底采矿活动仍然仅限于从陆上向海里延伸巷道。在历史上值得一提的例子只有科尼什锡矿以及英国和智利的煤矿。一些国家仿效英国颁布的《1858 年康沃尔海底矿山法》中海底矿山属于王家领土的规定而提出了关于海底的权利主张,即使这些权利主张所规范的这类采矿活动超过了三海里,人们也没有提出任何争议。十九世纪最后几年里,工业石油开始在近海钻油,把加利福利亚海边油田的钻井码头延伸到海上。但是,除了一些与现有油田相邻接的海域,例如加利福利亚和马拉开波湖之外,工业界对费用昂贵的近海开采作业兴趣并不大。在浅水中挖掘砂积矿藏的活动早在二十世纪初期就已经开始了,但是,由于陆上这类资源一般来说都非常丰富,因此比较昂贵的近海开采作业就显得并不具有经济性。

尽管人们对海底缺乏商业兴趣,但是却出现不少技术发明,大大增加了利用这一过去没有多大用途的区域的可能性,例如弗雷希硫磺液化工艺的发明、回声探测装置(声纳)的发明等。尽管这些技术上的发展按照现代标准衡量还是缓慢的,但是它们足以使人们重视海底,并将其与海水相区别,使之成为重新进行的关于沿海国家管辖权界限辩论中的一个因素。不仅如此,对海底所作的漫长而又单调的勘测工作到了十九世纪末已经取得了大量资料,足以证明大陆架是大陆板块的自然延伸。葡萄牙于1910年根据自然延伸论据对远至100噚水深线以内的捕鱼活动提出了管辖权主张。俄国则于1916年对北极区各岛屿提出了权利主张,其理由是上述岛屿经由广阔的西伯利亚大陆架与大陆相连。此外,阿根廷、西班牙、古巴和其它国家也有学者著书立说,力主按照大陆架的界限来扩大沿海国的管辖权。只是在第二次世界大战以后,海底采矿才随着近海石油工业的发展而显示出它的重要性。于是,在1945至1950年这段时期里,对海底主张主权或者管辖权的作法代替了扩大领海权的主张,成为当时扩大国家海洋疆界最流行的方式。

(二)《杜鲁门公告》及其影响

事实上,对海底主张权利的趋向是在第二次世界大战期间开始的。委内瑞拉和英国于1942年2月签订了"帕里亚条约",在委内瑞拉和特立尼达之间瓜分了帕里亚湾的海底。阿根廷于1944年1月对其大陆架的资源提出了一项含糊的权利主张。尽管这些权利主张树立了先例,但是在战火纷飞的年代里,并没有产生多大的影响。只是到了1945年9月28日,美国总统杜鲁门发布了《美国关于大陆架的底土和海床的自然资源政策的第2667号总统公告》:

认识到全世界对于石油及其他矿藏的新资源的长远需要,美利坚合众国政府认为,对为发现这些新资源和使这些新提供的资源可供使用而进行的努力应予鼓励;

鉴于美国有资格的专家认为,这些资源存在于美利坚合众国海岸外大部分大陆架的下面,而且随着现代化技术的发展,这些资源的利用已经成为现实或即将成为现实;

鉴于为了保全和慎重地利用这些资源,在着手开发这些资源时承认对这些资源的管辖权是必要的;

鉴于美利坚合众国政府认为,毗邻国家对于大陆架的底土和海床的自然资源行使管辖权,是合理的、公正的,因为利用和保全这些资源的措施的实际效果取决于来自岸上的合作和保护,因为,可以把大陆架看成是沿海国家的陆地延伸,因而自然地属于它,因为这些资源往往是埋藏于领土内的油田或海床向海的延伸,因为沿海国家为了自卫,不得不对其海岸外为利用这些资源所进行的必要活动加以严密监视。

现在,我,美利坚合众国总统哈力·杜鲁门在此宣布美利坚合众国关于大陆架的底土和海床的自然资源政策。

鉴于保全和慎重利用其自然资源的迫切需要,美利坚合众国政府认为,处于公海下但毗邻美国海岸的大陆架的底土和海床的自然资源属于美国,受美国的管辖与控制。①

《杜鲁门公告》宣称"处于公海下但毗邻美国海岸的大陆架的底土和海床的自然资源属于美国,受美国的管辖与控制"时起,关于大陆架的权利主张才真正成为沿海国家扩大管辖权的一项重要内容。

《杜鲁门公告》的渊源可以追溯到1937年,当时罗斯福总统曾考虑就阿拉斯加附近大陆架提出一项单方面的捕鱼权主张,随后美国卷入了第二次世界大战。战争造成了美国资源的巨大消耗,特别是石油的大量输出,进一步刺激了政府对大陆架资源的兴趣。于是,美国政府正式建立了一个由国务院、司法部和内政部组成的部际委员会来研究如何取得大陆架和沿海的渔业资源问题,并于1943年6月将罗斯福总统的这个想法变成了一项真

---

① ［美］J. M. 阿姆斯特丹 P. C. 赖斯:《美国海洋管理》,林宝法、郭家梁、吴润华译,海洋出版社1986年版,第222—223页。

正的建议。1944 年 7 月,美国内部传阅一份文件,建议对毗邻美国的大陆架资源实行专属保护,后经反复修改,到 1945 年夏末成为公告的定稿。

《杜鲁门公告》是海洋权利发展的一个里程碑。它不仅表明不断发展的技术已经开始使海底矿物资源适合于经济开发,而且它是海洋大国对越出领海范围的大陆架的管辖权提出的第一个权利主张。公告措辞谨慎,对大陆架上覆水域和大陆架本身均未提出权利主张。公告精心避免提到主权,而只对资源主张管辖权。因此,《杜鲁门公告》显然只是一项职能性的而不是领土性的权利主张。公告本身并没有对大陆架下定义,但是与公告同时发表的一份白宫新闻稿确定这是一片毗邻大陆,面积约 75 万平方英里,上覆水深不超过六百英尺的区域。

《杜鲁门公告》正文中提出的一个原则对海洋权利主张产生了重大影响,即大陆架是"沿海国陆地的延伸,因而当然归属于沿海国"。仅仅这一原则,便足以成为毗邻的沿海国家提出权利主张的理由。这比旧的规范前进了一大步。因为,根据旧的规范,只有长期进行海底捕鱼活动,才构成这类权利主张的合法依据。而公告所提出的规范却是以自然毗邻和预期将加以利用为依据的。

《杜鲁门公告》尽管具有激进的性质,但是并未遭到任何国家的公开反对,因而其作为先例作用的效力就更大。需要指出的是,美国政府明确地向其它国家政府宣布,它无意把大陆架的资源排他地保留给本国公民,也无意把外国人排斥于参与开发美国大陆架资源的活动之外。美国政府主要的关切点是"对美国海岸附近的活动……实行必要的管制,以防止矿物资源……的耗竭,并从安全的观点出发,对接近[美国]海岸的外国人的活动进行管理"。[①]

《杜鲁门公告》赋予地理邻接原则以某种程度的合法性,从而为数十个国家对大陆架提出权利主张铺平了道路。到了 1950 年,已经有三十个国家

---

① 马乔里·怀特曼:《国际法文摘(第四卷)》,1965 年华盛顿美国国务院出版物第 7825 号,第 754 页。转引自[加拿大]巴里·布赞:《海底政治》,时富鑫译,三联书店 1981 年版,第 17 页。

仿效美国,单方面提出了大陆架权利主张。相比之下,在这些年里采用扩大领海的方法来扩大其海域管辖权的国家只有三个:南斯拉夫扩大到六海里(1948年)、厄瓜多尔扩大到十二海里(1950年)、萨尔瓦多扩大到二百海里(1950年)。因此,《杜鲁门公告》既标志着1930年国际法编纂会议以后确立的关于沿海国扩大管辖权趋势的性质的变化,也标志着这一趋势的加速。

(三)拉美国家关于大陆架的权利主张

由于《杜鲁门公告》将大陆架与上覆水域切割开来,因此该公告虽然触发了新一轮单方面提出权利主张的热潮,但它并没有成为以它为依据的多数国家完全效仿的模式。1946年阿根廷对大陆架及其上覆海域主张权利时,则提出了较为激进的大陆架权利主张,并且确立了大陆架与上覆水域的关联性。于是,智利、哥斯达黎加、厄瓜多尔、萨尔瓦多、洪都拉斯、巴拿马和秘鲁等国效仿阿根廷,主张大陆架是其领土的一部分。此外,八个拉美国家还明确地将大陆架与上覆水域的渔业资源联系起来,并且进而运用大陆架权利主张的这个逻辑,扩大其对沿海渔业的管辖权。当然,阿根廷的大陆架权利主张也没有就大陆架的范围作出规定。只有墨西哥、巴西、厄瓜多尔等国效法美国,确定600英尺或者200米深度线为大陆架界限。

但是,产生最大国际影响的则是智利提出的一个更为具体和涉及范围更广的权利主张。智利政府部分地鉴于外国的捕鱼和捕鲸船队在其近海的活动而仿效阿根廷的方式宣布:"对邻接其国家领土的大陆海岸和岛屿海岸的全部大陆架,不论其在水下有多深……,以及对邻接其海岸的海域,不论其深度如何,拥有国家主权,这是在这些界限以内保存、保护和开发上述海域上、海域中和海域下所存在的不论何种性质的自然资源所必需的"。为了使这项主张切实可行,智利政府明确宣布:"对所有包括在围绕海岸和伸入海洋的距离智利大陆海岸二百海里的一条几何平行线之间的海域,实行保护和管制"。① 随后,秘鲁仿效智利制定了同样的法律,萨尔瓦多则把

---

① 马乔里·怀特曼:《国际法文摘(第四卷)》,1965年华盛顿美国国务院出版物第7825号,第794—796页。转引自[加拿大]巴里·布赞:《海底政治》,时富鑫译,三联书店1981年版,第18页。

这一论点推向其逻辑的极端,宣布实行一项完全的二百海里领海政策。拉美国家这些较为极端的权利主张,多数都遭到美国、英国和其它国家的强烈抗议。这些抗议和权利主张本身一样,主要是出于对捕鱼和安全问题的关心,而不是考虑海底的利益。这些抗议可以理解为是海洋大国制止人们对海底提出权利主张的活动。因为,海洋大国尽管认为海底权利主张是合法的,但是却反对任何主权性质的权利主张。它们认为这类极端的权利主张是人们大大扩充捕鱼和领海要求的跳板,所以应该予以坚决反对。

这一场就大陆架提出单方面权利主张的浪潮,促成了主要集中于西半球和围绕波斯湾地区的国家制定了一批内容迥异的法律。这些法律所确认的大陆架权利各不相同并且互相抵触,以致于当1949年一件有关大陆架权利主张的案件提交国际仲裁时,仲裁人不得不作出如下裁决,即"大陆架原则"尚未成为确定的国际法规则。

由于许多权利主张明显地是以以前提出的权利主张为仿效的榜样,所以没有理由认为这种地理上的集中现象是任何地区性合作所产生的结果。就波斯湾各国、美国和特立尼达而言,促使它们这样做的主要原因是石油。这是因为波斯湾岸上的丰富石油资源一直延伸到海湾的浅滩,而且美国在加利福利亚附近的采油经验也证明,这些延伸部分是可以或者即将可以开采的,这个道理同样适用于帕里亚湾的特立尼达。就拉丁美洲而言,地区性集中现象特别显着。除了委内瑞拉以外,所有拉美国家眼下都没有开采石油的希望,而且对于其中大多数国家而言,甚至在相当长的时期内,也没有开采石油的前景。因此,拉美国家扩大其海洋管辖权的主要动机源于对外国在其沿海实际进行或可能进行的捕鱼活动的关切。尽管直到1956年拉丁美洲的捕鱼量事实上还不到世界总捕鱼量的3%,而且只有秘鲁、智利和巴西三国跻身于世界捕鱼大国的行列,它们分别位列第23、28和29位,但是它们主要还是关心这一点。事实尽管如此,但是当地国家仍然把鱼类看成是一种可以马上开发并且有希望大大提高总捕获量的资源。所以,尽管海底本身对于大多数拉美国家而言并无实际用途,但是却为它们提出异常宽阔的捕鱼区的主张提供了一个相对坚实的基础。当时虽然并不存在以建立捕鱼区或者宣布领海界限的方式直接提出对十二海里以外的捕鱼活动实行管制的先例,但是既然存在《杜鲁门公告》这个合乎逻辑的缺口,只要把管辖权改为主权,就可能以渔业资源与大陆架之间相当现实的联系为依据,理直气壮地争取扩大捕鱼区了。由此只要将这一逻辑继续向前延伸,就可以进而提出诸如智利关于二百海里渔区和萨尔瓦多关于二百海里领海的主张了。

当然,除了上述因素以外,还有以下五个因素对这一过程起了推波助澜的作用。首先,拉美国家具有较为强烈的民族主义传统,从而使主权问题受到这些国家的高度重视。其次,拉美国家在地理上几乎都面向公海,因而不存在与相向邻国划分海域界限的问题。再次,拉丁美洲这块大陆从未卷入战争,是唯一不必为二战以后恢复问题而困扰的一批较早独立的国家。此外,智利、厄瓜多尔和秘鲁还存在着一点特殊情况,就是这些国家的大陆架都非常的狭窄,新的大陆架学说几乎没有使这些国家获得任何好处,因而促使这些国家积极主动地去发展一种能够补偿这种不利局面的学说。最后,《杜鲁门公告》所触发的这场运动使得每一项新的国家海洋权利主张都推动了其它国家卷入这股潮流。

正是在这样的基础上,拉美国家成为未经协调地扩大沿海国家管辖权的领头羊。这些国家虽然对海底本身并没有多大兴趣,但是,它们利用海底来追求其它方面利益的做法,却使它们在飞速发展的海洋政治舞台上扮演了一个极为重要的角色。

第三节 第一轮区域性海洋权利主张

自 1930 年起接踵而至的单方面扩大领海的行动,以及《杜鲁门公告》发表后风起云涌的单方面大陆架权利主张和抗议,终于在 1951 年至 1958 年期间,引发了第一轮区域性海洋权利主张。

一、《圣地亚哥宣言》与《安提瓜危地马拉宣言》

区域性海洋权利主张的一个主要表现是一定区域范围内由若干具有共同海洋政策的国家发表联合宣言，这种行动开始于拉美国家。这是因为单方面海洋权利主张的运动在那里发展最快，而且遭到的反对也最激烈。这一时期的联合宣言主要有两个：《圣地亚哥宣言》与《安提瓜危地马拉宣言》。

1952 年 8 月，智利、厄瓜多尔和秘鲁三国发表《圣地亚哥宣言》。这个宣言声明，三国政府"对邻接本国海岸并从该海岸延伸至二百海里的海域，享有完全的主权和管辖权"，这包括"对海床及其底土的完全主权和管辖权"，但是并不排斥"国际法对此项主权和管辖权的行使所施加的必要限制，即允许一切国家的船舶在上述区域中无害的和非进攻性的通过"。①《圣地亚哥宣言》成为维护当时最极端的沿海国立场而结成长期积极联盟的基石。它们的这种做法虽然长期遭到人们的反对，但是却维护了一种原本很可笑而最终却变成一项国际实践规范的主张。

1955 年 8 月危地马拉、萨尔瓦多、洪都拉斯、尼加拉瓜和哥斯达黎加举行的中美洲国家组织成立大会上签署了《安提瓜危地马拉宣言》，其内容之一就是关于保卫中美洲国家的"承袭物"（按照决议的解释，这个术语包括大陆架及其上覆水域）的权利主张。由于所有的签字国原来都已经对大陆架提出过权利主张，所以，这个宣言并没有引起人们的注意。但是，意味深长的是，十五年之后变得非常重要的"承袭海"这一用语，正是源出于这个宣言。②

---

① 小田滋：《国际海洋发展法》，莱登：西多夫出版公司 1972 年版，第 345—346 页。转引自［加拿大］巴里·布赞：《海底政治》，时富鑫译，三联书店 1981 年版，第 23 页。
② 安德烈斯·安吉拉"承袭海"一文，载 L. M. 亚历山大：《海洋法：发展中国家的需要与利益》，金斯顿：罗德岛大学出版社 1973 年版，第 165 页。转引自［加拿大］巴里·布赞：《海底政治》，时富鑫译，三联书店 1981 年版，第 25 页。

二、美洲国家法学家理事会

区域性海洋权利主张的另一个主要表现是美洲国家法学家理事会所做的努力。美洲国家法学家理事会成立于1948年,其主要职责是审议其成员国提出的许多海洋权利主张。理事会在1950年6月举行的第一次会议上讨论了海洋疆界问题,并作出决议,要求其所属的司法委员会就领水及其有关问题提出一份研究报告。

1952年7月,"关于领水和有关问题的公约"草案得以完成并在委员会内经表决获得通过。委员会的建议是:(1)签署国认定,现行国际法赋予沿海国以对大陆架的土壤、底土及其上覆水域、空域和同温层拥有排他主权;而且这一排他主权的行使不以真正的或者事实上的占有作为条件。(2)签署国也认定,各签署国均有权沿其海岸线和所属岛屿周围的海岸线的低潮线起算的二百海里范围内建立一个保护、管制和经济开发的区域;在此区域内,签署国可以分别行使其领土管辖所包括的军事、行政和财政监督权。由此可见,该委员会采取的是这样一种立场,即制定一项统一的法律的最好方法便是接受现有单方面权利主张中宽度最大的一种作为其规范;当然,它也承认在这个问题上存在分歧,需要进一步研讨。

该公约草案于1953年4月提交美洲国家法学家理事会第二次会议讨论,成了这次会议的一个长期争论不休的议题。不过,理事会毕竟不顾美国的反对,通过了由古巴和墨西哥提出的一项声明:"明显的事实是:由于勘探和开发这些区域的丰富资源的技术的发展,国际法已承认沿岸国拥有维护、保全和发展这些资源并保证其供自己使用和取得利益的权利"。[①] 这个声明是许多拉美国家的权利主张所依据的论据的概括。它等于承认,随着技术的发展,尤其是捕鱼和捕鲸技术的发展,正在使人们长期接受的所谓资源不竭的论点成为过时。它也等于承认,由于拉美国家的技术能力居于下

---

① B. H. 奥克斯门:《大陆架公约第一条的准备情况》,载《海洋法与贸易杂志》第三期(1971—1972),第34页。转引自[加拿大]巴里·布赞:《海底政治》,时富鑫译,三联书店1981年版,第26页。

等,从这一变化中得益的将不会是它们,而是其他的国家。既然资源已被认为可能枯竭,而且大陆架上新近可以开采的矿物资源又是有限的,那么技术上不发达的国家就只有扩大其对于资源的管辖范围,才能维护或者扩大其自身的利益。

美洲国家法学家理事会于 1956 年初在墨西哥城召开了第三次会议,经过长时间的辩论后,制定了"关于海洋司法制度的墨西哥原则"。这些原则包括:谴责三海里领水规则;声明支持各沿海国根据需要自行扩大其领水到三海里界限以外;重申沿海国对于海底、底土及其大陆架资源的权利;声明支持沿海国大大扩大其养护和开发渔业(不论其领海界限如何)的权利。该原则经投票通过。这次投票对美国的三海里立场而言是一次惨败。美国代表认为这些原则没有经过充分的研讨和准备,包含了一定的政治动机并且超越了美洲国家法学家理事会的权限,因而违背了国际法和国际礼仪。但是,美国代表的反对只是更加突出了拉美国家在海洋管辖权问题上正在形成的一致。在不到两个月后,这些原则又提交于特鲁希略城举行的保全大陆架和海域资源专门会议上讨论。

三、特鲁希略城会议

特鲁希略城会议是拉美国家在把注意力转向即将在 1958 年召开的联合国海洋法会议之前在地区一级所作的最后一次努力。会议期间国际法委员会为联合国会议所做的准备工作已经对拉美国家的想法产生了明显的影响。会议于 1956 年 3 月 28 日作出的特鲁希略决议,只包含一项重大的协议,就是关于大陆架的法律定义:"在领海区以外、邻接沿海国的深达二百米或超过此界限而上覆水域的深度允许对其海床和底土的自然资源进行开发的大陆架、大陆和岛屿阶地或其他海底地区的海床和底土,专属于该沿海国,并受该国管辖和控制"。[①] 这个定义虽然在把两种标准结合起来方面有

---

① 小田滋:《国际海洋发展法》,莱登:西多夫出版公司 1972 年版,第 346—347 页。转引自[加拿大]巴里·布赞:《海底政治》,时富鑫译,三联书店 1981 年版,第 28 页。

其新颖之处,但是仍然以国际法委员会以前的工作为基础,而没有贯彻美洲国家组织历次会议的精神。

会议的结果清楚地表明,拉美国家还远未能在海洋法方面获得一个一致的区域性立场。但是有一个事实是不容忽视的,就是它们朝这个目标所取得的进展,毕竟比任何其他的区域性国家集团要巨大。这些国家在弥合其分歧的过程中所遇到的困难,在一定范围内反映了国际社会所面临的问题。奇特的地理状况给美洲大陆大陆架狭窄的西海岸国家所造成的问题,要比大陆架宽阔的东海岸国家复杂得多。这些分歧又由于拉美各国所制定的大量互不相同的单方面立法而扩大。部分地正是由于这些因素,所以在联合国以更大规模的努力取代美洲国家组织的作用之前,这个组织充其量只能达致一个十分笼统的关于加强沿海国控制权的一致协议。不过,在这个小小区域性的论坛上就有这么多的国家在坚决维护彼此分歧很大的立场,以及它们明确地表示要扩大沿海国对海底及其上覆水域的控制,这对联合国在国际一级达成协议的前景,都不是良好的预兆。

第四节 第一轮国际性海洋权利主张

单方面的海洋权利主张与以拉美国家为主体的第一轮区域性海洋权利主张,共同引发了第一轮国际性海洋权利主张。国际性海洋权利主张的主要表现是联合国国际法委员会所做的努力。

联合国国际法委员会成立于 1947 年,其任务是拟定和不断发展国际法,其具体工作是草拟各种国际公约,提交国际会议通过。如果说美洲国家法学家理事会是致力于从美洲各国的多边和单边行动中寻求共同因素的话,那么国际法委员会则旨在发现或者创造充分的共同基础,以便制定一项能为国际社会共同接受的、统一的国际海洋法。换言之,如果说美洲国家法学家理事会只是试图协调美洲国家组织成员国中各沿海国的利益,那么国际法委员会则肩负着为国际社会起草整个国际海洋法的重任。国际法委员会在 1949 年举行的第一届大会上,选择了海洋法作为其优先考虑的三项议题之一，部分原因在于各国海洋立法的飞速发展。这两个组织于 1950 年至 1956 年间完成了它们在这方面的大量工作，但是，它们的活动并没有制止住各国纷纷提出单方面权利主张的浪潮，反而在某些情况下起了推波助澜的作用。

国际法委员会在 1950 年的会议上，研讨了公海和大陆架方面的各种问题，并且按照联合国大会的要求把领海问题列入议程。从 1950 年起，委员会便开始为大陆架定义问题而烦恼。因为这个问题是在公海议题内讨论，因而便产生了领海以外的大陆架到底应该属于国家管辖还是国际管辖的问题。但是这一难题总算比较快地作了有利于沿海国的解决，条件是沿海国的权利只限于控制和管理资源，而不包括对该区域拥有主权。

这一问题解决后，紧接着讨论对沿海国家管辖权设定某种界限的问题。当然，二百米界限不仅得到了各个国际法协会的支持，而且拥有了《杜鲁门公告》这个强有力的先例。但是委员会内的美国代表却提出了另外一个主张，他建议深度界限应该是视开发能力为依据的灵活性界限。这一主张并不与各国当时的立法相冲突，而且能自动适应技术的发展，保障海底开发制度的稳定性。但是这一主张也产生了这样一种恐惧，即可能导致沿海国将随着技术的进步而对海底提出漫无边际的权利主张。

1951 年的国际法委员会会议上，报告人建议以二百米等深线作为大陆架的界限。委员会最初采纳这个规定。但是经过进一步讨论，考虑到固定界限的规定会造成不稳定性，最后指定一个小组委员会重新研究这一问题。经研究，小组委员会得出如下结论：划定一个地理界限是不合时宜的，因为随着技术发展它可能变得不稳定，于是建议使用可开发性这个纯法律定义较为恰当。委员会接受了这个观点，而且否定了关于建立一个国际性大陆架机构的主张，理由是这样做经济上不太合算，政治上也过于困难。至于沿海国对于大陆架所提出的主权要求，委员会正式予以拒绝。实践证明，可开发性这一标准有利于在支持二百米界限的国家（主要是传统的三海里界限的国家）和希望以距离作为标准的国家（以拉美国家为首）之间达成妥协。

1951 年的国际法委员会会议的成果是制定了一套关于大陆架的条文

草案。该草案的第一条对大陆架作了如下定义:"其上覆水深使海床和底土的自然资源可能开发的邻接海岸但又处于领水区以外的海床和底土"。该草案的第二条将沿海匡的权利局限在"为勘探和开发其自然资源而行使……控制和管辖"。① 佀是该草案没有规定"可开发"的具体含义。国际法委员会在工作过程中进行的争论和妥协以及它所提出的建议的模糊笼统,清楚地表明委员会在佷大程度上是一个政治论坛。

　　1952 年的国际法委员会会议集中讨论的是领海和公海问题。到了 1953 年才重新回到大陆架问题。这时委员会已经有充分的可能性来分析各种对 1951 年草案的反映,并且了解到这一问题上的其他一些新主张。由于出现了一些新的意见,委员会决定重新考虑大陆架的定义。经表决,会议否决了关于可开发性的标准,重新回到了二百米等深线。此外,会议修改了草案的第二条,允许沿海国以"为勘探和开发"大陆架自然资源(包括定着类生物)而对大陆架享有"主权"。至于那些地理状况引起困难的地方,如挪威近海深海槽等,委员会考虑了一些例外情况,不按二百米规则的严格解释处理。

　　此后的两年时间里,国际法委员会集中力量草拟关于领海和公海的条款。在制定一项统一的领海宽度方面,委员会并没有取得多大进展,但是却把争论的范围局限在三海里至十二海里的范围内。这个限制加上大陆架定义方面所取得的进展,使得领海作为沿海国扩大对海底控制的一种手段的重要性降低了。当然,如果不能消除领海宽度问题上存在的深刻分歧,任何在海洋法上达成一揽子解决的尝试都将归于失败。委员会在公海方面的工作,使得某些有关海底的问题得以澄清。委员会的注释列举了传统的各项海洋自由,对于大陆架而言不论是规定可开发性标准,还是固定界限,委员会都否定沿海国可以无限扩大其对海底的管辖权。

　　1956 年的国际法委员会会议上,国际法委员会提出了海洋法各项条款草案的最后文本,并且向联合国大会建议召开一次会议来研究有关这些问

---

① 　国际法委员会 1951 年报告,联合国文件第 A/1858 号,第 17—20 页。

题的各项国际公约。在这次会议上,委员会重新研究了大陆架界限的定义,并对其原先的草案作了修改。在1953年的草案上加上了可开发性标准,但是并没有解释可开发性标准有何优越之处。委员会对"为勘探和开发大陆架资源而行使主权"的提法没有改变,而且仍然反对沿海国对大陆架享有主权和大陆架国际化两种主张。并且还明确表示沿海国对大陆架的权利并不影响其上覆水域作为公海的法律地位,也不影响这类水域上空的法律地位。委员会关于大陆架的综合定义中的含糊不清之点表明这是一项妥协的解决办法,反映出固定界限和灵活界限两派已向两极分化。但是,支持灵活界限的国家中,最明显的考虑就是认定这种制度为不断扩大国家对海底的管辖权敞开着大门。委员会关于沿海国对权利的注释中提出了一个重要条件:"沿海国拥有的只是下述意义的专属权利,即:如果它不开发大陆架,则任何他国只有在获得它的同意后才能开发"。这个注释反映了沿海国对大陆架利益的关键因素在于:在大多数情况下,它们的利益与其说是保证自身的开采权,不如说是否定其他国家染指其大陆架的自由。当时,只有美、英等国具有开采海底矿物资源的能力,因而其他沿海国家的利益都在防止技术发达国家不顾紧接大陆架的沿海国的利益而擅自开采大陆架的矿物。国际法委员会的草案赋予沿海国以控制其近海海底开采活动和从这种活动中获利的必要权力,因而充分符合沿海国的利益。

国际法委员会提出的上述海洋法条款草案是非常重要的,这是因为它既是一套可供联合国会议作讨论基础的系统的建议,又是多数国家在海洋法问题上一致看法的表述。国际法委员会各成员也发现就海底界限达成妥协要比就水域界限达成妥协容易得多,这主要是因为大多数国家这时对海底采矿有何种巨大的利益还没有明确的预期,海底的经济利益尚不大。相反地,水域的情况则完全不同,几乎到处都存在着巨大的经济利益,而且多数是相互冲突的。在捕鱼、海运和军事利益方面存在着反对沿海国行使控制权的传统,而且相当一批国家的实践活动引起了严重的争议。委员会的草案明显地反映了这种情况。当然,委员会的草案也明确了这一点,就是反对拉美国家在其单方面立法中一直试图实现的把大陆架与上覆水域联系起来的做法。该草案第 68 条驳斥了拉美国家对大陆架提出的主权要求,第 69 条则把大陆架的权利与上覆水域的权利区分开来。因此,尽管该草案第 67 条表明拉美国家在大陆架的定义上取得了胜利,但是在大陆架的权利和把大陆架与上覆水域的关系上终究归于失败。

国际法委员会的建议表明,美国带头于 1945 年提出的那种权利主张,是人们所广泛接受的扩大沿海国管辖权的主张。国际法委员会通过这种办法把海底问题与其他海洋问题区分开来,大大平息了自 1945 年以来围绕大陆架的权利主张而展开的论战。如果联合国的海洋法会议能够采纳国际法委员会关于大陆架的建议,那么海底就有可能变成一块政治上、经济上和法律上风平浪静的乐土,尽管在这块乐土之上关于海域界限的争论仍将会持续下去。

第五节 第一届联合国海洋法会议

一、会议召开的背景

1958 年的联合国海洋法会议是海洋政治发展的必然逻辑。本次会议是在以下背景下召开的。

其一,各国内容迥异的海洋权利主张。1930 年以后开始出现的要求实行三海里以上国家管辖权的潮流,到了 1958 年赞成和反对三海里领海权利主张的接近于对半。因此,领海宽度不仅是联合国会议上一项悬而未决、有待争议的问题,而且也是国家对海底管辖权问题的一个重要方面。截止到 1958 年,各国大陆架权利主张的性质也很不一致,绝大多数国家没有对大陆架下明确的定义,其权利主张也是错综复杂,从对陆架享有完全主权到只对资源行使管辖权都有。但是对于海底资源来说,这些国家无疑全部赞成沿海国拥有专属的开采权。至于沿海国的捕鱼权问题,与大陆架和领海问题都有联系,拉美国家和冰岛提出的把大陆架和上覆水域联系在一起的论点远未销声匿迹,至少一几个国家提出了超过十二海里捕鱼权的主张,其中多数国家主张的宽度在一百海里至二百海里不等，这对公认的传统是一种严重的挑战。这些国家就领海和捕鱼问题提出的权利主张，是会议期间国家可能结盟的一种最明显根源。

其二，冷战所导致的东西方严重对立。当然，除了以国家权利为基础的结盟以外，由于会议是在冷战最激烈的时期举行的，因而也受到苏联和西方两极对立的强大压力。由于冷战的首要国家美国与苏联在领海宽度这一主要冲突中再次处于对立地位，从而导致冷战和海洋法结盟活动互相激发。而在这个争端上，历史上的权利主张模式使苏联集团的争取工作收到更大的成效，而西方集团则陷入更大的困境。

其三，所谓海洋资源不可枯竭论的破产。总体而言，联合国海洋法会议受到的压力主要来源于国家权利主张。不少权利主张本身就是人类海洋活动规模增大和方式增多的产物。当然，海洋活动的多样化，是与二战以后日益加强人类在海洋环境中的活动能力的技术发展密切相关的。这种技术主要有三个来源：一是海洋军事技术的研究和发展，如装设在海底的声呐装置、核动力潜艇的建造、深潜工具的建造等；二是海洋科学研究的发展，如地壳板块构造理论、1958 年的"国际地质物理年"活动导致的全面的海洋学活动的日益明显化；三是近海石油工业的发展。

其中海洋利用规模增大最明显的是捕鱼和海运，这主要是财富、人口和独立国家不断增多的结果。海运的扩展使人们日益关注石油污染问题，而捕鱼量的剧增则使人们对于沿海渔业资源的枯竭和不合理的分配严重不安，其结果是打破了海洋自由制度赖以存在的所谓海洋资源取之不竭的假设，极大推动了沿海国致力于扩大其管辖权。

不仅如此，1947 年是美国作为石油输出国的最后一年，从而刺激了美国致力于从大陆架获取石油，特别是因为近海采油技术几乎完全由美国垄断。然而截止到 1958 年，近海石油工业仍然仅限于委内瑞拉、加利福利亚、墨西哥湾和波斯湾等地区。虽然近海石油工业的勘探大大提高了从大陆架获取财富的希望，但是由于这些发现在地理上过于集中而未能在世界范围内激发起人们对大陆架石油后来出现的那种激情。尽管如此，二战后近海石油工业的发展帮助打破了作为公海自由制度基础的所谓资源不可能枯竭的假设。总之,资源可能枯竭这个观点是使国际社会比较认同沿海国扩大其大陆架资源管辖权的一个重要原因。

其四,国家之间及国内关于海洋利益的严重冲突。深海技术和海洋活动的这些发展,是沿海国在上面提到的海洋政治中充当重要角色的主要原因。这一过程由于第三世界国家强烈的民族主义以及它们自身需要和能力的日益增长而更为加速了,而且在拉丁美洲尤为明显,从而使沿海国家和海洋国家之间产生了较为重大的利益冲突。不仅如此,即使在美国这样一些对沿海和海洋两方面都有重大利益关系的国家中,国内也产生了利益冲突。此外,这种情况还不可避免地促使内陆国家提高了警觉,使它们意识到自己正在被排除在空前巨大的财富和机会之外。总而言之,1945 年以后出现的纷纷提出各种海洋权利主张的浪潮表明,沿海国的意识已经发展到足以使联合国海洋法会议不可能只是一次把海洋国家的传统权利法典化的仪式了。

二、会议产生的成果

1958 年和 1960 年两届联合国海洋法会议相隔两年,但是与会国的组合变化很小,而且第二届会议的议题只是第一届会议悬而未决而遗留下来的问题。1958 年会议讨论了海洋法的所有方面,并且拟定了有关海洋法的四项公约。1960 年第二届联合国海洋法会议讨论了上届会议没有解决的领海宽度问题和沿海国渔业管辖权问题,但是没有一个问题取得一致意见,所以没有产生任何公约。出席 1958 年会议的国家共有 86 个,其中内陆国12 个、架锁国 12 个,拥有海岸的国家 60 个(不包括乌克兰和白俄罗斯共和国)。

1958 年会议就大陆架的法定界限提出的提案,其复杂多样更甚于国际法委员会所审议的提案,不过,中心问题仍然是界限应该是固定的还是灵活的。赞成固定界限的一方,只有法国、意大利、南越等国。赞成灵活界限的国家有的支持国际法委员会的方案,有的支持可开发性标准。最后,国际法委员会所拟定的二百米加可开发性标准的方案付诸表决并获得通过。显然,许多国家之所以支持以国际法委员会的方案作为妥协办法,是因为它们相信二百米在某种程度上是对可开发性标准的一个重要限制。

至于国家对大陆架拥有权利的性质问题,主要有两派观点:以拉丁美洲国家为主的一派主张沿海国对陆架拥有完全的领土主权,以欧洲国家为主的另一派则坚决反对这一类主权。墨西哥提出的一项代表主权立场的提案被否决,这说明相当多的国家不准备默认拉丁美洲国家的比较极端的权利主张。这次表决有效排除了极端立场,因而为国际法委员会的妥协方案,即只在资源的勘探和开发方面涉及主权开辟了道路。最后,国际法委员会草拟的条款在全体大会上获得通过。

因此,在大陆架问题上,1958 年会议的表决结果与 1956 年由国际法委员会拟定的建议草案十分一致。这届会议断然拒绝了少数国家对其大陆架拥有完全主权的要求,牢固确立了大陆架原则。1958 年《大陆架公约》使海底政治比较长时期地平静下来,不仅找到了一项使大陆架原则得以实施、又为人们所广泛接受的方案,而且由于采纳了一项灵活的界限,便大大减少了为国家管辖范围以外的海底区域制定一项制度的困难。既然如此,1958 年的公约似乎都解决了关于建立某种形式的国际海底制度的争论,原因在于国际海底制度并非一个迫切需要考虑的问题,而且由沿海国进行控制是比较简单和不致引起纷争的解决办法,因为这一办法最能鼓励各国普遍希望的开发活动。而国际化的设想虽然崇高和公正,但是无论从哪一方面来说,实行起来都十分困难。

领海问题在 1958 年和 1960 年的会议上相当重要。促使各国提出更宽领海要求的动机很大程度上正是出于对捕鱼问题的关心。1958 年会议上关于领海最大宽度的提案各色俱全。但是所有关于三海里的提案没有可能获得多数支持而纷纷撤回,所有超过十二海里的提案都被否决,其他宽度的提案都没有达到三分之二多数而未能获得通过。1960 年会议上提出的提案只有六海里加六海里渔区和十二海里两种,分别以美国和苏联为代表,但是两种提案都未能获得通过。由于冷战所造成的分裂,这次表决结果只能理解为是政治性的。支持六海里加六海里渔区提案的绝大多数国家,都是赞成传统的三海里界限的国家。这些国家之所以支持这一提案,主要是作为对数目庞大的主张六海里至十二海里的国家集团的一项妥协。这些国家主要担心的问题是,宽领海界限将影响海军和贸易方面的航行自由,特别是害怕许多重要的国际海峡将被关闭。为了避免出现这一问题,这些国家准备给予沿海国以职能性管辖权,诸如对大陆架可以管辖十二海里内的捕鱼作业,以及在设想的毗连区内实施其海关、税收、移民和卫生规则等权力。反之,主张十二海里的国家代表的与其说是海洋利益,不如说是沿海利益。取得领土和保障安全是这些国家采取这种立场的重要动机。由于另一超级大国苏联加盟这一集团,无疑增强其抗拒另一集团压力的能力。

这两届会议总的特点是,以沿海利益为基础的结盟与以海洋利益为基础的结盟相对抗。"沿海利益是希望扩大沿海国对于近海资源和近海活动的控制范围和控制形式,海洋利益则希望为一切海洋使用者保持最大程度的海洋自由"。① 苏联在这两届会议上支持新兴的沿海国家利益而反对历史悠久、根深蒂固的海洋国家利益方面起到了重要的作用。但是,进入六十年代,苏联正逐渐发展成为一个重要的海洋国家,到了 1960 年,它的兴趣仅限于把领海局限于十二海里以内,反对超越这一界限。

1958 年和 1960 年两届海洋法会议的最终成果就是日内瓦四公约,即《领海和毗连区公约》、《大陆架公约》、《公海公约》和《公海捕捞和生物资源保护公约》,这些公约都是 1958 年会议上产生的。四个公约都以极大的多数获得通过,综合起来可以视为当时国际海洋法的实体法典。但是,这些公约没有解决沿海国对渔业和领海管辖权的界限问题,也没有确定大陆架内缘和外缘的定义,因此并没有能够结束海洋法的争议。此外,会议也没有能够制定一项强制性的解决争议的规定,从而显示出在表面一致的背后隐藏着对某些妥协性条款的严重不满。

这四个公约都要求有 22 个国家的批准才能生效。《大陆架公约》直到

---

① ［加拿大］巴里·布赞:《海底政治》,时富鑫译,北京三联书店 1981 年版,第 62 页。

1964年6月才开始生效,捕鱼公约直到1966年才开始生效。甚至在公海和大陆架公约还未开始生效之前,新技术的发展就已经开始动摇这些公约所依据的假设了。

三、海洋新形势对日内瓦公约的破坏

1961至1967年间,总的海洋政治的特点是出现了四个新因素:第一是公约迟迟才开始生效,并且未能在国际体系内获得多数国家的批准;第二是最后一轮非殖民化运动使十多个新独立的国家进入国际体系;第三是苏联成长为一个地道的海洋国家,其利益更多地与传统海洋大国相一致;第四是海洋的利用不断发展,海洋科学技术的研究与发展更为迅猛。这些因素日益破坏着作为海洋法的稳固基础的日内瓦各公约。

(一)发展中国家新的海洋权利主张

这一时期发展中国家在海洋法方面的主要活动是提出了新的权利主张,其中许多是新独立的国家提出的。急剧的非殖民化过程形成一种趋势,就是发展中国家不断摆脱与前殖民主义国家的联系,其作为一个具有共同利益的集团的思想广泛地传播,具体体现为七十七国集团的成立。该集团迅速发展成为发展中国家调动其最易于发挥威力的工具,这种威力就是在国际会议上拥有巨大的表决票数。在拉丁美洲,美洲国家司法委员会继续致力于为这个大陆寻求一项共同的海洋法政策。拉丁美洲提出的权利主张中,最重要的是阿根廷(1966)、厄瓜多尔(1966)、巴拿马(1967)提出的二百海里领海权主张。而阿拉伯国家和亚洲国家在这一时期也加入了提出新的大陆架和领海权利主张的潮流,但是它们提出的权利主张没有超出联合国会议所确立的规范。非洲国家最重要的事态是涌现了大量新独立的国家,并且在1963年建立了一个新的地区性组织非洲统一组织。虽然非统组织在这个阶段对海洋法还未发生兴趣,但其在60年代后期变得极为重要。总之,发展中国家在这一时期内提出的权利主张,彻底改变了1958至1960年间在领海问题上结盟的力量对比,使十二海里立场从被围攻的地位一跃而成为与主张窄界限的国家集团旗鼓相当的地位。

（二）美苏两国海洋技术与能力的飞速提升

发达国家在这段时期里的主要有关活动并不是提出新的权利主张，而是更多地致力于发展和运用海洋技术和海洋能力，其中以美、苏两国为突出代表。长期以来，美国在海洋技术和海洋能力方面一直居于世界领先水平，从而极大地刺激了苏联并在此方面与美国展开了一场在许多方面其规模和声势只稍逊于空间竞赛的"海洋竞赛"。苏联在 50 年代着手执行的一些计划大大提高了它在 60 年代初期的公海捕鱼和海洋研究的能力，接着它又执行了一些同样给人以深刻印象的计划，其结果是在这十年的后期大大提高了海军和商业海运的能力。到了 60 年代苏联牢固树立了自己作为一个主要海洋大国的地位。而且到了六十年代中期，苏联在海洋科学研究方面所作努力的规模，超过了英国、法国和日本，终于达到了与美国并驾齐驱的水平。

美国在海洋方面的活动主要着眼于军事和采矿的利益。美国试图执行某种全国性的海洋行动计划可以追溯到 1959 年，真正付诸实施的则是约翰逊总统，在这方面 1963 年 4 月"打击"号核潜艇沉没事件大大帮了他的忙，研究和发展深海技术的拨款很快就有了着落。随后，1966 年西班牙近海发生的核弹丢失事故和 1968 年另一艘核潜艇"蝎子"号的沉没，都对美国深海技术的发展起了推动作用。1966 年美国国会通过的《海洋资源和海洋工程发展法》与《全国海洋院校和计划拨款法》确认了国家对日益扩展的海洋事业承担长期的义务，显然是为了满足各种海洋计划的需要，同时也是对苏联在这方面的活动作出的一种反应。这两项法令宣布了美国在海洋科学方面的长远规划，并特别强调以下几个方面：加速开发海洋环境中的资源、鼓励这一领域中的私人企业、保持美国在海洋科学和海洋资源开发方面的领先地位，全面发展科学技术、通过开办相应的院校和制定教育计划来培养熟练的技术人才。总之，近海石油工业的发展以及国家对近海石油产品日益增大的依赖、随着新技术的涌现而出现的对从深海海底结核矿块中提炼美国需要的铜、镍、钴、锰的可能性的兴趣，大大加速了国家对海洋计划承担义务的整个过程。

上述因素叠加在一起,推动了美国海洋科学和海洋技术能力的提高。到了 60 年代中期,这些新发展可能造成的冲突逐步明朗。这是因为国际法有关大陆架以外海底的规定比较含糊,因而不可避免引起这样的一个争论,即新的技术看来又即将打破对处于国家管辖之外的公海(包括海底)作"公有物"解释的依据,即"无力占有"的概念。占有的可能性引起了所有权要求,这种要求反过来又造成国与国之间发生冲突的可能性。约翰逊总统在《海洋资源和海洋工程发展法》通过之后于 1966 年 7 月发表的一篇演说中也承认了这个问题,他说:"我相信,任何情况下我们都绝不能允许丰富的产量和矿藏的诱人前景在海洋国之间导致一种新形式的殖民竞争。我们务必注意避免为攫取和占有公海下的土地而展开一场竞赛。我们必须保证使深海和洋底永远作为全人类的遗产"。[①] 这一声明可视为一场大辩论的第一炮。随后美国国内围绕着深海采矿和国家管辖范围以外海底的制度问题爆发了一场公开大辩论。这场辩论使得海底问题再度登场,并且导致了整个海洋法问题的再度爆发。

(三)全球海洋活动的巨大发展

苏联活动规模的扩大和美国海洋技术的提高,可以说是全球海洋活动情况的缩影。日内瓦公约签署以后,全球范围内海洋利用规模的扩大以及海洋技术革新迅猛发展的势头贯穿了整个 60 年代。就海洋运输业而言,20 世纪 50 年代海洋运输活动巨大发展的势头,到 60 年代没有减退。造船业也一直保持它的发展速度,而且加快了制造安全上颇成问题的运载巨量货物的巨型船只的步伐。世界海洋货运的总吨位每年递增 8%,并且开始使用越来越大的船只用来运输诸如石油那样的巨量货物。但是海洋运输业也由于石油污染日益敏感而受到越来越大的压力。"托雷·卡尼翁"号 1967 年 3 月在英吉利海峡沉没事件,使超级油轮污染问题成为公众议论的中心。在此期间,把海洋当作倾倒污水、工业废物和核废料最后场所的现象,在全

---

① 刘易斯·亨金:《变化中的海洋的变化着的法律》,爱德华·A. 古利昂:《海洋的用途》,新泽西州恩格尔伍德克利夫:斯普伦蒂斯—霍尔出版公司 1968 年版,第 82 页。转引自[加拿大]巴里·布赞:《海底政治》,时富鑫译,三联书店 1981 年版,第 73 页。

球范围内迅速扩大,从而使海洋开始更加频繁地出现饱和使用和危险使用的问题。

就海洋渔业而言,世界每年的捕鱼总吨位数急剧上升,1967 年增加到 6110 万公吨,比 1950 年几乎提高了两倍。[①] 这种围绕自由取用的资源而展开的无节制竞争,造成渔业投资过大,出现了对比较受欢迎的鱼类进行疯狂争夺和过度捕捞的现象。针对这种情况,有五十多个国家于 1968 年提出了远至十二海里的捕鱼管辖权主张,而且至少有十二个国家在此以前就提出了十二海里到二百海里的权利主张。到 1970 年,世界海洋渔业总捕获量已经接近七千万公吨,比 1960 年提高了 75%。[②]

当然海洋活动最引人注目的方面仍然是近海石油工业突飞猛进的发展。在此期间,近海石油工业也一日千里发展着。据一位作者援引美国政府的资料估计,从 1960 到 1967 年,美国近海油田的产量提高了三倍,中东油田的产量提高了九倍。[③] 但是石油工业发展对海底政治的最重要影响,在于石油的勘探和生产已经不再仅仅局限于美国和波斯湾的油田,而是迅速扩展到世界各地,从而进入急剧发展和扩大的状态。1960 至 1968 年间,近海勘探已经扩展到五十多个国家的大陆架。到了 1970 年,已有二十八个国家的近海发现了石油或天然气;有七十五个国家的大陆架正在勘探。近海石油的产量占了世界石油产量的 17%,相当于全部海底矿物生产价值的 90%。[④] 而且,几乎能与淮产品一争高下。从 1971 至 1973 年的几年中,近海石油工业继续向新的近海区域扩展。不仅如此,由于装备在钻探船上的动力定位系统、深海重复挖井系统和比海面钻台更易于操作的海底生产系统等新技术的应用,极大推动了近海石油工业向更深的海域发展。到了 1973 年,已有 26 个国家的沿海在进行商业性石油开采,另有 13 个国家的

---

① 〔加拿大〕巴里·布赞:《每底政治》,时富鑫译,三联书店 1981 年版,第 75 页。
② 〔加拿大〕巴里·布赞:《每底政治》,时富鑫译,三联书店 1981 年版,第 149 页。
③ 杰拉德·曼冈:《联合国·国际法和海底》,纽钮瓦克:特拉华大学出版社 1972 年版,第 19 页。转引自〔加拿大〕巴里·布赞:《海底政治》,时富鑫译,三联书店 1981 年版,第 76 页。
④ 〔加拿大〕巴里·布赞:《海底政治》,时富鑫译,三联书店 1981 年版,第 149 页。

近海发现了具备进行商业开采价值的油田,只是尚未投入生产;至于进行近海勘探的国家,则总数已达 80 个。1972 年世界石油总产量的 18%、天然气总产量的 10% 来自近海;从 1970 至 1972 年,近海石油年产量总计提高了27%,即由 26 亿桶增加到 33 亿桶。[①] 近海石油工业的繁荣不仅刺激了发达国家的工业,而且也给几乎所有沿海国家带来了希望。这种迅速扩大的对近海石油所寄予的希望,不仅使无论新老国家都大大提高了对沿海国利益问题的注意,而且使大陆架问题重新成为海洋政治的一个突出问题。

与石油工业相比,对于近海硬矿物工业感兴趣的国家则为数较少,大规模作业仍局限浅水,开采的国家也只有 12 个。就价值而言,美国硬矿物工业 1966 年的产值约五千万美元,全世界也只有一亿五千万到二亿美元。这个数字只相当于近海石油工业产值的二十分之一;而且,随着近海石油工业以更大速度发展,这个比率甚至还要缩小。[②] 因此,总体而言,从全球范围来看,大陆架的硬矿物开采一直稳定而缓慢地发展着,但是人们对它的兴趣并不大,与石油工业相比较近海硬矿物工业处于远为惨淡的地位。

就深海采矿业而言,美国对开采海底锰结核矿的前景抱有虽然微小但却日益浓厚的兴趣,是唯一对硬矿物工业不采取冷漠态度的国家。作为地质学上一个奇迹的锰结核矿,在将近一个世纪以前就已经为人所知,但是只到二十世纪六十年代初期,由于美国的一些海洋学研究所所起的先锋作用,人们才开始在经济上对它发生兴趣。1965 年出版的约翰·默罗所著的《海洋矿物资源》一书,是这一发展的里程碑。该书对海洋矿物资源做了总的估价,而且特别强调了锰结核矿的潜力。该书是六十年代后期美国科技界和企业界围绕结核矿开采潜力展开的一场大辩论的触发剂。这场辩论是与国家对加强利用海洋资源承担的长期义务相一致的,而且是这一义务的日

---

① 美国参议院发表的"深海底的矿物资源",第 93 届国会就参议院第 S.1134 号法案举行的第一次会议,第 719—720 页。

② P. M. 法伊等:《海洋科学与海洋资源》,爱德华·A. 古利昂:《海洋的用途》,新泽西州恩格尔伍德克利夫:斯普伦蒂斯—霍尔出版公司 1968 年版,第 33 页。转引自[加拿大]巴里·布赞:《海底政治》,时富鑫译,三联书店 1981 年版,第 77 页。

益重要的部分。到了1966年,至少有三家美国公司,即深海探险公司、肯尼科特铜公司和海洋资源公司,正在积极地勘探结核矿,研究开采和加工这些矿物的技术。到了1974年,美国终于建成了排水量3.5万吨的"格洛玛·勘探者"号,专门用于深海锰结核的试采和深海钻探工作。美国的积极探索刺激了其它西方发达国家。日本的一些公司1968年进行了连续挖斗线采矿系统的首次试验。1969年哈佛·休斯的萨马公司参加了竞赛的行列,开始进行勘探和装备试验。而西德的一些公司则开始对结核矿进行商业性研究工作。到1970年,深海探险公司在深达二千四百英尺的海底对气动铲掘机进行了试验;海洋资源公司替一个由若干国家的公司组成的大型财团对日本的连续挖斗线系统进行了第二次试验;国际镍公司(INCO)和深海探险公司都顺利地进行着加工厂的开发研究;法国镍公司(CNEXO)则开始在太平洋进行勘探航行。总本而言,矿业公司中对深海采矿感兴趣的公司越来越多,研究和发明的水平迅速提高。美国公司继续保持其原来的领先地位,但是日本、西德、法国、加拿大和澳大利亚的公司在技术竞赛中赶了上来。采矿公司的积极性说明了它们对结核矿开采的经济前景的估计是乐观的,而它们的活动则不断为海底问题的辩论提供了这门工业很可能产生收益和影响的资料。

　　总之,在此期间结核矿开采业所取得的发展主要包括以下方面:私人企业为了进行深海采矿而不断建立相应的机构并发展相应的技术;经济方面的大辩论继续进行,特别是试图就结核矿开采可能产生的收益以及这一开采活动对现有金属市场可能带来多大的冲击作出估计;以及美国国内为了扩大国家对深海采矿业的管辖权而开展了一场政治斗争。这些年里深海结核矿开采工业所取得的重大进展,以及这一门工业的远大前景,带来了导致这场海底问题大辩论的各种法律和政治问题。因此,深海底究竟属于"无主物"(因而可以对它主张权利)还是"共有物"(因而向一切人开放)便尚未确定。这种不确定性由于1967年后帕多提案中所谓"人类共同遗产"主张的出现而变得更为显著,因为这种主张虽不具法律效力或法律意义,但在政治上却非常有力。

总体而言,这一时期海洋政治的内容和问题与 1958 至 1960 年时已经不同了。新国家的涌现和新集团的形成大大改变了海洋政治的国际前景。技术已经开始为海底开辟了广阔的前景,并为人们取得大陆架石油带来了更大的希望,从而提高了沿海国对此的兴趣。海洋的各种用途迅速开拓,使五十年代就已初见端倪的问题更趋激化了。因而既对加速建立日内瓦公约所酝酿的制度起到了促进作用,又使当时成员日益增多的沿海国家更加意识到海洋利益的重要性。到了 1967 年,各国在法律、政治、技术和经济方面所采取的行动,总起来已足以使海洋政治问题再次出现在联合国的议事日程上。

第四章 国家与海洋权利(下)

第一节 第二轮国际性海洋权利主张

一、关于国际海底制度的辩论

(一)国际海底制度提出的背景

随着美国和苏联海洋计划的不断扩大以及发展中国家对海洋利益认识水平的不断提高,特别是深海采矿技术的飞速发展,从1966年起,联合国大会对整个海洋、特别是海底发生了日益浓厚的兴趣。1966年3月联合国经济与社会理事会通过了第1112号决议,指出"大陆架以外海洋的矿物和食物资源(鱼类除外)是目前尚未被充分利用的原料储备;合理地使用这些资源从中取得最大限度的收益和尽可能避免浪费,对于一切国家来说都是非常重要的",并要求秘书长"对这些资源的了解程度……和开发(这些资源)的技术现状进行调查"。该决议表明:联合国以惊人的速度注意到了美国在海洋领域的发展,而且发展中国家作为一个集团已经意识到它们在这一问题上的共同利益,它们极不愿意看到少数发达国家利用其技术优势来垄断尚未明确为任何人占有或控制的区域内的一大批新的重要资源。这一决议是发展中国家作为一个有组织的集团利用联合国来获取它们本身难以获得情报的第一个事例,同时也反映出联合国因为能够提供方便条件从而使其成为发展中国家用以抗衡发达国家在技术上、经济上和经验方面优势的一种手段。1966年12月,联合国大会在肯定经社理事会决议的同时,还要求秘书长提出一份概述世界范围内海洋科学技术活动和有关改进海洋科学方面的国际合作和教育的各种建议的补充报告。总之,国家管辖范围以外海底区域制度和机构的拟定工作,就是在结核矿开采业不断发展的背景下进行的。

(二)帕多提案的内容及其影响

1967 年 8 月 17 日,马耳他大使阿维德·帕多代表他的国家采取了一项单独行动,要求把以下补充议题列入联合国大会的议程,即"关于保留现在处于国家管辖范围以外的海域下的海床和海底作和平用途并利用其资源为人类谋福利的宣言和条约"。帕多在提案中开篇就把当前的海洋局势描绘为发达国家和发展中国家之间存在着深刻的利益冲突:

"鉴于技术先进国家的新技术的迅猛发展;担心……目前处于国家管辖范围以外的海域下的海床和海底将逐渐成为各国竞相占有和利用的对象。这种情况很可能导致技术发达国家为了它们本国的利益而通过建立固定的军事设施来实现对可能到达的海底的军事化以及采尽对世界具有巨大潜在利益的资源。"帕多建议,为了解决这一难题,应该发表一项宣言,宣布海床和海底属于"人类的共同遗产",并缔结一项条约,规定使用这一共同遗产的原则。这些原则包括:各国不得占有;海底收益应主要用于促进穷国的发展;保留这一区域用于和平目的,建立一个国际机构来对国家管辖范围以外的海底行使管辖权和"对该区域内的一切活动进行管理、监督和控制"。①

帕多提案的直接后果是 1967 年 12 月 18 日联大一致通过第 2340 号决议,设立一个三十五国特别委员会来研究国家管辖范围以外的海床和海底的和平利用问题。委员会是一个由各地区具有最普遍影响力的国家组成,包括十六个发达国家和十九个发展中国家,按照协商一致原则来开展工作。这一原则将使委员会工作进展十分缓慢,任何最后的结论都将代表真正一致的结果,而不是一种利益压倒另一种利益的结果。然而这一原则必将造成这样一种后果,即使最终达成协议,也很可能措辞含糊、规定笼统。当然,

① 见联合国文件 1967 年 8 月 18 日第 A/6695XXⅡ号。

海底特别委员会工作中最严重的分歧也许就是关于国家管辖范围以外的海底应当宣布为人类共同遗产的主张,在这一问题上出现的最重要的结盟是提出二百海里权利主张的拉美五国集团与无保留赞成帕多提案的非洲和亚洲国家的结盟,标志着发展中国家队伍的分裂。

帕多提案成为国际海洋政治历史上一个关键性事件,它使海底问题成为人们注意的中心。这是因为该决议将人类共同遗产思想与发展中国家的需要联系起来,从而将该问题置于发达国家与发展中国家利益冲突的背景之下。同时该决议还提出了一个设想,即建立一个能给发展中国家带来经济利益与政治权力、可以作为恢复发展中国家与发达国家间的平衡手段的新型国际组织。不仅如此,该决议还竖起了从经济上和军事上反对技术帝国主义的大旗,它在任何国家尚未对该区域提出权利主张之前就把制定深海海底制度的政策主动权牢牢地置于国际组织手中。

(三)联合国海底特委的早期工作

海底特别委员会的主要工作在于为国家管辖范围以外的海底区域制定一项新的制度,其基本精神是承认在开发这一区域时必须特别注意发展中国家的需要,任何国家不得对这一区域主张或行使主权。这一工作最重要的意义在于推动了人们重新研究日内瓦公约似乎已经解决的一些海洋法问题。

海底特别委员会在 1968 年 8 月 30 日举行最后一次会议后,海底辩论转移到联合国大会。由于联大是以多数表决而非协商一致的方法工作的,所以它的记录更清楚地表明发展中国家如何力图利用联合国作为与发达国家在海洋问题上具有的天然优势相抗衡的一种手段。尽管如此,联大也未能就一项原则宣言达成协议,转而考虑重建海底特别委员会,以便继续研讨这个问题。新的海底委员会由四十二名成员组成,减少了三个发展中国家,新增了十个发展中国家,发达国家成员依旧是十六个。联合国大会除了规定设立一个海委会以外,还通过了 2467 号决议,要求联合国秘书长就建立一个国际机构以促进该区域资源的勘探和开发以及特别照顾发展中国家的利益与需要的问题提出一份研究报告。2467 号决议虽然都没有提到共同遗产原则,但却更为强调发展中国家的"需要与利益"。该决议的通过,标志着发展中国家在实现帕多最先提出的目标方面取得了一个实质性的进展。

(四)主要国家关于国际海底制度的基本观点

1968年整整一年里,苏联对海底特委的态度始终十分冷淡。蓬勃发展的海洋能力严重地改变了苏联对海洋法的观点,使其从发展中国家坚定的盟友转变为这些国家最顽固的反对者。苏联希望保护贸易和军事方面的航行自由,海洋科学研究的自由,以及尤为关注其新近成立的公海渔船队的自由。就争论中的国际海底制度而言,苏联虽然没有走到与西方国家结盟的地步,但是反对共同遗产原则和建立国际机构的主张。总体而言,苏联感兴趣的是维护在海洋活动中巨大的和日益增长的既得利益尽可能不受干预。随着苏联态度的转变,相应地,联合国内的结盟格局也就从原来的东西方对峙变成发达国家与发展中国家的对立。这一转变使苏联仍然处于少数地位,但是苏联代表沿袭其一贯传统,顽强地抗拒与其相反的多数国家的观点。

美国与苏联一样,感兴趣的是维护在海洋活动中巨大的和日益增长的既得利益尽可能不受干预,即希望保护贸易和军事方面的航行自由,海洋科学研究的自由,以及尤为关心大有前途的结核矿开采,以保障四种金属获得新的供应来源。但是就争论中的国际海底制度而言,美国的立场则稍有不同。作为一个历史悠久的海洋大国,美国不像苏联那样对国际机构抱有不信任的态度,它也不甘于永远处于少数地位。美国支持设立海委会的主张,而且积极地参与它的工作。时任美国总统尼克松积极支持国家的海洋计划,他在1968年10月30日发表的一项政策声明中,强调必须推进国家的海洋计划,以便尽快地获得经济上的利益,以及使美国不致在"水下安全"方面居于第二位。声明强调了吸引私人企业参加计划的必要性,而国际合作则只有在符合美国的"最佳利益"时才予以考虑。

发展中国家对深海底的兴趣,则主要是由于美国国内关于这一问题的辩论而激发起来的,其中分享财富的主张是整个共同遗产运动的主要内容。

到 1968 年底已经可以清楚地看出,一项新的海底制度将不可能很快形成,原因在于涉及大多数关键性问题上,分歧已经发展到十分深刻的地步,而发达国家则层层设防以抗拒发展中国家越来越大的胃口。

辩论参加者的立场充分反映了各种各样的观点,从主张大幅度扩大沿海国管辖权的极端民族主义观点到赞成建立一个能够控制一切海洋活动的极端国际主义观点都有。总体而言,辩论中形成两种意见,一种是主张建立国家制度,一种是主张建立国际制度。帕多提案出现之后,能够在世界各国中获得普遍同意的,也许只有建立某种形式的国际制度一条路径了。

这一目标获得普遍同意后,自然产生许多复杂问题。既然假定要建立国际机构,那么这个机构应该如何组织、经费从何而来、人员怎样配备、其任务如何以及应该授予何种权力方能完成其任务,以及它与现有机构的关系如何定位等问题。既然这种制度和机构将地球上相当大片区域排除在国家权利主张之外,它就必须比其它许多职能性的国际机构获得更为广泛的支持。这又产生了一个问题:由于各个国家对其抱有种种互相冲突的期望,这些期望包括了公平、经济效率以及环境保护等等,那么如何才能将其设计到能够获得尽可能广泛的支持呢?

当然,建立国际制度引起的最为重要的问题乃是如何确定国际制度适用区域问题。这一制度的疆界将确定国家对海底管辖的确切界限。由于确定这个区域的疆界实际上就等于确定沿海国对大陆架的管辖范围,所以,这一过程就使大陆架的定义灵活了,从而 1958 年所达成的妥协也就自动失效。因此,1970 年以后,这场大辩论被更为广泛的关于整个海洋法问题的辩论所取代了。

二、关于整个国际海洋法律问题的辩论

(一)1969 到 1970 年海委会就所有海洋法问题进行的辩论

共同遗产原则的争论仍然是海委会辩论中的一个突出问题。不过在缩小发达国家与发展中国家在这个问题上的分歧方面,还是取得了某些进展。而苏联继续为首反对这一原则。

和平利用这一区域的问题在 1969 年已不再是争议的焦点。尽管所有国家都赞成这一原则，但在如何贯彻这一原则问题上，无法达成详细的协议。

在 1969 年，关于确定这一区域疆界问题的争论仍然非常激烈。苏联完全加入了西方国家的行列。虽然海委会本身无法解决疆界问题，但是国际法院 1969 年 2 月作出的一项裁决对辩论产生了重大影响。当时，国际法院正在审议丹麦、西德和荷兰 1967 年提出的一项关于北海大陆架的案件。这三个国家在划定海底疆界时未能达成协议，因而提交国际法院解决。法院在关于这一案件的裁决中指出："沿海国根据对其领土的主权，对于构成其陆地领土向海洋并在海洋下的自然延伸的大陆架区域，事实上和始终拥有权利……这是一种固有的权利"。"国际法给予沿海国对大陆架以法律上的权利，是基于下列事实：上述区域可以视为沿海国实际统治的领土的一部分，原因是，它们虽然被水覆盖，但却是该国领土的延伸或继续，是领土在海底的延展"。[①] 这项解释，特别是关于主权控制下的领土的"自然延伸"的提法，给予那些提出或赞成沿海国应对直至大陆边的区域实际控制的国家以极大的支持。

相比较而言，关于国际机构的争论却逐步上升为委员会内最显着的冲突。由于继续反对建立任何机构的只有苏联，因而在 1969 年内，主要问题已不再是否需要一个机构，而在于应当建立什么样的机构。发达国家由于掌握技术，享有开发特权，并不迫切需要通过一个机构来扩大这种特权，因而对机构的前景报冷淡态度。而发展中国家则担心一个松散的机构将会把它们排斥在一切开发和收益分配之外，使它们只享有一种象征性的控制权，因而坚决主张建立一个国际机构，才有可能参加开发。机构之争继续反映出海委会内发达国家与发展中国家之间的对立。

随着辩论的进展，又出现了一些新问题。其中有两个问题在 1969 年变

---

① C. B. 伯恩和 L. G. 扬克：《国际公法案例与资料》，温哥华：英属哥伦比亚大学出版社 1972 年版，第 7—58 和 7—61 页。转引自[加拿大]巴里·布赞：《海底政治》，时富鑫译，三联书店 1981 年版，第 112 页。

得非常明显,这就是:发达国家的海洋技术转让给发展中国家的问题,以及海底矿物生产可能对输出四种结核矿金属的发展中国家带来经济困难问题。

总之,海委会在这一年的工作仍然毫无成果,关于国际机构的辩论仍然处于初级阶段,在解决代表们所面临的其它重大争议方面进展不大,因而无法向联大提出一项原则宣言草案。苏联一直是发展中国家的头号反对者,美国次之,而拉美集团各国以及肯尼亚、坦桑尼亚、印度、斯里兰卡和科威特等国一直站在发展中国家最前列。

(二)联合国大会所做的主要工作

当海底问题的辩论在 1969 年秋从海委会移到联大时,争论之激烈程度超过上一年。1969 年 12 月,大会通过了第 2574A 至 D 等四项决议。第 2574A 号决议是由马耳他在海底委员会提出的一项关于就海底问题召开一次新海洋法会议的提案演变而来的。发展中国家认为,有关海洋的各种问题本质上是统一的,因此海底问题不可能脱离海洋法的其它问题单独予以解决。于是,这些国家利用其表决中的多数,按照这个原则修改了马耳他的提案。决议的通过表明了关于海底的辩论已扩展到整个海洋法的辩论,从而完全改变了海委会的工作范围。委员会今后的讨论必须以更广泛的海洋法辩论为背景,因而其注意力不可避免要从国际区域转移到海洋法所关心的沿海国权利等问题上。在发展中国家中,尤其是那些沿海国,普遍存在这样一种看法:由于发展中国家中具有重要海洋能力的寥寥无几,所以现行的法律被看成是主要针对它们的,换言之,现有海洋法主要袒护的是传统海洋国家。

第 2574B 号决议只是重申了基于海委会的委托任务,同时催促它及时为下届联大完成起草一项原则宣言的工作。第 2574C 号决议是上届会议中争论很大的第 2467C 号决议的延伸。它要求秘书长对国际机构问题做进一步研究,特别强调这一机构应该具有"管理、协调、监督和控制一切涉及勘探和开发资源的活动"的权力。

被称为"暂停决议"的第 2574D 号决议则是四项决议中争议最大的一

项,该决议宣称:在国际制度建立之前,(甲)国家和个人,包括自然人和法人,均不得对国家管辖范围以外的海底、洋底及其底土的资源进行任何开发活动;(乙)就上述区域的任何部分或其资源提出的权利主张一律不予承认。该决议措辞似乎十分强硬,无论是权利主张或开发活动,都直截了当宣布暂停。由于该区域尚未确定,暂停的决议实际上是一纸空文。该决议的目的显然在于限制少数发达国家开发结核矿,而不是限制发展中国家提出沿海管辖权的主张。这一解释可以从 L. F. E. 戈尔迪教授所作的证词中找到依据,他指出:"那项决议的倡导国之一最近在一篇并不值得赞扬的声明中承认,暂停决议的目标是专门针对美国的企业界和其他发达国家的私人企业的。它企图对投资者起'泼冷水'的作用"。① 从这个意义上说,暂停决议标志着发达国家与发展中国家就控制深海底而进行的斗争进入了重大的转折。该决议真正的作用在于通过加强进行结核矿开采活动的区域法律地位的不确定性来巧妙地破坏发达国家的技术优势。该决议加深了发达国家与发展中国家之间的裂痕,而且发展中国家队伍也发生分裂,其表现是二十八个弃权国中有二十四个是发展中国家,相当多的发展中国家没有支持拉美国家的极端策略。表决权是发展中国家用以对付发达国家不断增长的经济和技术优势的唯一现成武器。发达国家尽管有力量无视暂停决议,但是不论在海委会或者联大,它们在谈判桌上都只能处于守势。发展中国家灵活地运用其表决力量,继续在海底政治中保持主动地位,使磋商沿着有利于它们的方向发展。

　　海委会 1970 年的主要工作是沿着第 2574A 号决议所规定的召开全面的海洋法会议的方向和在第 2574D 号决议所形成的对立形势下进行的。到 1970 年会议结束时,原则宣言所需要的一些提法几乎都接近一致。关于共同遗产问题,显然已经接近解决,主要困难已出现在如何处理这份共同遗产的具体争议上。

---

　　① 美国参议院发表的"深海底的矿物资源",第 93 届国会就参议院第 1134 号法案举行的第一次会议,第 517 页。

当海底辩论于1970年秋重新转移到联大时,海委会终于完成了原则宣言,这是一个经过三年磋商后达成的包含最大程度妥协的声明。要使宣言得到绝大多数发展中国家的支持,就必须把共同遗产原则和将共同遗产交由某个国际机构管理的内容写进去,而这样就需要发达国家,主要是当时对这两点仍持保留态度的苏联集团写进去。另一方面,发展中国家又必须满足于一个既不直接提到暂停问题,也不把控制金属价格幅度规定为一项原则而只在前言中提及的宣言。

原则宣言避而不提的问题多数属于一般原则中尚有争议的问题,它们包括"共同遗产"、"和平目的"以及国际制度及其机构的结构与职能等的实际含义。宣言未明确提出技术转让问题,也只字不提海底区域界限问题以及海底界限究竟应该在国际制度及其机构建立之前还是之后确定问题。因此最后形成的原则宣言并不是一个理想的妥协方案。对原则宣言草案表示不满的不仅是苏联人,其它主要发达国家都没有参加那个包含原则宣言的第2749号决议的四十六个提案国的行列。这一事实充分说明作为原则宣言基础的各项协议的脆弱性。

除了原则宣言外,联大在1970年12月17日的会议上还通过了三项其它决议,其中第2750C号决议最重要。该决议决定"在1973年……召开一次海洋法会议,以便就国家管辖范围以外的海床、海底及其底土和资源建立一个公正的国际制度(包括一个国际机构)、该区域的确定含义以及与之有关的广泛问题——公海制度、大陆架、领海(包括领海宽度和国际海峡问题)和毗连区、捕鱼和公海生物资源的养护(包括沿海国优惠权问题)、保护海洋环境(特别包括防止海洋污染)和海洋科学研究等问题进行处理"。为了充分准备这样一个会议,联大把海委会改组成一个筹备机构,其成员新增了四十四国。这么多国家参加进来之所以必要,是因为凡在海洋法方面具有物质利害关系的国家,都不希望自己被排除在可能严重影响自己利益的磋商之外,因而所有的国家集团都对海洋法问题十分关心。于是,到1970年底,帕多提案中相对有限的目标已被纳入一个更加宏伟的蓝图。用尼克松总统的话说就是,当前的问题在于:"明显的事实是,海洋法已不适应现代技术的要求,无法解除国际社会的种种忧虑。如果它不能从多方面现代化,那么,单方面行动和国际冲突将是不可避免的。"①

(三)1970 年以后海委会的主要辩论

于是,海底委员会在 1968 至 1970 年间只是一个专门负责处理帕多提案所引起的各种问题的规模较小的委员会,而到了 1971 年却变成一个负责为召开第三届联合国海洋法会议准备基础的大型筹备委员会。而且在此过程中,委员会又根据 1971 年 12 月 21 日通过的第 2881 号决议增添了五个成员国(中国、斐济、芬兰、尼加拉瓜和赞比亚),使正式成员国增至九十一国。由于确定国家管辖区域与国际海底区域间的疆界以及和平利用国际海底区域等问题还存在十分明显的争议,因而委员会决定把这些问题留给全体大会处理。

当然,国际机构问题的争议仍然是海委会考虑的中心。从 1970 年 8 月至 1971 年 10 月,共有十一个国家或国家集团向海委会提出了关于国际制度和国际机构的提案。十一项提案中有七项是发达国家提出的,两项是某些发达国家和发展中国家联合提出或共同提出的,还有两项是发展中国家提出的。上述十一个提案包含了已经变得非常突出的海底制度和机构问题的一切主要因素,而且表明了这一问题上的各种观点及其主要结盟的组成情况。虽然严格说来并不是所有提案都是可以相互比较的,但是,大体上包括了主张把大部分主动权交给各国的松散国际制度一直到把大部分主动权交给国际机构的强有力的国际制度的各种类型。法国、波兰、苏联的提案代表极端松散型;英国、日本、美国的提案明显属于松散型制度一方,但有点偏向中间;加拿大和马耳他的提案,属于中间立场的妥协性提案;七个内陆国和架锁国以及坦桑尼亚的提案则明显属于强力机构的一方,但也包含着某些妥协因素;至于拉美十三国的提案,则代表了极端强有力型。可见,发达国家和发展中国家分别结盟的格局并未发生多大变化。总体而言,这些提案表明,尽管关于这些机构的权力和职能在看法上还存在着分歧,但是大多

---

① 见联合国文件第 A / AC·138 / 22 号。

数国家都接受海底管理局应设立大会、理事会、秘书处、法庭和各种委员会作为基本结构的建议。

除了那个不完全按照发达国家和发展中国家划分阵线的疆界问题外，还存在三个关键性问题：业务制度的性质是最早出现的一个关键问题。1970 至 1971 年的大批提案提供了可供选择的四种业务制度：注册制度，由法国和波兰提出；松散的执照制度，由英国、美国、日本、波兰、苏联提出；执照和管理局相结合的混合业务制度，由马耳他、加拿大、七个内陆国和"架锁国"、坦桑尼亚提出；完全由管理局经营业务的制度，由十三个拉美国家提出。这些制度的基本分歧是建立执照性管理局还是业务性管理局。因此，执照制度和业务制度的分歧便典型地反映了发达国家和发展中国家各种复杂分歧的集中点。直到 1974 年夏召开的加拉加斯第三届海洋法会议，"开发条件"问题才真正代替"执照还是业务"问题，成为关于业务制度的性质的辩论的中心。

国际管理局内主动权归属问题是第二个关键性问题，基本上就是关于海底管理局中全体大会与理事会谁应掌握实权的争论。"大会还是理事会"之争，或者说"赋予一切主权国家以平等权利"还是"赋予富国少数派以特权地位"之争，如同"业务机构还是注册机构"之争一样，在发达国家和发展中国家的关系中有着十分重要的意义。

管理局是否有权管制海底矿物生产的问题是第三个关键性问题，在很大程度上与建立执照型管理局还是业务型管理局的问题有关。这里的一个基本冲突是：发达国家担心这种管制会使结核矿开采在经济上失去吸引力，发展中国家则担心如果不实行这种管制，共同遗产的开发就可能削减某些发展中国家的金属出口量，从而给它们带来灾祸。在这个问题上双方各执己见，一方赞成建立松散的国际机构，一方则赞成建立强有力的国际机构。

除了上述三个关键性问题以外，还存在两个突出的问题：一是加拿大、美国和马耳他提出的关于开发国家管辖范围内大陆架所得收益应当与国际管理局分享的问题。这一问题与界限问题密切相关；二是关于在国际海底区域进行科学研究的权利问题。这一问题的结盟仍然是发达国家对发展中国家的分野,因为它无非是海底管理局规模和权力较大还是较小的问题。

由于海底制度的经济前景日益不可琢磨,实施海底制度所面临的困难越来越大,人们对海底制度的热情和乐观情绪也就减弱了。大家的注意力都转到沿海国对大陆架和沿海区域的控制这样一个更为直接和具体的问题上,而这个问题本来正是国际制度的疆界问题所引起的。继续拖延国际制度的实施,看来只是有利于那些已致力于单方面发展深海采矿的发达国家。

第二节 第二轮区域性海洋权利主张

由于各国在界限问题上提出的权利主张悬殊极大,而国际法对这一问题又缺乏统一的解释。1971 至 1973 年这段时期,海委会以外有关海洋法问题的区域性活动仍在进行,大部分的活动都是效法拉美国家的榜样,主要围绕沿海国管辖权的界限和性质问题来进行。拉美各沿海国就这一问题发表了两项重要宣言,即 1970 年 5 月 8 日的蒙得维的亚宣言和 1970 年 8 月 8 日的利马宣言,这两个宣言的主要观点是:沿海国有权自行确定对海底或水域的主权或管辖范围。这两个宣言显然是为了争取召开一次新的全面的海洋法会议而结合在一起的第一个集团,其发表是从海底问题的讨论转向沿海国管辖问题的一个重大步骤,同时这两个宣言在一定程度上也影响了海委会关于疆界问题的辩论。

1971 年,在印度尼西亚的敦促下,亚非法律协商委员会就海洋法问题展开讨论。多数国家支持十二海里领海线加上范围未确定的毗连专属捕鱼区,以及兼有业务和执照性质的并且有权防止对以陆地为生产基地的生产国的不利影响的国际海底制度和海底机构。该委员会于 1972 年 1 月举行第十三届会议,再度讨论了海洋法问题。这次会议吸收了亚非地区内外的三十八个国家的观察员(包括美国、苏联和英国的代表团)参加。会议讨论的重点还是在于沿海经济区问题(包括捕鱼问题),而且,绝大多数发展中国家都赞成经济区这一概念。

比亚非法律协商委员会的讨论更有意义的是,1971 年 6 月非洲统一组织部长理事会通过的三项有关海洋法问题的决议。第一项决议关注的重点是海底开发的一般问题;第二项决议主张把沿海国对大陆架的管辖权与对其上覆水域渔业资源的管辖权联系起来;第三项决议只是间接涉及海底问题。这三项决议不仅是海洋法问题上出现一个非洲集团的里程碑,而且其内容也有着重要的意义。

证明人们的注意力已由关心国际制度的利益转向关心沿海国权利的另一证据,是七十七国集团1971年11月在利马举行的部长级会议所通过的关于海洋资源的决议。七十七国集团提出这一主张的理由是某些发达国家利用它们在科学、技术和金融方面的优势开发别国的近海资源。这一决议表明该集团希望发展中国家在海洋法问题上组成一个共同战线,也表明该集团有能力吸收某些特殊小集团的主张以维护团结。同时这一决议也证明该集团的注意力已经从国际海底制度问题转向沿海区域问题。

1972年6月,中美和加勒比地区国家的一次会议又产生了另一项重要的地区性宣言,其名称为圣多明各宣言。宣言的内容涉及海洋法的大部分重要问题,其中最核心的内容是提出一种名为"承袭海"的关于沿海国管辖权概念。承袭海由十二海里领海的外侧界限一直延展到离领海起限二百海里以下的界限。在此区域内,沿海国对一切资源(包括海底资源)拥有主权,并且有权对科学研究活动进行"管理"和采取防止海洋污染的"必要措施"。承袭海和领海的不同之处在于,在承袭海内,仍然保留传统的公海航行自由和敷设电缆和管道的自由,但须遵守"沿海国为行使其在该区域内的权利而规定的……各种限制"。① 关于大陆架问题,宣言建议维持1958年公约的定义,如有可能,也可以代之以一个"考虑到大陆基外限"的固定界限。因此,倘若大陆边延伸到二百海里以外,沿海国便可以对其海底资源保有国际法所规定的权利,即勘探和开发的主权。关于各国管辖范围以外的区域,宣言建议设立一个"有权在该区域内从事一切活动"的强大的业务

---

① 宣言全文载莱伊等:《海洋法的新趋向》,多布斯费里:欧欣阿纳出版公司1973年版,第247—249页。转引自[加拿大]巴里·布赞:《海底政治》,时富鑫译,三联书店1981年版,第218页。

机构来管辖。此外,宣言还建议,公海捕鱼不应"毫无限制",而"应遵守适当的国际章程的规定"。总体而言,承袭海的建议不仅与拉美沿海国早些时候提出的权利主张,如阿根廷关于上覆海域的权利主张以及智利、厄瓜多尔和秘鲁关于海洋区的权利主张等有着密切的联系,而且与海委会讨论过程中产生的整个经济区思想密切关联。

圣多明各宣言发表后不到一个月,地区性活动的中心便转回到非洲。1972 年 6 月 20 日至 30 日,来自十七个非洲国家的代表在喀麦隆雅温德举行海洋法讨论会。包括美国、苏联、加拿大、以色列、西班牙和瑞士等一些发达国家的观察员也列席了讨论会。讨论会提出一项类似利马宣言那样的单方面行动主义建议,但是又主张规定十二海里领海和范围不确定的经济区。它的经济区主张看上去很像是承袭海的主张,只是说的更加模糊,而且有两个重要的不同点。首先,会议的结论强烈主张经济区应该限制在某一固定距离内的大陆架。其次,结论建议"经济区内生物资源的开发应该向包括内陆国和迹近内陆国的国家在内的所有非洲国家开放"。这一观点与拉美的宣言形成鲜明的对照,反映了非沿海国在这两个地区集团中所占的比重不同。讨论会上出现的争取规定经济区的整个活动,可以视为非统组织原来在亚非法律协商委员会的活动、七十七国集团的决议、拉美国家的活动和海委会辩论等因素推动下通过的第二项决议的一个发展。关于国际海底制度和海底管理局问题,讨论会并没有达致详细的结论,只是表示坚决反对在管理局内实行任何形式的加权表决或否决制度,并认为管理局的"组成和活动方式必须使发展中国家成为主要的控制者和受益者"。因此,讨论会依照其它地区集团的先例,把国际海底制度问题置于明显的次要地位。

与雅温德讨论会有关的一件大事是,肯尼亚向 1972 年夏季召开的海委会议提出了一项关于专属经济区概念的条文草案(联合国第 138/SC·Ⅱ/L·10 号文件)。该文件提出了一个详尽而明确的专属经济区公式。这个公式在许多方面与雅温得结论相类似,但是它明确规定经济区(包括大陆架)应严格限制在二百海里以内,尤其明确的是赋予沿海国以控制海洋污染和管理科学研究的广泛权利。因此,作为非洲的一项创造的经济区概念,与拉美所提出的承袭海主张极为类似。至于两者在二百海里以外的大陆边问题和与非沿海国分享该区域资源问题上的重大分歧,则反映了非洲和拉美这两个大陆在地缘政治上的不同特点。尽管存在着这种分歧,然而这两项建议有一个基本点,那就是它们都是二百海里领海的极端主张的代替方案。从这个意义上说,它们都为'宽国家管辖权主张"和"窄国家管辖权主张"的拥护国的妥协提供了基础,因而也为七十七国集团内外的沿海国、沿海国和非沿海国之间协调其互相冲突的利益带来了希望。

在1973年海洋法会议召开以前发生的地区性事件中,唯一有重大意义的是这年6月举行的非统组织国家首脑会议通过的一项关于海洋法问题的宣言。宣言毫无保留地支持了肯尼亚所提出的经济区概念,因而使这个概念事实上成为了整个非洲的主张,所以宣言的通过是肯尼亚的一个重大的外交胜利。宣言对国际海底制度和机构的主张并没有什么特别之处,它再次肯定了暂停决议,主张建立一个由全体大会掌握大权的强有力的全面的国际机构,这与坦桑尼亚原先关于海底制度和机构的提案(联合国第138/33号文件)所概述的立场相一致。所以,非统组织推举坦桑尼亚为非洲在国际海底区域问题上的主要发言人,肯尼亚则为经济区问题上的主要发言人。

总体而言,在1971至1973年海委会磋商期间,发展中国家同时就海洋法问题展开了重要的地区性活动。其结果不仅表现为非洲和拉美地区涌现了强有力的地区性主张,而且表现为发展中国家广泛地接受了二百海里(包括海底和水域)沿海经济区的主张。随着1973年非统组织宣言的发表,二百海里的主张事实上已变得不可抗拒,从而上升为磋商中占优势的主张。由于非统组织宣言指明了与非沿海国家妥协的途径,从而使二百海里的主张具有更普遍的适应性,因而进一步加强了这个主张的地位。

与发展中国家在海委会外为制定共同政策而进行的广泛努力相比,发达国家在此期间在会外协调其政策方面没有多大进展。发达国家各种复杂的结盟活动几乎全部在海委会内进行,主要是反映了发达国家的一种倾向,就是希望取得详尽的技术解决办法,而不是多数发展中国家所希望的那种笼统的法律和政治解决方案。反过来，地区集团从本质上则宜于采取后一种办法。

第三节 国家单方面海洋权利主张

在地区活动频繁的同时，单方面的权利主张也继续不断地增加。由于结核矿开采业日益进入实际开采阶段，美国便出现了一场支持国家对深海底的开采拥有管辖权的重要政治活动。这场运动的一个主要焦点是参议员李·梅特卡夫于 1971 年 11 月第一次向国会提出的"深海底硬矿物资源法案"（通称硬矿物法案），法案的目的是"授权内政部长在关于海底的国际制度确定之前促进深海底硬矿物资源的保护和合理发展"。[①] 该法案强烈反映了美国矿业界的立场。以美国矿业联合会为代表的硬矿产工业界不仅在起草这个法案时发挥了主要作用，而且是支持这个法案的最强大的院外游说集团。梅特卡夫参议员最明确地表明了他们的立场，他赞成按照加拿大和拉美的办法采取单方面行动来强制国际法的发展："我们走在许多人的前头；如果我们只是坐等国务院慢吞吞地谈判一项国际条约，我们就可能失去我们的领先地位和资源"。[②] 矿业界认为，结核矿开采在法律上的地位如不确定，将妨碍它对商业开采的投资，从而将使美国在技术上的领先地位受到日本和西德技术发展的威胁。这个法案极力主张美国拒绝任何有可能剥夺矿业主根据国家立法业已享有的权利的制度，借以把美国的立场强加于国际海底制度。

美国政府尽管明显地倾向于赞成硬矿物法案所建议的那种过渡性制度，但是终于在 1973 年初否决了这个法案。美国政府认识到，如果这个法案获得通过，一定会在国际上遭到强烈的反对，因为总的来说，这个法案违

---

① 美国参议院发表的"深海底的矿物资源"，第 93 届国会就参议院第 S.1134 号法案举行的第一次会议，第 2—14 页。

② 美国参议院发表的"深海底的矿物资源"，第 93 届国会就参议院第 S.1134 号法案举行的第一次会议，第 121 页及 232—233 页。

背了发展中国家所理解的共同遗产原则;特别是这个法案规定了采矿公司自由经营的权利,主张建立一个权限很小的国际机构,而且拟设立的国际基金将非常之少。美国政府担心这些国家的反对可能危及美国在 1970 年就表示支持的海洋法一揽子交易。美国政府在表明自己对海洋法的国际磋商的支持和乐观态度的同时,却仍然保留着两项以本国立法为基础的候选方案:第一,它强调有必要为条约从签字到生效的这段时期制定适当的法律;第二,它保留了在海洋法会议在一段可以接受的期限内未能产生一项可以接受的条约时通过选择性立法的权利。这样,美国政府就两全其美了,它既可以表现出自己是反对本国采取单方面行动的,并且是支持国际磋商活动的,另一方面又可以利用单方面行动的威胁来对磋商施加压力以谋取自身的利益,尤其是用来争取尽早达成一项切实可行的协议。

1970 年的领海权利主张的类型更明显地趋向于十二海里或十二海里以上,说明发展中国家在海洋法问题上的力量相对增大了。从 1971 至 1973 年,共有二十四个国家对邻接其海岸的海洋资源提出权利主张,其中绝大多数是以扩大领海的形式提出的。大量宽领海权利主张是非洲国家提出的,从而进一步加强了最早提出这种权利主张的拉美国家的立场。这种继续着重于提出领海和捕鱼区权利主张的现象,反映了拉美国家企图突破国际法中最薄弱环节的策略,同时也说明各国确实已由大陆架权利问题转而关注更为复杂的水域权问题。

在此期间,大陆架权利主张的类型所发生的变化较之领海权利主张的类型所发生的变化甚至更为剧烈,代表各个地区集团的大批国家接受了1958 年《大陆架公约》所规定的关于灵活界限的定义。这些国家中有三分之一在这样做时并没有批准《大陆架公约》,但这丝毫没有减弱那种从含糊的地理定义转向可开发定义的明显趋势。当然,为了确定国际区域界限,迫切需要就沿海国家对海底的管辖权规定一个固定的界限,赞成固定距离的国家因而处于有力地位,具有一致的地区性立场的拉美二百海里国家尤其如此。

伴随着领海和大陆架的国家权利主张的大量增加,出现了划界问题上的协议和分歧数量的增加。1967 年划界方面的协议主要集中于北海地区。1967 年以后则集中在受若干国家包围的相对狭窄的封闭水域,特别是波罗的海和波斯湾。1971 年,西德、丹麦、荷兰和英国结束了北海海底的大陆架定界工作;意大利和突尼斯达成了大陆架疆界协议;澳大利亚和印度尼西亚,印度尼西亚、马来西亚和泰国也都在原先关于印度尼西亚周围的大陆架的协议的基础上作了进一步的解决;加拿大和丹麦于 1972 年 12 月达成了格陵兰—加拿大划界协定。这些协定都是世界范围的近海石油勘探和开发活动的发展所促成的。与划界协定并行出现的一个问题是:随着海底方面的权利主张的增加而发生的划界方面的冲突也相应增加了。这些冲突也多半与石油利益有关,给向来焦点在于捕鱼利益的海洋疆界争端增添了一项新内容。在六十年代,海底疆界争端并未发展成一种对国际水平的海底政治发生重大影响的现象,到了七十年代,这种现象就变得愈加明显,大量潜在的严重争端已出现在地平线上。这些争端的存在及其可能升级的危险,是促成召开一次新的海洋法会议的重要因素,而举行这样一次会议的前景反过来又促使许多争议国家避免在会议取得结果之前贸然行事。

第四节 第三届联合国海洋法会议

一、会议前的辩论总结

根据上述单方面权利主张、区域性宣言、海委会各种声明及提案,1973 年夏末海委会最后一次会议结束时,将近有一百个国家就疆界问题表达了自己的意见,这些意见可以划分为三个相互竞争的派别:第一派包括那些认为二百海里太宽而加以反对的国家。它们大都支持界限较窄的提案,较普遍地拥护二百米和四十海里的方案。虽然它们在某种程度上还没有分清海底和水域问题,但是实际上所有国家都提到了海底问题,并且尽可能把大片区域交由国际海底管理局管辖。有十九个国家按照这个方针表态,其中十三个是内陆国和"架锁国",十二个属于西方或苏联集团的发达国家。第二派由支持沿海国对海底的管辖权扩展到大陆边边缘的那些国家组成。明显支持这一观点的有美国、苏联、加拿大、意大利、澳大利亚、冰岛、瑞典、挪威、爱尔兰、塞内加尔和十三个拉美国家，其中多数是沿海国集团的成员国。第三派最大，由赞成固定的二百海里界限的那些国家组成。这些国家大都赞成把二百海里作为经济区的界限，不过，有些国家则支持把二百海里定为领海的界限，有些国家希望把二百海里定为承袭海的界限，也有些国家主张把二百海里确定为大陆架的界限。这一派的中坚力量是非统组织。当然，还可以有另一派，那就是关心群岛国权利的国家组成的第四派。它们的观点是，群岛国对沿群岛外限划定的基线范围内的所有海底拥有权利，而不论其上覆水域的深度如何。斐济、印度尼西亚、菲律宾和毛里求斯等四国支持这一看法。总体而言，到 1973 年底，关于国家和国际海底区域的疆界问题的辩论出现了三足鼎立的局面。

关于国家管辖范围内权利问题的辩论，一直围绕着四类基本提案进行，而且逐渐趋向于把海底和水域的资源问题联系起来。第一类提案是比较极端的沿海国，特别是拉美主张领土制的国家提出的，主张沿海国对本国管辖界限内的一切资源，包括海底资源和水域资源，均拥有专属权利。非沿海国强烈反对这种观点。第二类提案是若干内陆国和"架锁国"提出的，主张内陆国、架锁国和其它处于类似情况的国家对邻接的沿海国的大陆架资源和经济区资源享有与该沿海国同等的权利。第三类提案是美国、马耳他和加拿大早先在它们各自有关国际海底制度和机构的提案中就提出的，即沿海国应与海底管理局分享开发大陆架所得的收益。第四类提案是非洲国家提出的，主张内陆国和"架锁国"应有权分享其邻接沿海国管辖范围内的生物资源。这种提案是一些最倾向于妥协的沿海国提出的。到 1973 年底，这一主张以及与国际海底管理局分享有限数量的大陆架收益的办法，看来是全球性妥协的最可能的基础。

1970 年以后，随着政策问题辩论的发展，政治结盟的格局也逐渐形成：发达国家和发展中国家对峙的局面并无重大改变，一方对自己的经济和技术力量进行防御性的动员，另一方则在表决权方面进行进攻性动员；发展中国家地区性集团中起领导作用的是拉美集团和非洲集团；同时，内陆国和"架锁国"正联合抵制沿海国扩大其管辖权。在海委会内各个比较活跃的集团是：七十七国集团继续起着作为发展中国家协调其立场的场所的重要作用。在表决权举足轻重的论坛上，该集团拥有为数可怕的票数。当然该集团也有许多不利之处，因为其包含大量国家，它们具有各种不同的需要和利益，同时还面临着在海底问题上缺乏知识、经验和技术能力的困难。随着1971年议程上增加了大量新问题，这个集团在争取内陆国和"架锁国"的支持方面明显失败，但是在团结金属输出国方面却继续取得进展；拉美国家无疑是海委会内最活跃的一个发展中国家地区集团；非洲国家集团比1970年要团结得多，它提出的二百海里经济区的主张也是海洋政治有影响的关键提案之一；阿拉伯国家没有组成明显的地区集团，它的一切共同提案活动实际上都是在七十七国集团范围内进行的；海委会内的十五个亚洲国家也没有形成自己的地区集团，同样主要倾向于参加七十七国集团的提案；发达国家在海委会内所能见到的唯一活跃的地区集团就是以苏联为中心的那个集团；西方发达国家既没有形成自己的活跃的地区集团，也没有形成一个像七十七国集团那样的超地区集团；美国继续我行我素，自成一个集团采取行动，美国为适应国内各个利益集团间复杂的政治关系，已对1970年的政策作了某些改变；由于特定问题结盟集团与磋商的关系较具时间性，所以时间流逝对它们的影响比对基础比较牢固的地区集团和政治集团的影响大得多；内陆国和"架锁国"集团充分运用两类主要的"地理条件不利国"联合起来的表决力量；沿海国集团的发展要比其对手内陆国和"架锁国"集团缓慢得多，这主要是因为它们在什么是最理想地代表其共同利益的政策这一问题上存在着重大分歧，这个集团一个明显目标就是把温和的沿海国主张发展成为海洋法会议可以据以达成妥协的政策，其弱点是内部团结脆弱，而且受到来自像领土派集团和非洲集团这样一些竞争集团的威胁。1970年9月10日53个不结盟国家通过了卢萨卡海底声明。该声明的重要意义在于通过这一声明形成一个新的国家集团。这个集团的出现代表着与其它地区集团或政治集团完全不同的利益。这个集团占主导地位的是非洲国家和一大批内陆国。于是,一个新的利益集团出现在海底和更为广泛的海洋法问题讨论舞台上。

二、会议前的准备工作

海底委员会 1973 年 8 月宣告结束到 1974 年 6 月加拉加斯会议开幕的这段时间,是海洋政治各条战线活动频繁的时期。这些活动包括:1973 年 10 月阿以战争引起的石油危机以及其后其它商品输出国为了加强其对抗工业化国家的地位而采取的行动;爱琴海和南中国海大陆架权利问题上爆发的冲突;诸如英国一些国家由于海洋资源的发展而出现的态度上的变化;像非统组织、欧洲经济共同体国家以及内陆国家和地理条件不利国家这样一些重要的集团就海洋法问题举行的会议;以及为召开加拉加斯会议而进行的筹备活动,特别是 1973 年 12 月在纽约举行的组织会议等。其中有些活动是由于海洋法会议迫在眉睫而促成的。

当然,海洋法会议实质性会议召开前最重要的一次集团会议要算发展中国家的十九个内陆国和地理条件不利国 1974 年 3 月在乌干达的坎帕拉举行的会议。这次会议产生了坎帕拉宣言,内容包括九条有关发展中内陆国和地理条件不利国权益的原则,其中大部分原则涉及进入海洋的一般权利,最后四条则与海底政治直接有关。关于国际海底制度,宣言国明确提出一项政治要求,即内陆国和地理条件不利国在国际海底机构的一切部门中都应有符合比例的代表名额;在大陆架和经济区问题上,宣言国采取了与海委会内十个内陆国和地理条件不利国相类似的立场,即要求让非沿海国家对经济区和大陆架的资源享有平等的权利。

1973 年 12 月 3 日至 15 日,作为海洋法会议第一期会议的组织会议在纽约举行,从而拉开了第三次联合国海洋法会议的序幕。会议的主要任务是选举各种实质性会议的官员和确定这些会议的议事程序规则,即确定组织、程序以及议事规则。其中议事程序的中心问题是如何执行联大 1973 年 11 月 16 日通过的君子协定,这个协定的关键部分规定:"在实质性问题上,会议应尽一切努力通过协商一致来达成协议;只有当一切协商努力均告失败以后方得就此类问题进行表决"。① 因此,必须制定出明确的规则,规定何种情况属于一切协商努力均告失败,以及在无法协商一致时应采取何种表决方式。一些主要发达国家进行了狂热的活动来维护一种能够挫败发展中国家的表决多数和保持少数国利益的对君子协定的解释。它们要求议事程序应尽可能推迟表决;即使非进行表决不可,也应该采取绝大多数同意才能通过决议的方式。到了会议的最后时刻,终于在加拿大一项提案的基础上达成了妥协,该提案规定在两次会议的间隔时间里就程序问题进行非正式协商,并利用加拉加斯会期的第一周进行最后的讨论。以作出这样一个尚无定论的决定宣言结束的纽约会议又一次证明,强大的表决力量一旦与在讨论的问题上握有实力的国家短兵相接时,就显示出其虚弱无能。结果,加拉加斯会议在一周的期限届满前协商一致地通过了议事规则。这一议事规则,再加上君子协定以及人们普遍认识到任何公约都必须得到广泛支持,预示着海洋法会议的工作将主要依靠协商一致来进行。这些规则的通过有力压制了发展中国家的表决力量,也为发达国家的要挟提供了依据。这就事先确定了,海洋法会议必然穷于协调无数国家集团的利益,只能挣扎着蹒跚而前。这一议事规则必然导致两种风险:一是会议可能迟迟难以达成协议;二是即使达成协议,其内容也将非常含糊,无从为新的海洋法提供牢固的基础。

三、1974 年的加拉加斯会议

加拉加斯会议于 1974 年 6 月召开。此次会议的大部分时间用来弥补海委会筹备工作的缺陷,根本没有制定任何一致同意的条款草案。除了达成议事规则的协议外,会议还完成了若干对实质性问题进展关系重大的其它任务。首先,会议批准了原先不属于海委会成员的将近五十个国家参加磋商;其次,会议对某些关键问题规定了较精确的定义,从而使人们更加明确需要磋商的内容;第三,会议为许多关键问题上更加广泛的结盟提供了广

---

① 见联合国文件第 A ／ CONF·62 ／ 30 ／ Rev.1 号,第 18 页。

阔的天地,结果在一定程度上减少了候选方案,把二百海里定为经济区界限的问题就是如此,这是本次会议取得的重大成果之一。

加拉加斯会议关于大陆架问题的辩论仍然集中于关于界限和界限范围内权利的各种候选方案。在加拉加斯会议上,大陆架问题与水域问题联系依然紧密,各国依旧划分为领海、承袭海和经济区三大派。但是这次会议几乎一致同意以二百海里为国家对水域管辖权的界限。这种情况说明国家管辖区域与国际管辖区域之间的疆界问题比任何时候更接近于解决。随着界限问题分歧的缩小,界限内权利问题就变得更为重要。内陆国和地理条件不利国提出了一项旨在打破沿海国对经济区垄断的提案。绝大多数国家都赞成内陆国和地理条件不利国分享渔业资源,但坚决反对分享大陆架资源。关于如何补偿内陆国和地理条件不利国的问题似乎也将得到解决。

加拉加斯会议关于国际海底制度和机构问题的辩论最初只是重申早已泾渭分明的业务性与执照性这两种对立的主张。但随后打破僵局,转向有密切联系而内容又比较具体的关于勘探和开发的规则和条件问题。七十七国集团最先开始行动,草拟了一个能够代表该集团总的立场的妥协草案。该草案反映了发展中国家要求管理局掌握最大权利和最高权力的强烈愿望,同时也留出足够余地,以便与发达国家进行有意义的磋商。美国则提出一份关于开发条件的各种建议的正式文件,从而推动欧共体和日本就这个问题提出各自的提案。发达国家与发展中国家两大集团对开发条件持不同的主张。发达国家主张首先规定条件,只要符合这些条件,任何愿意从事开发活动的实体便可以分得特定的权利和义务。这种制度几乎把所有主动权交给开发实体(即技术先进国家及其公司),海底管理局将主要是一个消极性的监督机构。发展中国家则强调对管理局的权利和权力作出规定,它们希望管理局事实上掌握全部主动权。总之,这四份有关开发条件的案文清楚地表明,发展中国家仍然惧怕发达国家利用其技术来掠夺共同遗产,而技术先进国家则担心一个由七十七国集团控制的管理局将阻挠他们从海底获得矿物供应。发展中国家对规定技术细节十分反感,而发达国家则坚持协议包括技术问题才能取得稳固的谅解。

　　加拉加斯会议在讨论期间还产生了三个新增加的问题:其一是公海捕鱼问题。十四个发展中国家在会议上宣布赞成任何形式的加强对公海捕鱼的国际控制办法,其中有的国家还建议把这种控制权赋予国际海底管理局。美国、苏联等七个国家强烈反对任何把国际管理局的权力扩大到水域的办法,它们主要关心的是保证自己海军活动的绝对自由,尽管也有渔业方面的考虑。其二是岛屿制度。如果把二百海里区适用于海洋的任何岩石和岩礁,就将有大片海底和上覆水域归属于群岛国或者岛屿拥有国。分歧主要以各国的地理情况为分野。总体而言,这种发展趋势必将破坏七十七国集团所向往的那种管理局的权力。其三是技术转让问题。随着国际海底区域提供收益的前景日益暗淡,发展中国家从共同遗产中可能获得的最重要利益将是技术,因而提出了勘探开发国际区域的技术转让要求。但是西方的矿业公司当然很不愿意把自己专有的情报资料公开。

　　在加拉加斯会议上,各个磋商集团在组成、力量和活动水平方面的变化,几乎与政策结盟状况的变化同样重要。七十七国集团的地位比在海委会时要强大,该集团克服了内部分歧,以整个集团的名义提出了有关第九条和开发条件两个文件,同时在达成关于科学研究的协议方面也取得重大进展;拉美集团及其小集团的作用不如其在海委会时那么突出,对多数拉美国家来说,七十七国集团才是提案活动的首要中心;非洲集团和阿拉伯集团比在海委会时更为活跃,尽管七十七国集团仍然是这两个集团多数成员国提案活动的中心,但是非洲集团一共发起了两项提案,阿拉伯集团也发起了一项提案;亚洲国家仍然没有形成集团,它们一如既往忠于七十七国集团,同时积极进行单独活动,并且与特定问题结盟集团共同发起提案;在发达国家中,苏联集团仍然是其成员国开展活动的重要中心,欧共体则第一次以积极竞争者姿态出现,美国代表团虽然以单独发起提案为主,但也参加了特定问题结盟集团发起的两项提案,其大部分磋商活动是通过双边接触进行的;特定问题结盟集团的力量总的来说是减弱了,尽管出现了许多短暂的临时性特定问题结盟集团,但能共同发起提案的寥寥无几,其中内陆国和地理条件不利国集团显得比海委会时步调一致得多,共发起了三项提案,但其力量基础根本的脆弱性以及它完全依赖国际磋商才能发挥其影响的弱点依然存在,会议的主要趋势不利于这个集团,其前景凶多吉少;沿海国集团的许多政策目标,特别是关于经济区、大陆边和群岛方面的政策目标,在这次会议上更接近于实现,因而事实上已不再是会议的一个积极竞争者,尽管如此,沿海国之间在政策的许多方面存在严重分歧。加拉加斯会议上集团发展最重要的事实是"会议利益集团"的崛起,其宗旨是在会前就一些关键性问题找到妥协主张。这类集团有两个:一个是处理如何解决各种争端这一特殊而关键问题,成员包括美国在内的大约三十个,既有发达国家,也有发展中国家,既有沿海国,也有内陆国,该集团在会议结束时提出一项关于解决争端的决议草案;一个是由挪威人詹斯·埃文森负责召集,其成员包括所有海洋大国、发达国家、发展中国家中的大多数主要沿海国、沿海国集团中的许多带头国家,最多达到二十六个国家。其目的是设法带头讨价还价和寻求妥协。上述"会议利益集团"的出现,表明了磋商过程中除对抗以外,也同时发展着另一种工作方法 即合作。

　　加拉加斯会议结束时 海洋法会议达到一个重要的心理转折点。由于该会议没有取得实质性进展,人们的注意力便全部转向日内瓦会议。海委会准备工作中的缺陷大部分在会议上得到纠正,磋商程序上的障碍已不存在,各种问题和主张得到澄清,又出现了作为妥协论坛的埃文森集团,所以,一切都有助于磋商进入有成果的讨价还价阶段。整个加拉加斯会议清楚表明,海洋法会议无法克服进展缓慢的特点,除非在日内瓦会议上事态发生根本变化,否则会议很可能无法按期完成任务。

四、1975 年的日内瓦会议

　　人们普遍认为加拉加斯会议并不是一次失败,各国政府也都决心支持会议,认为这是制定新的国际海洋法的最好途径。当代表们 1975 年 3 月在日内瓦再度聚会时,可以大致按照加拉加斯会议结束时遗留的情况继续工作。

　　日内瓦会议的主要任务是商议出一些一致的条款草案,这些条款草案将组成一个单一的谈判案文,以代替加拉加斯会议留下的为数众多的候选案文。因此方法问题十分重要。日内瓦会议形成的工作方法是:由主席采取主动就小组讨论中出现的意见分歧草拟一个妥协案文,作为向小组提出的单一协商案文;然后,小组依据主席提出的案文进行讨论,如果仍然不能令人满意,主席再进行修改。这种方式一直进行下去,直到所有成员一致同意某一单一案文草案为止。这种程序的优点是它把拟定妥协方案的主动权交给小组主席,从而使磋商得以克服各国代表不愿放弃自己主张的困难,缺点则是过于缓慢。日内瓦会议的主要成果体现在由两个部分构成的第8号工作文件中。

第8号工作文件第一部分主要涉及国际海底制度和机构问题。日内瓦会议以加拉加斯会议上提出的四个文件加上苏联提出的第五个文件作为工作基础。苏联提出的文件与其它发达国家提出的文件基本相同,主要强调经营人的权利义务,强调国家是与管理局订立合同的单位,但有三个特殊之处:一是允许管理局保留一定比例的海底区域供"以自己的手段"进行开发,这实际上等于把海底划分为两种受不同海底制度管理的区域,一种是由各国按照管理局的章程依据合同进行开发,另一种则由管理局根据其希望和可能,采取任何制度开发;二是强烈关注海底作业不应妨碍海洋的其它用途;三是关于中止经营人权利的规定比其它西方国家的文件更为慷慨。苏联表明态度后,联合经营的主张越来越普遍地被看作解决"由谁开发"的难题的办法。这种把海底划分为国家区和管理局区的主张未能为七十七国集团所接受,尽管如此,小组的主席开始了协商工作,希望能产生一份修改本。由于委员会主席拥有最后决定权,其修改意见写进了第8号工作文件第一部分。

第8号工作文件第一部分还涉及以下内容:关于减少不利于出口金属的发展中国家的经济影响问题,案文写上了减少或避免原则,但是执行这些原则的权力却付诸理事会;关于技术转让问题,管理局只是承担比较笼统的义务,即不损害私人公司的专利秘密,实质上是折衷美苏两国与七十七国集团双方的立场;关于国际海底区域的上覆公海问题,案文明确规定两个区域在法律上的区别,迁就了海洋大国的要求;关于管理局结构问题,案文几乎完全满足美国代表的要求,作为交换,美国同意赋予大会以某些决策权,理事会的结构比较有利于参加开采结核矿的国家;关于理事会的权力问题,案文虽然保留了全体大会是管理局最高机构这样的字句,但却把大部分重要权力和职能赋予理事会,当两者发生分歧时,全体大会无权干预理事会职权范围内的问题。案文规定设立一个权力很大的强制解决争端机构,其中包括一个权力很大的法庭,同时还规定成立一个主要隶属于理事会的企业部。

第 8 号工作文件第二部分主要涉及以下内容:关于大陆架问题,日内瓦会议加强了加拉加斯会议期间就已明确的在大陆边、固定的二百海里和非沿海国观点这三种主张之间作出妥协的趋势,采纳了二百海里加大陆边的公式,而没有包含划定大陆边外缘的规定;与管理局分享二百海里以外的大陆边以及与非沿海国家分享经济区的渔业资源等两点关键性妥协都取得了重大进展,但是根本不提与非沿海国分享大陆架资源的问题;公海捕鱼问题没有引起重大争论,因为发展中国家意识到,如果在这个问题上坚持下去,势必得不偿失;岛屿制度问题在日内瓦会议上没有引起讨论,仍然是未来各届会议的一个难题,但明确拒绝赋予不适于人类居住或者本身无法维持经济生活的岛屿以拥有经济区和大陆架的权利,从而大大有助于海底管理局对资源的垄断。

日内瓦会议的格局仍然是发达国家与发展中国家两级对立,但双方严格的阵线已开始消失。发达国家中欧共体集团分崩离析,唯一保持活跃状态的地区集团是苏联集团,但一些发展中国家有可能把苏联从发达国家中争取过来,因为苏联有其自己的利害关系。七十七国集团在会议上继续保持着作为发展中国家的强大象征地位,但不如加拉加斯会议时那样团结,因为内陆国和地理条件不利国径自提出不同的提案,而且在联合经营这类问题上与这个集团有着明显的意见分歧。结盟上的这种松动可能会使采取中间立场的国家得到加强,从而有利于磋商。与此相呼应,七十七国集团内部的各个地区集团,如非洲集团、拉美集团和阿拉伯集团的作用也就降低了。

随着地区集团相对沉默,特定问题结盟集团就比较活跃:沿海国集团仍然是一个联系的场所,但很少举行会议;主张领土制的集团经常举行会议,由于其主张代表最极端的沿海国的观点,与会议寻求妥协的基本目的是背道而驰的;内陆国和地理条件不利国集团是特定问题结盟中最庞大和最活跃的一个,但其地位有所削弱,原因在于其自身存在一个根本弱点,即成员国毫无单方面选择的余地。此外,以下五个因素削弱这个集团的力量,一是七十七国集团采取一系列措施吸引背离这个集团的内陆国和地理条件不利国,二是在通过权问题上,这个集团划分为内陆国派和非内陆国派,只有内陆国非常关心通过权,三是主要的沿海国和海洋国并不把内陆国和地理条件不利国当成会议的一个重要集团来看待,看成是会议的一个潜在的破坏因素,四是该集团对单一协商案文的起草明显缺乏影响,五是该集团的地位由于日内瓦会议没有成果以及国际磋商势头的减弱而消失。到日内瓦会议结束时该集团不再成为海洋政治的一股力量,唯一取得的胜利就是,大陆边国家可能接受关于让这些国家分享二百海里以外区域的收益的妥协方案。

埃文森集团是力促会议成功的集团,集团本身无疑是日内瓦会议上关键性的磋商场所之一,其地位可以与七十七国集团并列。对埃文森集团的看法接近于按发达国家和发展中国家来划分,前者经常强调这个集团的重要性,后者注意的则是其错误和弱点。该集团拟定草案所采取的方法对单一案文的草拟有很大影响。到日内瓦会议结束时,该集团主要职能由那些单一案文接过去了。

日内瓦会议在克服各派各集团在大陆架界限及权利问题上的分歧方面前进了一大步。但整个经济区问题仍然处于不稳定状态,在海峡、科学研究和污染等问题上,进展不大。日内瓦会议结束时,海洋法会议工作显然已经进入一个崭新的而且前景难以预料的阶段。日内瓦会议结论之一就是,需要从海洋法会议的角度出发来重新估价整个单方面行动问题,即会议对沿海国单方面权利主张问题在看法上有了重大变化,主要原因是:一是会议取消了1975年期限,同时又不想另定一个稍后的期限来代替它,这就大大削弱了会议制止采取单方面行动的能力;二是那些可能提出的权利主张与磋商的内容的关系已经发生变化了。两次会议就渔业问题达成协议方面取得的进展,为各国提供了一个将其行动与之联系起来的牢固的格局。由于大多数发展中国家表示愿意严格遵守会议的安排,二百海里领海的权利主张不大可能变成一股潮流,而且,大多数重要的发展中的沿海国都已对十二海里以外的渔业提出了权利主张,再出现提出渔业权利主张的潮流已不大可能。

五、1976 年的两次纽约会议

海洋法会议第三次实质性会议于 1976 年 3 月 15 日至 5 月 7 日在纽约举行。纽约会议大大缩小了纯二百海里派与二百海里加大陆边派之间的分歧。围绕二百海里以外的大陆边问题所形成的紧张局面有所缓和,部分因为内陆国与地理条件不利国对大陆架提出权利要求的呼声减弱了。大陆边国家还是维持它们关于允许分享二百海里以外大陆边的妥协方案,不过,澳大利亚和阿根廷对此依然持保留态度,美国则提出一项关于分享方式的强硬提案。尽管该方案没有正式讨论,但是得到接受分享原则的其它大陆边国家的普遍赞同。大陆边国家还在大陆边外缘的定义问题上达成协议,这一协议以一个日内瓦草案的重大修改本为基础,其中包括一项关于确定沿海国对大陆基管辖权的确刃界限的公式。按照这个公式,沿海国只能对沉积物的厚度不低于到大陆坡底部距离百分之一的大陆基主张权利。实行这个公式的结果,将是把大陆基中最有价值的区域赋予大陆边国家。关于允许非沿海国分享经济区渔业利益问题上的交易,却变成争论的焦点。非沿海国不满意单一协商案文中的有关条款,而沿海国多数反对讨论具体的分享办法。

总体而言,会议进展非常顺利。日内瓦会议提出的单一协商案文没有遭到任何反对,代表们把纽约会议的全部时间用在修改这些案文,使其能把许多重大妥协包括在内。这主要有三个原因:七十七国集团所起的意识形态方面的领导作用大大削弱;美国在结核矿开采问题上采取单方面行动的威胁更大;七十七国集团开始分裂,包括若干以陆地为基地的金属生产国在内的庞大的拉美和亚洲国家集团正准备与技术先进国家进行交易。会议的第七周结束的时候,修改单一协商案文的工作接近完成。该案文大部分以技术先进国家与七十七国集团中的温和派国家的妥协为基础,整个来说有利于技术先进国家。

1976年8月2日至9月10日在纽约举行海洋法会议第四次实质性会议。会议仍按正常的协商一致原则进行工作。修改后的单一协商案文所规定的海洋法基本结构与原来的是一样的。其中有两组问题比较突出:第一组问题涉及到有关深海底矿物资源开发的国际制度和机构问题;第二组问题涉及到有关二百海里经济区的一些尚未解决的问题:即这个区域的法律地位问题、内陆国和地理条件不利国进入其邻国经济区捕鱼问题、超过二百海里的大陆边的一些有关问题、这个区域的科学研究问题、相向或毗邻国家间的划界问题以及适用于第三方参与解决的有关这个区域争端的程序问题。

深海底国际制度的中心问题是如何通过协议建立起一个新的国际机构,但是这一部分磋商工作事实上成了缔结一项从全球性多边磋商看来对国际法的一般发展具有重大影响的条约的重大障碍。而经济区则是国际法领域内的一次激进的试验。从概念上说,经济区可以被看作毗连区和大陆架的扩展。但是从实际上看,这是解决如何抉择海洋封闭主义与海洋自由主义这一长期难题的一种完全崭新的方法。以勘探、开发、保护和管理该区域的自然资源唯一目的的主权权利就是一个崭新的概念。修改后的单一协商案文明确规定了沿海国对经济区所享有的权利。

六、1977年的纽约会议

海洋法会议第六期会议于1977年5月23日至7月15日在纽约举行。这一期会议结束几天之后,大会主席发布了一个新的综合协商案文,把原先各案文的全部条款纳入一个综合的条约草案,并且作了一些重大的实质性的修改。第一,会议接受了以下三项主要的"已通行的"制度,即领海和毗连区制度、大陆架制度和公海制度。会议主席解决了上述各项制度的地理范围问题,使保持适用公海自由制的区域至少缩小了三分之一。第二,会议规定可以不受阻碍地通过、飞跃和潜越用于国际航行、连接沿海国"领有"水域以外的各点的航道,即使这些航道是在沿海国内水、领海或者群岛水域的延伸范围内。这就推翻了原来的一个概念,即这类延伸只要是合法的便自动使其它国家必须遵守无害通过原则并受有关沿海国的权力管辖。第三,会议通过建立二百海里经济区和规定沿海国对二百海里以外的大陆边拥有管辖权而正式把海洋中最重要的经济权利划归沿海国,但是又设法把其它不涉及资源的用途(例如航行)脱离这一划分的效力,使各国仍然保留这种使用权。会议要求最恰当地利用经济区的渔业资源,并就分享开发二百海里以外大陆边矿物资源所得的收益作了规定。第四,会议以坚定无疑的步伐迈入国际环境法领域,并就国际环境法的执行制定了新的义务和明确的规则。第五,会议力求从陆上发展中国家所赞赏的努力发展自然资源的做法中得到某种"幻象",使这些国家尽可能在深海底制度中获得意识形态方面的利益。其结果是:既没有明确肯定陆上国家实际上能得到什么,也没有明确指出陆上国家究竟赞成什么样模式的深海底条约。第六,这次会议设法把第三方参与解决争端的具有约束力的综合条款列为条约的一个不可分割的部分,而不是把它作为一项选择性的议定书。

于是,国际海洋法律制度的主要框架基本得以确定。随后的联合国海洋法会议主要是如何进一步完善的问题了。

七、会议后期主要争议问题

1977 年纽约会议后海洋法会议主要涉及到以下引起巨大争议的问题。

其一,无害通过问题。如从 1978 年的第七期会议开始,包括中国在内的一些国家不断联合提案,要求外国军舰在通过领海前应事先通知该国或经该国允许。支持这个主张的国家后来有 30 多个,反对的有 20 多个。但在谈判中,"无害通过"一直没有从草案中去除。到 1982 年第十一期会议,中国等近 30 个国家进行了最后的努力,要求沿海国可以自己制定法律、规章,管理无害通过其领海的船只。结果,有 46 个国家支持这个修正案,30 多个国家反对。这时已到谈判最后阶段,如果这一分歧不能得到有效弥合就会导致《公约》流产。这是因为按照程序,如果没能"协商一致",则将表决。而海洋大国很可能在表决中失败,然后拒绝签署整个《公约》。大会主席为避免会议分裂,一再呼吁不要进行表决,并亲自邀请中国等提案国代表与美苏代表协商。最后的结果是:既没有规定军舰通过他国领海时必须事先通知或得到批准,也没有禁止沿海国制定法律进行管理。换言之,各国可在这一问题上自行其是。

其二,专属经济区与大陆架划界问题。与200海里专属经济区一样,大陆架概念也得到了承认。但是,相邻或相向国家间专属经济区和大陆架的划界标准,并没有明确解决。换言之,如果两个国家之间距离小于400海里,就必然存在专属经济区划界的问题。在这个问题上存在两个集团:日本、印度尼西亚等23个国家共同提案采取"中间线"原则,它曾被之前的大陆架公约所采用,加上持支持态度的共有30多个国家。这些国家大多是大陆架延伸不够理想的国家。而中国等29个国家共同提案采取"公平原则",认为中间线、等距线等只是划界方法,主要根据公平原则协议解决。支持这个主张的有50多个国家。中国是大陆架延伸原则的拥护者,在大陆架问题上主张:大陆架外部范围不应界定为固定数字,而是按照地貌和地质标准确定。当时中国代表团曾提出建议:大陆架的具体构成应更加灵活,从"大陆边包括陆架、陆坡、陆基",改为"大陆边一般地包括陆架、陆坡、陆基"。这个建议得到了一些国家的好评,但没能充分讨论。在第九期会议后期和1981年第十期会议前期,两个集团各推选10个国家就划界标准直接辩论。辩论的结果是,除了争取一些中立国家,谁也无法说服谁。而中立国家的态度更多取决于自己的利益关系。于是,大会再次陷入彻底分裂的危险之中。最终,新的折中方案提了出来:既没有直接提到中间线和等距线,也以"以便得到公平解决"替代了"公平原则"的明确说法。不过,对专属经济区和大陆架内他国军事活动的规定,并未写入《公约》。

同样折中模糊的还有国际海峡的通行问题——《公约》既规定海峡沿岸国拥有主权和管辖权,又规定所有船舶和飞机享有"过境通行"的权利。

八、会议产生的最终成果

1982 年 12 月,第三次联合国海洋法会议终于在牙买加的蒙特哥湾落幕。第三次联合国海洋法会议从 1973 年 12 月 3 日到 1982 年 12 月 10 日《联合国海洋法公约》签字,持续了九年的时间,先后召开了十一期十六次会议,创造了以往国际关系史上参加国最多、规模最大、时间最长的三个之"最",同时也是国际法编纂史上所拟公约条文最多的一次。先后参加会议的就有一百六十七个国家的代表团,此外还有包括国际组织、民族解放组织、未独立领土在内的五十多个单位的代表作为观察员出席了会议。中国代表团自始至终参加了第三次联合国海洋法会议的各期会议。

作为人类历史上最漫长的国际多边谈判,在 12 月 10 日会议收尾这天,通过了拥有十七个部分、三百二十条款项以及九个附件的庞大海洋法体系。这就是第三届联合国海洋法会议的最终成果《联合国海洋法公约》。这部联合国海洋法,是人类历史上迄今为止最为全面、最为完整的海洋法典,包括诸如领海、毗连区、大陆架、专属经济区、国际海底(即区域)、公海、群岛制度、岛屿制度、海洋环境保护、海洋科学研究以及发生争端的解决方法等等一系列有关海洋的法律制度,从而确定了现代国际海洋法律秩序。这部海洋法典是主权国家准确把握本国海洋利益的基础上通过积极主动的行为战略共同协商谈判的结果,可以说是全人类共同智慧的结晶。

根据该公约,沿海国家拥有的海洋权益具有明确的层次性:

第一层次:沿海国在内水和领海海域(及其上空、海床和底土)享有国家主权,性质上是主权管辖。领海的范围自领海基线以外十二海里。沿海国家有权制定和执行外国船舶无害通过本国领海的法律。

第二层次:沿海国有权在毗连区海域享有对某些特定事项的管制权(the right of control)。毗连区的范围自领海以外十二海里。管制权表现在:防止在其领土或领海内违反其海关、财政、移民或卫生的法律和规章;惩治在其领土和领海内违反上述法律和规章的行为。

第三层次:沿海国在专属经济区享有主权权利(sovereign right)、管辖权(jurisdiction)。专属经济区的范围自领海基线以外200海里。主权权利包括:勘探、开发、养护、管理由上覆水域至底土的自然资源为目的的主权权利,以及利用海水、海流、风力生产能等的主权权利。特定事项管辖权包括:人工岛屿、设施、结构的建造和使用;海洋科学研究;海洋环境保护和保全。不仅如此,沿海国在大陆架享有针对附着其上的自然资源的专属性主权权利。大陆架的范围:不足200海里延伸至200海里,最远可以延伸至350海里。

第四层次:国家管辖海域范围外的海洋权利。完整意义上的海洋权利,既包括国家管辖海域范围内的海洋权利,也包括国家管辖海域范围之外的、被国际法所认可的海洋权利,这种海洋权利无论是沿海国还是内陆国都享有。其权利内容包括两个方面:其一,一国自然人、法人、船舶或其活动在公海和别国管辖海域所享有的权利和利益;其二,公海资源勘探、开发和收入分配等都含有国家利益的内容,这被称为准主权国际海底矿区。如1996年3月以后,依照国际海底管理委员会的规定,我国通过先驱投资者的权益,在太平洋中部拥有一块面积为7.5万平方公里的多金属结核的准主权海底矿区,专业上称为"开辟区",从而使我国享有在国际海底区域的先驱投资者权利;又如在中国政府的担保下,中国大洋协会于2010年5月向国际海底管理局提出国际海底区域多金属硫化物勘探区申请。国际海底管理局理事会于2011年7月核准了上述申请,中国大洋协会在位于西南印度洋的国际海底区域内,获得1万平方公里勘探矿区。根据有关规定,中国大洋协会将与国际海底管理局签署勘探合同,在合同有效期内,中国大洋协会在上述矿区对多金属硫化物资源享有专属勘探权,并在未来开发该项资源时享有优先开采权。

海域可以表述为海洋的一定范围,是由一定范围内的海面、水体、海床及其底土所构成的立体空间。海域首先是作为地理海域而存在的,是指自然存在的海洋的所有组成部分。人类海洋权利的历程就是逐步将部分地理海域纳入主权国家管辖之下的历程,从而将部分地理海域转化为主权海域。主权海域是指沿海国家依据国际法对其拥有主权的海域。根据1982年的

《联合国海洋法公约》，依据法律地位的不同，海洋可划分为内水、领海、毗连区、群岛水域、专属经济区、大陆架、公海、国际海底区域、用于国际航行的海峡等。换言之，《公约》赋予沿海国家海洋权利所具有的层次性明确将海域划分为沿海国家管辖范围之内的海域（即主权海域）和沿海国家管辖范围之外的海域（即公海）。就沿海国家管辖范围之内的海域而言，根据是否拥有完全主权，可以将主权海域进一步区分为完全主权海域和不完全主权海域。沿海国对于完全主权海域，除对外国船只的无害通过负有容忍义务外，享有与领土相同的权利。完全主权海域一般仅指内水和领海。不完全主权海域，是指沿海国拥有海域的部分管辖权和资源主权的毗连区、专属经济区和大陆架。于是，沿海国家对于管辖范围之内的海域明确拥有主权、管制权、主权权利和管辖权，这些权力具有明确的国际法依据和法律内涵，从而确认了沿海国家对于其管辖海域实施海洋行政管理的范围界限及法律依据。

第五章 国家自主性与海洋权益

第一节 海洋法公约对传统国家理论的影响

《联合国海洋法公约》是一个完整的体系,其内容包括有新的概念,创建了新的法律,建立了新的制度。《公约》包含有大量最富革新精神的内容。通过对这些内容的分析,可以体现出对传统国家理论产生了巨大的影响。

一、专属经济区及其主权权利制度

"专属经济区"是《公约》最富有创造性的概念,主要是发展中国家的贡献。追根溯源,这一概念首先出现在1952年的圣地亚哥声明和1970年的蒙得维的亚和利马声明中,拉美国家称之为"承袭海"。在非洲,肯尼亚以"专属经济区"这一名称改进了这个概念,首次在雅温得采用,然后,在1972年由亚非法律咨询委员会使用。专属经济区有效增加了沿海国家的资源基地,为总计差不多4000万平方海里的海洋空间的管理提供了一个框架。专属经济区是一个综合的开发区域,包括海洋空间和资源的所有利用,并且考虑到了各种利用之间的相互影响以及海洋问题的相互依赖性。同时,专属经济区有效促进科学技术的发展,因为如果没有科学技术能力,沿海国家就不能享受到因获得专属经济区而自然增长的利益。

沿海国家对于专属经济区所享有的主权权利事实上对传统的国家主权观念产生了直接的冲击。主权有国内的一面和国外的一面:在国内,是统治者对于被统治者施加的主权;在国外,是相对于其它国家而言的国家主权。十六世纪的布丹使用内部主权这一概念保卫了法国国王凌驾于反叛的封建贵族之上的权力,随后,通过 1648 年的《威斯特伐利亚和平条约》使主权观念得到普遍适用。值得注意的是,主权是个整体的概念,要么你有,要么你没有,不存在中间状态。

然而,国内民主主义和日益密集的国际条约和《公约》网络不久就冲击这一概念。联邦主义提出了"共享主权"理论,其中,利昂·迪吉、雨果·克拉伯和哈罗德·拉斯基更进一步提出了"多元论主权"理论,由在不同时期可支配政府的政治、经济、社会和宗教团体分享。《联合国海洋法公约》最富有创新性的精神限制、改变和超越了主权概念:一是把和平解决争端作为强制性措施,创建了一个全面的争端解决系统,不是作为一个任择议定书,而是对所有缔约方有约束力;二是对于资源的主权权利,要服从资源保护、环境保护,在某种程度上说,甚至共享的责任;三是在有关环境、资源管理、海洋科学研究和技术开发与转让等事项中承担合作的责任;四是征收资源开发的"国际税",不仅包括在国际区域的资源开发,甚至包括在国家管辖范围内(200 海里以外的陆架区)的资源开发。

《公约》将主权分解为一组权利,其范围从"主权权利"(第六十条)到"专有权"(第八十一条)、'管辖和管理权'(第九十四条),以及共享的"管辖权"第七十九条)。主权权利和共享管辖权处于同一空间(专属经济区、大陆架、群岛水域),使拉斯基的"多元主权"增加了新的内容,而且对于国家和非国家机构,都是同等或几乎是同等对待的。《公约》通篇提到了"国家和主管国际组织",这是"多元论主权"理论的一次应用。非国家机构(法人)、甚至个人在国际海洋法庭(海底争端分庭)上均有一定的地位。像欧洲联盟那样的非国家机构,都是《公约》缔约方和国际法主体。

二、人类共同继承财产原则及其国际海底管理制度

在国际法中,作为人类活动领域的外部空间概念可以说是人类的共同继承财产概念的"先驱"。不过,使普通观点适合特定情况,赋予其法律的

和经济的内容,并按照国际法予以系统阐述,则是帕多的功劳。他指出,到现在为止,处理海洋空间有两种方式,即公海自由和海洋占用。后者划分了沿海国家整个海或洋,形成"国家湖泊主义"。他坚持认为,这两者都不可能妥善处理过度捕捞和海洋环境的污染问题。其中任何一种方式都不可避免地导致武装冲突。他指出,需要一种新的处理问题的原则,以避免无控制的自由和国家竞争和占用的危险。这就是人类的共同继承财产原则。根据该原则,人类的共同继承财产不能被任何国家或法人或自然人据为己有,它并非财产,罗马法律中"所有者利用和滥用他们财产的权利"的原则在这里是不适用的;与一般的有关"共享权"——即导致"公地权悲剧"的缺乏管理——的情况形成对照的是,人类的共同继承财产概念,其含义就是指通过一个代表全人类的管理机构来进行管理。这一机构就是国际海底管理局。这一原则纳入《公约》的不同条款中,但主要体现为《公约》第一三七条的规定:(1)任何国家不应对人类的共同继承财产"区域"的任何部分或其资源主张或行使主权或主权权利,任何国家或自然人或法人也不应该将"区域"或其资源的任何部分据为己有。任何这种主权和主权权利的主张或行使,或这种据为己有的行为,均应不予承认;(2)对"区域"内资源的一切权利属于全人类,由管理局代表全人类行使。

国际海底管理局是人类的共同继承财产原则第一次在制度上的体现,它创办了经济上本身多产而且能创国际收入的一种新型的国际组织。它引入了"国际税收"原则,不仅对于国际区域的活动,甚至对于在国际管辖范围(200海里专属经济区界限以外的大陆缘)区域内的活动实行征税。国际海底管理局依据三个原则实施管理:第一,利益共享,特别考虑发展中国家的需要;第二,只用于和平目的;第三,为了子孙后代而进行环境保护和资源保护。这样定义的人类的共同继承财产概念有发展的方面,它必须为了全人类的利益而发展;它还有环境的方面,为了子孙后代而必须保护资源和环境;此外,就其只用于和平目的的原则而言,它还有消除冲突的一面。三者结合起来,就使其成为可持续发展的最有效的基础。必须强调指出的是,由于传统的海权理论中并不存在的环境保护等内容,因此《公约》就环境保护和资源保护原则所达成共识至今仍然是其正面效应最为明显的部分。

　　实际上,人们可能甚至主张上述条款就是把主权权利给与全人类,并使之成为国际法主体,也就是最终超越了"主权国家"的概念。换言之,人类共同继承财产原则在经济上超越了传统的"所有权"概念,作为国际法的一项原则超越了十六世纪以来的"主权"概念,它不仅承认国家,而且也承认自然人、法人乃至整个人类是地球资源、环境的"管理员"和"国际法"的主体。质言之,《公约》通过人类的共同继承财产概念(非主权、非所有权概念)超越主权概念。

三、海洋科学研究及其技术合作制度

　　《联合国海洋法公约》第十三部分确立了海洋科学研究的新制度,《公约》的其它条款则作了一定的补充。《公约》的三百二十个条款中,几乎有一百个条款或者说几乎有三分之一的条款均以种种方式涉及到海洋科学。第三届联合国海洋法会议充分意识到海洋科学对海洋空间及其资源合理管理的极端重要性。所有海洋空间及其资源的利用皆依赖于海洋科学研究。科学对于现代工业、对于和平与裁军、对于环境与保护、实际上对于全部现代生活都极其重要。不仅如此,海洋科学研究的新制度有着另外的意义,即它引入的关键概念之一是"合作",这种合作不仅仅听任国家的良好意愿,而且是必须遵从的。《公约》明确规定,国家"必须"合作,而非"应该"合作。与此同时,这种合作还得到了公共机构的支持,由主管国际机构批准的研究项目都给予优先安排,这种国际机构包括联合国教科文组织的政府间海委会或国际海底管理局。对于研究项目,如果某个沿海国家是批准研究项目的国际机构的成员,而且在批准时没有反对,那么这个研究项目不需要经过该沿海国家的明确许可。这项规定有利于增强研究的国际化。这种由发展中国家作为平等伙伴参加的真正的海洋科学研究国际化显然有利于发展中国家。

　　海洋科学的直接应用于海洋技术的发展、海洋产业的加强和多样化展示了惊人的景象。第三届联合国海洋法会议充分认识到了这些联系,《公

约》的整个十四部分技术合作与开发这一主题上。技术合作与开发应该在
三个层次上进行:首先,最为重要的是必须加强国家科技基础,如果没有这
种基础,国际合作就是虚幻的。对于发展中国家而言,必须认识到科技是解
决基本问题的前提,是先决条件,今天经济增长的大约85%不是靠物质的
投入,而是依赖于科学技术的发展,因此,发展中国家必须根本转变对于科
学技术的态度。基于此,发展中国家应该将教育的预算经费中相当大的一
部分用于基础研究、应用研究与开发,只有在这种基础上,国际合作才可能
有成效。技术合作与开发的第二个层次是在区域一级。《公约》已授权建
立海洋科学技术进步区域中心而且对其功能予以描述。《公约》描述的这
种区域中心,可以设想为加强联合技术开发方面的南南合作和南北合作系
统,它们可以在区域海洋计划的框架内得到发展。技术合作与开发的第三
个层次是在全球一级。联合国工业发展组织应该得到加强,随着《公约》的
生效,国际海底管理局必将成为海洋技术国际化与联合开发的一个全球性
的新框架。

四、公海用于和平目的及其和平解决争端原则

只用于和平目的的概念既涉及到人类的共同继承财产原则,也涉及到
海洋科学研究专用于和平目的原则。《联合国海洋法公约》提出公海只用
于和平目的,这比1958年的《公海公约》向前迈进了一步。《公约》第三零
一条较为宽泛地解释了"海洋的和平利用"概念,这个概念具有极强的创新
性:它可能会作为区域海洋或整个海洋非核化的或者将海洋指定为和平区
的法律依据而得到发展,从而加强军事和环境安全;它可以为和平目的的区
域海军合作,如监测和监视、减灾、救援、减少海盗行为和贩毒活动等提供法
律依据;它还可以促进联合国维持和平系统海军部分的建立。

基于海洋和平利用的目的,和平解决争端必将成为解决争端的基本原
则。人们普遍认为,争端解决系统是《联合国海洋法公约》最大成就之一,
是各国一致认同的最全面、最有约束力、却又有灵活性的系统,该系统的最
大特点是《公约》缔约国家自觉接受和平解决争端的义务。1958年《日内瓦

公约》中的"任择议定书"成为《联合国海洋法公约》具有约束力的组成部分,标志着国际法的发展向前迈进了一大步。各国可自由选择争端解决办法,如果能够通过协商或调解达到政治解决争端,他们有权这样做。如果不存在这种解决的可能,他们必须选择以下四种方式之一:仲裁、海牙国际法庭、汉堡海洋法国际法庭,以及特别仲裁。免于对各方和平解决争端实行仲裁的例外极少,《公约》第二九八条规定了例外情况,这可能会被理解为对主权概念的让步而存在的系统"漏洞"。当然,随着主权概念的演变,这些系统"漏洞"将最终得到弥补。随着《公约》的签署,国际法院与仲裁庭在解决有关海洋法和海域划界的争端方面起着极为积极的作用。在提交给它们的一些悬而未决的案例中,例如芬兰与丹麦关于大贝尔特海峡上大桥高度的纠纷、几内亚比绍与塞内加尔关于专属经济区内海域划界的争端等,国际法院建议各方协商出一个公平、持久的解决争端的方法,结果使这些争端得到了圆满解决。从这些案例可以看出,防止冲突和缔造和平的目标应保持一定的灵活性。

二战以前世界主要大国用战争手段瓜分了陆地资源,而这次对海洋资源的划分竟然没有通过战争,却通过谈判方式取得共识,基本达成协议。因此,制定《公约》的实践以及《公约》所蕴含的和平解决争端原则部分地改变了海洋文明以来传统的海权理论,即期望在和平框架内通过协商、裁决,而不是通过造舰竞赛和海战来解决海洋争端。

事实上,现代国际海洋法律制度就是主权国家积极主动行为的结果,没有主权国家对于海洋利益的积极争夺,就不会有现代国际海洋法律制度。《联合国海洋法公约》最富有创新精神的上述内容都冲击了传统的国家理论,尤其是冲击了传统的国家主权观念。这就充分表明,由主权国家作为主体通过国际协商谈判的方法制定国际法律制度必然充斥着大量的讨价还价,最终制定出的国际法律制度也必然是相互之间妥协的结果,其后果必然是对国家行为的限制与约束。海洋利益的获取与国家行为的限制就是现代海洋法律制度对于主权国家的基本规范,就是现代海洋法律制度的基本逻辑。这实际上涉及的就是国家自主性问题。

第二节　国家自主性与海洋权益的解读

一、国家自主性的基本内涵

吉登斯将人类曾经存在过的社会体系划分为四种普通类型:地方化的部落文化体系、城邦体系、封建国家体系、大型帝国形态占据主导地位的体系。"绝大多数时期,它们彼此同时存在,而且在社会变迁的过程中,它们还在不同的时空中彼此互相替代",①而现代社会体系则是民族国家形态占居主导地位。自国家产生之后,无论是城邦、封建国家、大型帝国,还是民族国家,在推动国家政治、经济、社会的发展方面,国家都不是一个中立的旁观者,而是一个深深卷入其中的行动者。尽管具体到每个国家而言成就大小不一,成功的有之、徘徊的有之、失败的有之,但无论何种情形,国家所起的作用都是一个重要的解释因素。那么,为什么国家能够成为一个积极的行动者呢? 既然国家作为积极的行动者,为什么会给特定国家的发展带来不一样的结果呢? 上述问题实际上涉及的是国家理论中的一个重大问题,即国家自主性问题。

在马克思主义经典作家那里,实际上已经谈到了国家"自主性"问题。马克思恩格斯一般将"国家相对自主性"称为"国家的相对独立性",②是相对于国家阶级性而提出来的,"是马克思主义国家理论的一个重要组成部分"。③

国内学者关于国家自主性的理解总体而言可以分为三类:一是狭义的理解,认为国家自主性只与统治阶级相关联,强调的是恩格斯所言的国家相对于统治阶级的"凌驾地位",是指国家在特定情况下,有可能摆脱统治阶

---

① ［英］安东尼·吉登斯:《民族—国家与暴力》,胡宗泽等译,三联书店 1998 年版,第 99 页。

② 在现代汉语词典中,"自主"的意思是着自己做主、自己独立做出决定和行动,"自主"意味着"独立"。

③ ［英］密里本德:《马克思主义与政治学》,黄子都译,商务印书馆 1984 年版,第 79 页。

级的控制,实现某种相对独立的目标。如陈炳辉认为"国家具有阶级统治的性质,并非是阶级统治的简单工具,而是具有相对的自主性",[①]即国家具有超越于统治阶级的相对自主性;二是广义的理解,强调的是国家作为社会公共利益的代表,对社会各阶级、阶层、利益集团的超越。如龙佳解认为"国家的相对独立性是指国家作为一种产生于社会而又自居于社会之上的力量,具有自己产生、运行和发展的特殊机制,表现出对社会经济关系、对社会各阶级的关系和国家自身在制度和组织方面的独立性,其中最重要的方面是国家对社会各阶级关系上的独立性"。[②] 孙立平把国家自主性理解为"对社会的超越",国家自主性的程度是指"国家或政府超越于各种社会势力集团的程度"[③];三是最广义的理解,这种理解是在广义理解的基础上,一是增加了主权国家独立于其它主权国家的自主性,这种理解主要集中在关于全球化与国家自主性关系的研究之中。如杨雪冬认为国家自主性是指"国家在行使权力的过程中,不仅有可能相对摆脱包括统治阶级在内的国内各种利益团体的影响和制约,也能够避免国际体系中其它国家的介入和干涉"。[④]

综合上述观点,我们认为"国家一产生,对社会来说就是独立的。这也就是说,独立性是与国家'与生俱来'的特性"。[⑤] 国家自主性理论主要有三个方面的内容构成:国家为什么具有自主性、国家所具有的自主性是相对于什么而言的、国家自主程度的衡量标准是什么。国家自主性由对内自主性与对外自主性两部分组成。就对内自主性而言,国家归根到底来源于社会并作为凌驾于社会之上的公共权力共同决定了国家必然具有相对于社会的自主性,这种自主性是基于对国家所确认的公共利益的追求,因此一切国家

① 陈炳辉:《试析"国家的相对自主性"》,《理论学习月刊》1994 年第 3、4 期,第 32—36 页。

② 龙佳解:《关于国家相对独立性的几个问题》,《湖南大学社会科学学报》1994 年第 2 期,第 11—16 页。

③ 孙立平:《向市场经济过渡过程中的国家自主性问题》,《战略与管理》1996 年第 4 期,第 64—74 页。

④ 杨雪冬:《国家自主与中国发展道路》,《社会科学》2006 年第 3 期,第 127—137 页。

⑤ 王沪宁:《政治的逻辑》,上海人民出版社 2004 年版,第 154 页。

都具有相对自主性;国家所具有的自主性是相对于包括经济上的统治阶级在内的社会一切阶级而言的;国家形式决定了国家相对自主性的程度,一般而言,行政国家比传统的议会至上的国家具有更高程度的自主性,不仅如此,就行政国家而言,不同的国家形式对于行政机关及其官僚所执掌的公共权力的"异化"倾向制约程度也不相同,从而使这些不同形式的行政国家表现出不同程度的自主性。但是无论如何,任何国家都不具有绝对的自主性,因为国家终究要受到社会的制约。就对外自主性而言,主权国家作为国际社会的平等成员决定了国家必然具有超越于其它国家的自主性,这种自主性是基于对国家所确认的国家利益的追求;国家所具有的自主性是相对于国际社会而言的;国家实力的强弱及其封闭程度决定了国家自主性的程度。一般而言,由政治、经济、军事、科技组成的实力强大的国家具有更高程度的自主性,不仅如此,奉行闭关锁国政策的国家也同样具有更高程度的自主性。但是无论如何,任何国家都不具有绝对的对外自主性,因为国家终究要受到国际社会的制约。

二、权益与权利的区别

"权益"一词在英文中的对照翻译为 rights and interests,即权利和利益。《辞海》对"权益"的释义为"依法享有的不容侵犯的权利",如"保护公民的合法权益"。具体运用中"权益"一词通常同法律主体搭配,表示法律主体享有的符合法律规定受法律保护的不容侵犯的权利和利益,比如我国的消费者的权益受《消费者权益保护法》保护,妇女儿童的权益受《妇女儿童权益保护法》保护,劳动者的权益受《劳动者权益保护法》保护等等。权益和权利的区别在于:

其一,权利的主张可能是依据某种推理、道义或者习惯,但是权益一定是依据已有法律而享有的权利与利益的主张,没有法律规定就没有相应的权益。权利的主张也许在现实法律中并未得到认可,故早期启蒙思想家提出了"天赋权利"一说。在欧美法系中,只要法律未明文禁止某种行为,公民就拥有这种行为的法律上的权利。而"权益"一词潜在地表明了其权利与利益主张所拥有的法律依据,这种法律依据可能是国内法也可能是国际法,在涉及国家领土的权益时(如:海洋权益),则是依据由国际法所认定的主权原则。

其二,从内容上讲,"权利"通常强调享有某种选择的自由或资格不受剥夺和侵犯,而"权益"侧重在依据某一原则获得相应利益的权利不受剥夺和侵犯。

此外,与法学意义上的"权益"不同的是,会计学上的"权益"指在企业资产中享有的经济利益,属于所有人的权益叫做所有者权益,属于债权人的权益叫做债权人权益,总称权益。

三、关于海洋权益的解读
(一)海洋权益的一般观点

海洋权益这个词在我国出现的时间并不长。上世纪90年代,我国颁布两部海洋法规,将海洋权益概念引进国家的法律中。此后,海洋权益作为一个崭新的法律概念,开始为人们所关注。

首先,海洋权益属于国家的主权范畴,它是国家领土向海洋延伸形成的权利。或者说,国家在海洋上获得的属于领土主权性质的权利,以及由此延伸或衍生的部分权利。国家在领海区域享有完全排他性的主权权利,这和陆地领土主权性质是完全相同的。在毗连区享有的权利,也属于排他性的,主要有安全、海关、财政、卫生等管辖权。这个权利是由领海主权延伸或衍生过来的权利。在专属经济区和大陆架,享有勘探开发自然资源的主权权利,这是属于专属权利,也可以理解为仅次于主权的"准主权"。另外,还拥有对海洋污染、海洋科学研究、海上人工设施建设的管理权。这可以说是上述"准主权"的再延伸,因为沿海国家是首先在专属经济区和大陆架拥有专属权利之后,才会拥有这些管辖权。

其次,海洋权益是国家在海洋上所获得的利益,或者可以通俗地说是"好处"。当然,利益或"好处"是受国家法律保护的。一般地说,海洋权益的内涵主要有:一是海洋政治权益,如海洋主权、海洋管辖权、海洋管制权等,这是海洋政治权益的核心。二是海洋经济权益,主要包括开发领海、专属经济区、大陆架的资源,发展国家的海洋经济产业等。三是海上安全利益,主要是使海洋成为国家安全的国防屏障,通过外交、军事等手段,防止发生海上军事冲突。四是海洋科学利益,主要是使海洋成为科学实验的基地,以获得对海洋自然规律的认识等。此外,还有海洋文化利益,如海上观光旅游、举办跨海域的文化活动等。

(二) 国内学术界关于海洋权益的不同解读

1992《中华人民共和国领海及毗连区法》第一次在国家法律文件中使用"海洋权益"概念。鹿守本将海洋权益理解为"国家对其邻接的海域及其公海区域,依海域所处的地理位置和历史传统性因素,按照国际、国内法制度、国际惯例、历史主张和国家生存与发展需要享有的不同主权权力和利益要求"。① 这一定义包含三个方面的内容:海洋权益的主体是国家,海洋权益依地理位置而具有相应的层次性,海洋权益的成立和实现需要国际海洋法律制度、国际惯例、国内法和国家公平合理的权益主张、历史传统因素等四个方面的依据。该定义确认了国家享有其邻接海域的海洋权益与公海区域的海洋权益,同时也确认了国家邻接海域的海洋权益构成了国家管辖海域,这是其合理之处,但却忽略了在其它沿海国家邻接的管辖海域也同样存在海洋权益这一事实。

李明春则将海洋权益理解为"国家管辖海域内的权利与利益的总称,权利是指在国家管辖海域内主权、主权权利、管辖权和管制权,利益则是由这些权利派生出来的各种好处、恩惠"②。该定义同样将海洋权益的主体确定为国家,并更加明确了海洋权益依地理位置而具有相应的层次性。不仅如此,该定义将海洋权益解读为:海洋权益 = 海洋 + (权利 + 利益),权益是一个合成词。这种解读是从立法、执法到相关理论研究一脉相承的固定观念和认识。必须指出的是,在汉语里权益是一个单纯词,意指主体"应该享受

---

① 鹿守本:《海洋管理通论》,海洋出版社1997年版,第104页。
② 李明春:《海洋权益与中国崛起》,海洋出版社2007年版,第33页。

的不容侵犯的权利”;权利也是一个单纯词,意指主体“依法行使的权力和享受的利益”,两者反映着一种本质上的法律属性,是一种法律的存在,权利事实上就等于权益。而在英语里,right 既指权益,又指权利,两者是一回事。权利事实上就等于权益。当然,李明春将海洋权益局限于国家管辖海域内,从而对海洋权益作出了最小化理解。

管华诗、王曙光则将海洋权益理解为“各法律关系主体关于海洋方面的权利和利益,即不同法律关系主体在从事海洋科研、开发、管理、使用和保护等各种活动中所拥有的合法权利和利益”①。该定义将海洋权益的主体由国家扩充为涉海活动的各种法律关系主体,这是其特色之处;但是又指出各种法律关系主体所享有的权利是由国家法律赋予的、并由国家强制力作为保障的,因此海洋权益的终极主体仍然是国家。

尽管国内学术界对于海洋权益做出了不同的解读,但都确认了海洋权益与法律相关联,首先与国际海洋法律秩序相关联。如果没有国际海洋法,一国主张的海洋主权、主权权利、管辖权、管制权在很大程度上是自说自话而得不到国际社会的认可和其它国家的尊重。因此国家海洋权益不是由国内立法单方意志所确认的,而是国家将国际海洋法向国内法进行转化的结果,并通过国内执法得以充分、正常、有效的实现.

(三)我们的基本观点

现代国际海洋法律制度的确立经历了一个由海洋霸权到沿海国家平等协商的过程。“海权”概念是海洋霸权时代的产物。“海权”由马汉在《海权论》中明确提出,翻译为“sea power”。这一概念是指一个国家“用来将其军事力量向海洋扩张的手段”,同时也指构成海上力量的具体物质形态,“诸如作战舰只和武器、辅助船只、商船、基地以及训练有素的人员等”。② “海洋权利”翻译为“sea(marine)right”,在这里权利是一个单纯词,其目的是获取海洋利益,即 sea(marine)interests。如果将海洋权益看作合成词,那么

---

① 管华诗、王曙光:《海洋管理概论》,中国海洋大学出版社 2003 年版,第 53 页。
② 《简明不列颠百科全书》,中国大百科全书出版社 1986 年版,第 3652 页。

"海洋权益"就可以被解读为:海洋+(权利+利益),翻译为 sea + right + interests。如果遵循这一逻辑,那么"海权"就可以被解读为:海洋+(权力+利益),翻译为 sea + power + interests,于是"海权"也同样可以被理解为"海洋权益"。这就是"海权"与"海洋权利"的共同之处所在。两者的目的都是 interests。只不过实现的手段不一样而已。其中 power 与 arm 有关,right 与 low 有关。这就是"海权"与"海洋权利"的根本区别所在。

"海洋权力"与"海洋权利"共同致力于对海洋利益的追逐。海洋利益是一个历史范畴,不同历史时期人类获取的海洋利益是不一样的。人类获取海洋利益的能力称为"海洋权能",可以翻译为"sea capability"。海洋权能就是以海洋价值观念为前提和基础,以海洋科学技术为手段,以海洋经济为基本表现形式,从而充分获取海洋利益的能力。因此,海洋权益可以归纳为海洋权能、海洋权力与海洋权利的复合体,即海洋权益=海洋权能+海洋权力+海洋权利+海洋利益,用英语表述为 sea + capability + power + right + interests。从四者的功能上看,海洋权利体现为海洋利益的法律依据,海洋权力体现为海洋利益的维护与保障,海洋权能体现为海洋利益的获取与实现。

从历史上看,以海洋科技及海洋经济为基本内容的海洋权能是海洋权益的起点及其发展演化的基本动力,无论国家形态处于城邦时期、封建国家时期、帝国时期,还是现代民族国家时期都是如此,这是历史不变的法则。一旦国家拥有海洋权能,就需要运用国家力量对其所获取的海洋利益予以维护,以确保国家海洋利益能够得到稳定有效的实现。然而国家处于不同的历史发展阶段,海洋力量的基本手段是不同的,以民族国家为主体形成现代国际体系之前的国家诸形态时期,国家维护海洋利益的主要力量是以海洋军事为基本形式的海洋权力,即海权。在现代国际体系形成之后,国家维护海洋利益的主要力量是以现代国际海洋法律制度为基本形式的海洋权利。现代国际海洋法律制度确认了国家管辖海域范围内外的各种海洋权利。海洋管理就是国家海洋管理机构对由现代国际海洋法律制度确认的国家海上"领土"及其权利所及的国家管辖海域实施有效的管理和控制,这同样构成国家海洋权力,即海权。至于国家对于管辖海域范围以外的海洋利益的维护,仍然主要依靠海洋军事,这对于具有全球影响力的海洋大国,即海洋利益遍布全球范围的海洋大国尤其如此。因此在思考海洋权益问题时绝不可忽视海洋权力(sea power)的存在。因为国家海洋利益虽然是客观存在的,但是还需要通过国家力量对其海洋利益予以维护、管理和控制,只有这样才能保证国家海洋利益能够得到稳定有效的实现。这是海洋权益的演进史给我们的基本结论。

第三节 海洋权益的国家自主性分析

一、海洋利益有赖于国家确认并积极主动地予以获取

由于海洋价值是一个历史范畴,它是随着人类开发利用海洋的海洋实践活动不断深入而在认识上不断深化的结果。早期人类的海洋实践活动大多停留于"舟楫之便,鱼盐之利"一种自然的状态。随着人类海洋实践活动从广度到深度上的不断扩大,海洋技术水平的不断提高,越来越多的海洋价值被充分挖掘,利用水平也不断提高,迫切需要国家作为一个积极主动的行动者卷入进来,从而使海洋实践活动进入到一种自觉状态。由于海洋对于一个沿海国家甚至内陆国家的利益包括政治、经济、安全利益等。因此海洋对于一个国家而言所存在的利益是非常现实的,国家享有维护和实现这些利益的权利(国家管辖海域范围之外)和权力(国家管辖海域范围之内)。

从历史上看,国家虽然客观存在海洋利益,但并不等于实际上的占有、管辖或利益的获取,在某些历史时期和特定的国家政治、经济条件下,有可能未得到关注,或者根本无暇顾及而造成海洋利益的损失。在当今世界,发展海洋科技与海洋经济已经完全上升为一种国家战略,要求国家积极主动地采取有效举措并将其付诸实施。因此,国家所具有的海洋意识,即国家能否充分认识到海洋对于一个国家所具有的价值,直接决定着国家海洋利益的获取程度。如果国家缺乏海洋意识,忽视海洋对于一个国家所客观具有

的重要利益,国家就不可能积极主动地采取措施去发展海洋科技、发展海洋经济,从而不能有效地获取和实现海洋利益。相反,如果国家拥有海洋意识,深刻认识到海洋对于一个国家所具有的价值,那么国家就必然采取积极有效的行为大力发展海洋科技、发展海洋经济,从而有效提升获取和实现海洋利益的能力与水平。质言之,国家能否拥有海洋权能是国家海洋利益能否有效实现的前提和基础,这是一个基本的历史法则。

二、海洋权力有赖于国家积极主动地付诸实施

海洋权力是一种用来达到利己的、侵略目的的权力,是一种不受干扰地控制和支配海洋的权力,这就是海洋权力的实质。海洋权力同样是一个历史范畴。商品经济是海洋权力赖以建立的基础,海洋所具有的通道价值是海洋权力赖以形成的条件,通过海洋军事力量对海洋通道予以控制是海洋权力的基本表现形式。这就是源于古希腊并一直绵延至今的海洋权力的基本内涵。时至今日,海洋权力的基本内涵没有改变,只是在某些方面有所调整。如海洋所具有的传统的信道价值被包括信道价值在内的海洋广泛的资源价值及安全价值所代替,以海洋军事为基本手段被包括海洋军事与海洋管理等综合手段所代替。但是不受干扰地控制和支配海洋是海洋权力不变的灵魂。

既然如此,是否具有海洋权力最为重要的因素必然是国家的行为,而不可能是其它个人、法人及其它公法人团体的行为,更不可能仅仅归结为沿海国家所具有的自然因素。马汉认为一个国家的政策因时代的精神和统治者的性格和英明程度的不同而各不相同,但是沿海国家的历史"不是由政府的精明和深谋远虑与否决定的,而是由它的位置、范围、自然结构、人口和民族特点——也就是自然条件所决定的"。① 换言之,马汉把一个沿海国家所具有的自然条件作为能否拥有海洋权力的根本原因,在一定程度上陷入了

_____

① ［美］阿尔弗雷德·塞耶·马汉:《海权论》,范利鸿译,陕西师范大学出版社 2010 年版,第45 页。

地理环境决定论的泥沼之中。从历史上来看,决定一个国家能否真正拥有海权的,最为重要的原因并不在于自然条件,而是国家即政府行为是否符合发展海洋权力的内在要求。即使所谓的某些自然条件因素,也是由于政府错误的政策造成的。国家能否适应海洋权力的内在要求并积极主动地实施诸如海洋军事与海洋管理等相应的国家行为,是发展国家海洋权力最为重要的因素,这同样是一个基本的历史法则。

三、国家单方面的海洋权利主张是国家海洋权利形成的前提

海洋权利的过程就是平等国家之间通过协商谈判以确定海洋秩序,从而形成国际海洋法律制度的过程。国家单方面的海洋权利主张是这一过程的起点。从历史上来看,早在9世纪,拜占庭便提出了对渔业和海盐的管辖权主张;到了15世纪,威尼斯对亚得里亚海、许多国家对波罗地海提出了单方面的海洋权利主张。这些单方面的海洋权利主张基本上都是根据本国的航海力量提出的。二十世纪中期以后,这一过程是由三个相互联系的因素形成的,"即运用于海底的技术的发展,对大陆架上覆水域的使用方式的变化,以及世界范围内对几乎所有各种生物和矿物资源的需求的增长"。[1] 上述三个因素引起了海洋经济价值的提高,促使各国在二十世纪四十年代和五十年代积极主动地采取了对海洋提出单方面权利主张的行为。1945年杜鲁门公告为开端的一系列国家单方面海洋权利主张的提出,表明了是对海底及其资源实行控制或占有的呼声与日俱增。显然,推动建立国际海底法律制度的力量属于沿海国家的积极行动。在这里,"国家行动系指对海底提出的管辖权或主权方面的权利主张"。[2] 随后,国家行动扩充到包括海底在内的海洋其它部分的单方面权利主张,其结果就是1958年第一届联合国海洋法会议的召开。会议肯定了沿海国对一个宽度未定但又几乎包括一切可以到达的区域在内的海底实行控制的权利。随后各沿海国在海洋问题

① ［加拿大］巴里·布赞:《海底政治》,时富鑫译,三联书店1981年版,第316页。
② ［加拿大］巴里·布赞:《海底政治》,时富鑫译,三联书店1981年版,第319页。

上采取的唯一重要行动就是提出各自扩大领海和海洋区域的权利主张。到了 1970 年,灵活界限受到了抨击,原因在于需要为国际海底区域确定一个固定的疆界,同时对于各种单方面的领海权利主张和海洋区权利主张设定限制,其结果导致了 1974 年第三届联合国海洋法会议的召开及现代海洋法律制度的建立。

由此可见,沿海国家积极主动的提出单方面海洋权利主张的运动对现代国际海洋制度的形成起了决定性作用。发展中国家,尤其是拉美国家及非洲国家更是成为这个运动的中坚力量。这些国家对民族主义、领土制以及与经济发展有关的资源控制等问题特别敏感。这种高度敏感性很容易与作为沿海国运动核心主张的控制海洋领域及其资源的要求相结合。此外,这些国家的单方面海洋权利主张运动有一个共同特点,就是对发达国家高度不信任,尤其是在涉及依靠高级技术进行经济开发的问题时更是如此。总之,国家单方面海洋权利主张是国家海洋权利的前提,没有积极主动的国家行动,就没有现代国际海洋法律制度。

四、海洋政治的国际格局是对国家行为的一种限制和制约

国际海洋法律制度的制定过程本质上就是一个政治过程。"在国际政治中拥有主动权,就好比下棋时操"先着"之机,或者是赛跑时得"捷径"之利——这种情况往往使一方在旗鼓相当的竞赛中稳操胜势"。[①] 通常情况下,主动权总是掌握在主权国家手中,一方面是因为它们在国际体系中享有最高的主权实体地位,另一方面是因为国际组织总是因为作出决定的能力受到组织上和政治上的限制而行动迟缓。但是,在现代国际海洋法律制度的形成过程中,主动权呈现出交替的格局:1945 至 1958 年间,主动权掌握在沿海国家手中,各国通过对大陆架及海洋其它区域提出权利主张的方式直接对海洋价值的提高作出反应,国际组织的行动主要是对这些国家的行动作出被动回应;1967 年以后直至第三届联合国海洋法会议期间,主动权

---

① [加拿大]巴里·布赞:《海底政治》,时富鑫译,三联书店 1981 年版,第 325 页。

掌握在联合国手中,海洋政治的整个格局在联合国内形成,而不是由各国所提出的单方面权利主张来组成。基于形势的变化,国家主要通过结盟或组成集团的方式在联合国舞台上参与国际磋商。促使联合国掌握主动权的原因在于,联合国是在没有任何国家提出权利主张以前就对深海底价值的提高作出反应的,而帕多所精心设计的提案正是利用联合国作讲坛提出的。

由于主动权掌握在联合国手中,基于主动行动本身所具有的巨大影响力,因此主动行动的设计也就成为关键所在,因为它可能以某种方式左右问题的结局。在海洋政治的第二阶段,由于采取协商一致的原则,以大量表决权为基础的集团力量便减弱了。不仅如此,时间因素也影响了某些结盟的力量,时间的消逝总的说来加强了沿海国、领土制集团和技术先进国家的地位,削弱了内陆国和地理条件不利国以及海洋国的地位。此外,磋商对其利多弊少的国家,例如沿海国和发展中国家,可以轻而易举掌握磋商的主动权,那些拥有既得利益的国家则趋向于只起被动作用,使它们处于防御态势,削弱了其地位。最后,对有关问题能够采取有效行动的力量起着决定性的作用,这种力量对技术先进国家及大陆边国家具有重要意义,内陆国及地理条件不利国、七十七国集团则难有建树。

总之,在国际海洋法律制度的形成过程中,海洋政治的国际格局对国家行为产生直接的影响。而且一个基本趋势是,随着越来越多的国家走向独立,区域性及联合国等国际性组织的功能日益完善,这种国际格局必将对海洋政治中的国家单方面的行为产生限制和制约作用。

五、国际海洋法律制度对于主权国家具有双重效应

海洋权利归根到底是由国际法所确定的。国际法是伴随着国家的产生和发展,在各国交往日益广泛的过程中逐步形成的。国际法的雏形可溯源自古罗马时期的万民法(jusgentium),但万民法的实质是罗马帝国扩张时期适用于罗马公民与外邦人及外邦人之间的法律,是罗马国内法的一部分,与当今的国际法所调整的法律关系差距较大。后来,荷兰法学家格劳秀斯在其1625年出版的名著《战争与和平法》中借用万民法来称呼国家间关系的

法,这才使万民法这一术语具有了万国法的性质。① 后来,英国牛津大学教授苏支又将"万民法"改称为"国家间的法律(Law of nations)"。② 1780 年,英国哲学家边沁在《道德和立法原理入门》一书中倡议将万民法改名为国际法(international law),此后该名称便得到广泛运用。1648 年,威斯特伐利亚和约(The Peace of Westphalia)的缔结结束了由神圣罗马帝国内战引发并卷入了主要的欧洲国家的"三十年战争",威斯特伐利亚和约的缔结,开创了以国际会议形式解决国际争端结束战争的先例,条约的生效标志着近代国际法的形成。③ 进入 20 世纪以来,人类社会历经两次世界大战和冷战等一系列国际性的重要事件,国际社会的剧烈动荡促使传统国际法规范的废弃、更新和完善,国际法进入现代发展时期。现代国际法(international law),又是也被称作国际公法,以便与国际私法(具有涉外因素的民事和商事法律)区别开来。顾名思义,国际法就是调整国与国之间关系的法律。但由于国际法的主体是主权国家及一定条件下的政府间组织、世界性组织,而不像国内法的主体为自然人和法人,因此国际法不同于一般意义上的法律,具有其特殊性。

对于国际法概念的阐释,比较典型的有以下几种观点:1991 年联合国教科文组织主持下由别乔伊主编的《国际法:成就与展望》中认为,国际法是"旨在调整国家相互间关系的,成文的或不成文的规范的总体……它主要规范国家的行为"。④《奥本海国际法》认为:"国际法是对国家在它们彼此往来中有法律拘束力的规则的总体"⑤牛津法律大词典的解释是:国际法"即国际社会之法,或者,是在国家之间的相互交往关系中所接受的具有法律约束力的习惯和条约规则……是调节两个以上国家之间相互关系,有一定约束力的法律系统……它是体现在所有国际上签订的公约、条约、协议、

---

① 邵沙平:《国际法》,高等教育出版社 2008 年版,第 1 页。
② 赵勇:《什么是国际法》,《世界知识》1986 年第 21 期,第 21 页。
③ 曾文革、杨树明:《国际法》,中国政法大学出版社 2010 年版,第 8 页。
④ 转引自曾文革、杨树明:《国际法》,中国政法大学出版社 2010 年版,第 2 页。
⑤ [英]詹宁斯、瓦茨修订:《奥本海国际法(第一卷第一分册)》,王铁崖等译,中国大百科出版社 1995 年版,第 3 页。

国际习惯、一般法律原则、国际法庭的裁决及联合国大会通过的提案中的原则、规则和制度的总称。"①邵沙平主编的《国际法》中对国际法所下的定义为："国际法是在国际交往中形成的,主要以调整国家间关系的,具有法律约束力的各种原则、规则、规章和制度的总称。"②上述各种观点对国际法的认识和阐释在根本是比较统一的,分歧较小。结合现代国际法的实践,我们可给国际法作如下理解:国际法是用以调整缔结或认同它的各主权国家间法律关系的一系列条约、原则和规章制度的总称。它具有法律约束力,产生于主权国家间的交流与冲突并为国际关系实践所不断发展。

基于上述原理,作为海洋政治过程产物的现代海洋法律制度《联合国海洋法公约》对主权国家具有双重影响。一方面,"必须强调,通过会议方法制定国际法,基本上是一和政治过程"。这一过程随着作为其基础的政治结构的变化而变化的。从这个意义上说,国际法可以看作是有权采取行动的各国(以及其他实体)就某些特定问题所达成的一套一致赞同的规则。"③既然如此,加入《联合国海洋法公约》也就意味着必然要受其约束。由于《联合国海洋法公约》最富有创新精神的内容都冲击了传统的国家理论,尤其是冲击了传统的国家主权观念,因此,一旦主权国家加入《联合国海洋法公约》,其国家行为就必然受到《公约》的限制和制约。也正因为如此,是否加入《公约》取决于主权国家的自主选择。例如,1982 年《公约》通过的最后时刻,由于在公约中严重受限,美国更换了代表团团长,突然宣布对公约有重大保留意见,使得美国政府直到今天仍然拒绝批准《公约》。美国反对的部分主要集中在深海矿产问题上,包括要求在新成立的国际海底管理局拥有否决权。与此同时,美国还与英国、法国、联邦德国等谋求另外订立条约,作为抗衡。即使在美国国内,对《公约》的态度也有分歧。比如对于美国海军在亚太地区收集情报问题,有人认为《公约》并没有赋予美国这种权

---

① 陈钟玮:《国际法的起源和新发展》,《北京政法职业学院学报》2011 年第 1 期,第 8 页。

② 邵沙平:《国际法》,高等教育出版社 2008 年版,第 1 页。参见梁西主编:《国际法》,武汉大学出版社 2000 年修改第 2 版,第 5 页。

③ [加拿大]巴里·布赞:《海底政治》,时富鑫译,三联书店 1981 年版,第 349 页。

利,加入会受限;而也有人则认为,加入《公约》才可以确保美国在这些海域航行自由和使用领空权。直到 2012 年春天,美国国防部长帕内塔才开始了新一轮推动《公约》获美国参议院批准的努力。不仅如此,即使主权国家加入《公约》,也可以对相关条款持保留态度。例如,根据《公约》设立了国际海洋法法庭等机构处理争端,此外,还可以通过国际法庭、仲裁程序强制解决争端。中国在这个问题上保持一贯作风。在中国外交语境中,任何国家之间的争端应当在互相尊重主权和领土完整以及平等基础上协商解决,而不是由第三方机构和国家介入或裁决。因此,早在 1972 年恢复联合国合法席位时,中国就没有声明承认国际法院的管辖为"当然而具有强制性"。1976 年,中国代表在第五期会议上发言指出:发生在领海、专属经济区和大陆架的争端属于沿海国主权和专属管辖权的范围之内,应该按照沿海国的法律和规定处理,不应适用于公约的解决争端机制。最后,第三次联合国海洋法会议再次折中,将上述解决争端部分作为一个选择性议定书,由各国自愿签署。中国并未签署这些文件。美国、中国等政府对于《公约》及其相关内容所采取的保留态度体现出主权国家对于国际法所具有的自主性。

另一方面,由于"起草国际法的政治过程在最后案文中留下了一些标记,指出了哪些领域是不能达成具体协议的。这些标记表现为措辞含糊的妥协,而且往往就是这一法律施行时的最大困难所在。"[①]这些问题上措辞含糊的妥协,导致各国可能对《公约》做出有利于自己的解释,甚至趋向于抓住《公约》的一些弱点,展开大规模的要求修改这些条文的运动,因此国际法是不断发展的。国家积极主动的行为是推动国际法发展的最为重要的动力。总之,国际海洋法律制度对于加入其中的主权国家的国家行为产生限制与约束,同时国家也可以通过积极主动的行为推动国际海洋法律制度的发展。国际海洋法律制度对于主权国家具有双重效应。

---

① [加拿大]巴里·布赞:《海底政治》,时富鑫译,三联书店 1981 年版,第 349 页。

六、海洋权利有赖于国家积极主动地实现国内法转化并付诸有效管理

一般而言一个国家的"海洋权利"具有两种属性：一是存在于法律制度之上的确定性，即海洋权利存在于国际法（被国际法授予）和国内法（通过国内立法实现）之中，并因之而具有一定的稳定性；二是客观存在状态上的相对稳定性，即该国没有其它国家在《联合国海洋法公约》的框架下挑战或否定该国在其管辖海域范围之内的海洋权利，而且国际公约赋予该国在其管辖海域范围之内的海洋权利（主权、主权权利、管制权、管辖权）已经通过其足够数量和质量的国内立法和执法得以充分、正常、有效的实现。

现代公共管理扩充了行政权的主体，即由单纯的执法扩充为政府为主体，其它的法律法规授权组织也承担一定的公共管理职责。因此，国家管辖海域内海洋权利维护的前提条件是国家将其管辖海域范围之内被国际法授予的包括主权、主权权利、管制权、管辖权、历史性权利等在内的各种海洋权利积极主动地通过制定足够数量和质量的法律予以确认；以此为基础，各级海洋管理机关以及法律法规授权组织才有条件执行上述法律法规、实施海洋行政管理；也只有这样，各级司法机关才能够及时裁决各种违反海洋法律法规的行政相对人，确保海洋法律法规得以普遍遵守并贯彻落实。于是通过上述国家权力的行使，国家对其管辖海域就可以实施有效管理，海洋权利就可以得到持续有效的维护和实现。有效维护和持续实现海洋权利是海洋管理的目的和归宿。

国家管辖海域内的海洋权利构成了沿海国家海洋管理的前提和基础。海洋管理是国家海洋行政管理机关或法律法规授权组织通过执行国家海洋法律法规对涉海事务实施的公共管理和提供的公共服务。涉海事务是指由国内外自然人、法人在国家管辖海域的"上覆水域"至底土范围内以获取自然资源或利用海水水体为目的的活动，本质上是海洋权益的实现。为了确保海洋权利得以稳定、可持续的实现，需要国家将各类涉海活动控制在"秩序"的范围内。这就是海洋管理的价值之所在。海洋管理的目的和归宿就

是有效维护和持续实现国家管辖海域内的海洋权利。因此,海洋管理是现代国际海洋权力的重要组成部分。国家积极主动地将现代国际海洋法律制度所确认的国家管辖海域内的海洋权利实现国内法转化是海洋管理的前提和基础。

基于上述分析,我们可以作出如下总结:国家海洋权益由海洋权能、海洋权力与海洋权利三部分构成,其目的是稳定实现海洋利益。海洋利益是一个历史范畴,国家能够顺应时代的要求确认海洋利益并积极主动地发展海洋科技与海洋经济是海洋权益产生的起点。海洋权力的目的在于通过对海洋的控制以稳定实现国家海洋利益,海洋军事是国家海洋权力的传统手段和最后手段。海洋权利是现代国际海洋法律制度所确认的,国家积极主动的单方面海洋权利主张是现代国际海洋法律制度形成的起点,同时其制定过程中所依赖的国际政治格局对国家行为造成一定程度的限制和制约。现代国际海洋法律制度形成以后,基于国际法的基本特性,它既对加入其中的主权国家的国家行为造成一定的限制和制约,同时主权国家也可以通过积极主动的行为推动现代海洋法律制度的发展。由于现代国际海洋法律制度是主权国家在其管辖海域内实施海洋管理的依据,因此国家必须积极主动地实现国际法向国内法的转化,只有这样主权国家才能对其管辖海域实施有效的管理和控制,从而稳定实现海洋利益。主权国家的海洋管理也就同样成为国家海洋权力的重要手段。这就是国家与海洋权益两者关系的基本总结。由此我们还可以进一步提炼出海洋政治的基本分析框架。

第四节 海洋政治分析的基本要点

海洋政治学是目前国际海洋界最盛行的学科之一[1]。最著名的研究机构是美国弗吉尼亚大学法学院海洋法律与政策研究中心,该中心对涉及海

---

[1] 张森森,俞丽虹,梁钢华:《"海洋意识"的缺失困惑》,《瞭望新闻周刊》2006 年第 36 期,第24—26 页。

洋的公共政策及法律问题予以研究、教育和讨论。再如澳大利亚,虽然涉海纠纷并不多,但研究海洋政治的专家学者却非常多,其最著名的研究机构是卧龙岗大学海洋政策研究中心,直接为海军部门提供决策支持。海洋政治的过程就是国家通过自身积极主动的行为战略使海洋由"公有地"转变为国家或国际组织对海洋的某些区域享有特定管辖权甚至拥有完全主权的过程。因此,海洋政治的核心问题就是国家与海洋权益的关系问题,其目的是国家如何通过积极有效的行为战略稳定实现和拓展国家的海洋利益。"由于海洋政治由来已久,牵涉广泛,其内容绝非任何一部著作所能包罗"①,但我们仍然可以抓住海洋政治的基本要点予以分析。

一、海洋利益是国家的重大利益之所在

海洋利益以海洋价值为基础,海洋价值是一个历史范畴。早期海洋给人类提供了渔盐之利、舟楫之便的价值。随着人类社会的不断发展,海洋给人类社会不仅提供了诸如资源、通道等经济层面的价值,而且提供了国家发展战略及安全层面的价值,如马汉所言的"英国的强大应更多地归功于海洋"②及约翰·柯林斯在《大战略》中所言的"被大陆分割的全球水域,只要控制了七大洋就能控制陆地上的事务;控制海上的交通线和咽喉要地,而后采取封锁,或向陆地派遣军队,就可以达到控制陆地的目的"即是。而国家所拥有的具体的海洋价值观直接决定着海洋利益的实现程度。仅以美国为例,"自1789年以来,美国已发展成为一个拥有360万平方英里土地和二亿一千万人口的世界大国,但它从未失掉过与海洋的密切联系。虽然十九世纪美国曾一度转向内地开发国土,但是第一次和第二次世界大战都突出了海洋在国防上的重要意义"③,美国政府越来越认识到海洋对国家利益、目标的至关重要的关系,由此而改变了对海洋科学和拓展利用的态度,"国会

① [加拿大]巴里·布赞:《海底政治》,时富鑫译,三联书店1981年版,第3页。
② [美]阿尔弗雷德·塞耶·马汉:《海权论》,范利鸿译,陕西师范大学出版社2010年版,第12页。
③ [美]杰拉尔德·丁·曼贡:《美国海洋政策》,张继先译,海洋出版社1982年版,第1页。

的各委员会和小组委员会对有关美国在海洋事务方面新权益的立法及拨款要求迅速作出了反应"①。充分认识到海洋价值并采取积极有效的行为战略充分实现和维护海洋利益是美国成为世界唯一超级大国的重要原因。美国的案例告诉我们,对于一个拥有漫长海岸线的国家,成为海洋大国是成就强国的唯一选择,因为凭借海洋或通过海洋能够使其获得成为伟大国家的包括政治、经济、军事、安全等一切价值。

二、海洋利益的稳定实现有赖于海洋秩序的形成和确立

在人类经略海洋的早期阶段,国际海洋秩序的形成和维系主要由包括武力在内的国家海上力量而确定。在各海洋大国海上力量的反复较量与平衡中,相应的国际习惯法规则也开始逐步确立。随后,随着越来越多的民族国家走向独立,国际海洋秩序也逐步由少数大国主宰的"海洋霸权"时代走向众多国家共同参与的新时代,国际习惯法规则也逐步向成文法转变,以武力为后盾的"海上力量"逐步被以法律为后盾的"海洋权利"所代替。由于现代国家所享有的海洋权利是由国际海洋法律制度所确认的,因此海洋政治的核心问题实质上就是国家与海洋法的关系问题。海洋法是国际法的一个分支。国际法是主权国家之间的法律,主权国家是国际法的主体。因此,海洋法是国家积极主动行为的结果。从形式上来说,现代海洋法经历了由习惯法到成文法的转变,这既是时代发展的客观要求,也是国家积极主动行为的结果。从内容上来说,现代海洋法所确立的各种制度,包括领海制度、专属经济区制度、大陆架制度、国际海底制度,都离不开国家积极主动的行为。即使国际法委员会的工作也离不开主权国家的支持,其在立法工作过程中"进行的争论和妥协以及它所提出的建议的模糊笼统,清楚地表明委员会在很大程度上是一个政治论坛"②。可以这样说,海洋法的制定过程其实就是一个海洋政治过程,没有国家积极主动的行为战略,就没有现代海洋

---

① ［美］杰拉尔德·丁·曼贡:《美国海洋政策》,张继先译,海洋出版社1982年版,第27页。
② ［［加拿大］巴里·布赞:《海底政治》,时富鑫译,三联书店1981年版,第31页。

法律制度。

三、国家积极主动的行为战略是推动海洋法发展的基本动力

由于海洋法是主权国家之间的法,而不是凌驾于主权国家之上的法,它是沿海国家的利益、整个国际社会的利益平衡协调的结果。现代海洋法律制度的表现形式是1982年签署的《联合国海洋法公约》,它本身就是各主权国家协商一致、各方利益折中妥协的产物,因此必然存在大量的空白点、模糊和不确定之处,有待于进一步的充实和完善。例如,关于海域划界的问题、关于大陆架划界的规定、海洋与外空的关系问题、海洋的军事问题、南极洲海域的地位问题、专属经济区与国际海底区域内的剩余权利问题、岩礁与岛屿的区分问题、历史性权利问题等。因此《联合国海洋法公约》并不是海洋法的终极形式,海洋法是不断发展的。当前,海洋法的新发展主要体现在以下几个方面:

一是将越来越多的海洋资源纳入主权国家管辖之下,这主要体现在大陆架的延伸问题上。例如,2012年4月28日日本共同社报道称,日本外务省宣布,关于延伸大陆架的申请首次获得联合国大陆架界限委员会的批准。外务省称,获批的是包括冲之鸟礁以北的太平洋4个海域,总面积约达31万平方公里,相当于日本国土面积的82%。该申请获批所带来的直接后果是,根据《公约》,大陆架是领土的自然延伸,明确了大陆架就等于在某种程度确定专属经济区,于是相关国家在此海域所进行的诸如的科学考察、军事等活动就会受到一定的限制,但是最直接的经济效益就是将本属于公海的作为人类共同继承财产的海洋资源纳入到日本的管辖之下,从而体现了海洋法的新发展。

二是越来越多的主权国家利用海洋法所客观存在的空白点、模糊和不确定之处通过自身的积极主动的行为战略推动海洋法的新发展。例如《联合国海洋法国际公约》明确规定,不能维持人类居住和生存的岛礁,不能拥有大陆架和专属经济区的权力。而冲之鸟礁是日本南部太平洋海域的一处环礁,位于北纬20度25分,东经136度05分,在东京南偏西约1730公里、

冲绳东南约1070公里、关岛西北约1200公里。冲之鸟礁退潮的时候东西长4.5公里、南北长1.7公里,而涨潮时,只有两块礁石露出水面,面积不到10平方米。按照海洋法公约的规定,冲之鸟礁并非岛屿,而是不能维持人类自然居住和生存的岛礁,因此它没有资格获得专属经济区和大陆架。然而日本政府自1987年就开始围礁造岛,筑起混凝土墙等,试图将冲之鸟礁通过人工的方式,将其"升级"为小岛。然后以岛屿为理由向联合国大陆架界限委员会申请大陆架。而冲之鸟礁一旦被联合国界定为岛,并被获准拥有专属经济区和大陆架,不仅会使日本获得大片海域及海底资源的主权权利和管辖权,而且将会对相关利益国家产生极大的负面影响。日本"变礁为岛"的举措既反映了一个传统海洋大国强烈的海洋意识,也反映了一个主权国家通过自己积极主动的行为推动国际海洋法律制度发展的重要尝试。

三是国际海洋法律实践更加重视对于争议岛礁的有效占有、管辖或控制。例如,2002年12月17日,国际法院把马来西亚与印度尼西亚有争议的苏拉威西海两小岛———利吉丹(Ligitan)和西巴丹(Sipadan)判给马来西亚。有的学者认为,该裁决忽视了"发现"、"历史性"声称,而支持连续、有效的占有、管辖或控制达到相当一段时期且无遭到其他反对等证据,体现了海洋法的新发展。①

四是围绕海洋和平利用以及海上反恐问题所引发的"剩余权利"问题。作为法律术语的"剩余权利",也就是"法律未加明文规定或禁止的权利"。海洋法中的"剩余权利"应是《联合国海洋法公约》中没有明确规定或没有明令禁止的那部分权利。目前各国比较关注的海洋法剩余权利问题主要包括:(1)进入专属经济区捕捞可捕捞量的剩余部分,即捕鱼剩余权利;(2)关于海洋污染的执行的剩余权利;(3)公约关于"公海应只用于和平目的"的内涵与外延是什么? 这一规定和宗旨是否适用于专属经济区? (4)公约第

① Mark J. Valencia, "The Spratly Islands Dispute", Far Eastern Economic Review, January 9, 2003, p. 21.

56 条第 2 款规定,"沿海国在专属经济区内根据本公约行使其权利和履行其义务时,应适当顾及其他国家的权利义务,并应以符合本公约规定的方式行事"。这里"适当顾及"的确切含义是什么?(5)公约第 58 条规定,"在专属经济区内,所有国家,不论为沿海国或内陆国,在本公约有关规定的限制下,享有第 87 条所指的航行和飞越自由,铺设海底电缆和管道的自由,以及与这些自由有关的海洋其他国际合法用途,诸如同船舶和飞机的操作以及海底电缆和管道的使用有关的并符合本公约其它规定的那些用途。其中"自由"与"限制"是什么?"国际合法用途"指哪些用途?(6)在专属经济区内不允许什么样的活动?(7)有必要组织"海上维和活动"吗?① 上述剩余权利问题正吸引着诸多主权国家通过自己积极主动的行为推动国际海洋法律制度发展。

　　五是区域性海洋公约成为区域性海洋合作的新形式。《联合国海洋法公约》在其序言中说:"各海洋区域的种种问题都是彼此密切相关的,有必要作为一个整体来加以考虑"。于是,特定海域区域的国家间的合作也就应运而生。例如,制定于 1976 年的《地中海环境与发展公约》(简称《巴塞罗那公约》)代表了 20 世纪 70 年代最先进的区域性海洋合作协议。在《联合国海洋法公约》生效以后,为了与《公约》相衔接,该公约缔约国于 1996 年将《巴塞罗那公约》予以修改,主要体现在以下方面:就地理范围而言,将黑海地区纳入公约的地理范围,主要原因是地中海与黑海两个海区的生态联系日益密切,这是由于破坏黑海渔业的主要因素 Mnemiopsis 已经侵入地中海,并给地中海带来类似的危险;就"发展"而言,引入了"可持续性发展"的概念,即由减少、控制和防止海洋污染的单一控制污染的目的向海岸带和海洋综合管理的多重目标转变,因而监测和监视的范围同样从单一目标扩展到多目标,并考虑到地中海地区作为一个和平区的包括经济和环境安全在内的综合安全;就海洋科学技术而言,从控制海洋污染的科学技术扩展到综合的海洋科学技术,目前一个海洋科学技术网络已经在的里雅斯特、威尼

---

　　① 高之国、贾宇、张海文主编:《国际海洋法的新发展》,海洋出版社 2005 年版,第 36—39 页。

斯、开罗等为重要节点的地中海地区建立,并且形成了地中海海洋产业技术研究与发展中心这一概念;就机构而言,缔约国会议继续每两年举行一次,会议的任务和职责范围从控制污染扩充到海岸带与海洋的综合管理,考虑到任务的综合性,迅速有效开展行动的需要,以及经济、环境与军事安全的需要,于是建立了一个小规模的、可以根据需要经常召开会议的执行机构"地中海可持续发展和综合安全委员会"。这种区域性的海洋合作体现出了海洋法的新发展。

目前,《联合国海洋法公约》的影响力随着越来越多国家的加入尤其是海洋大国的加入而不断扩大,以至于任何国家都不可无视其存在及其价值。主权国家对待公约的正确态度应该是充分尊重公约,在坚持国际法基本原则的前提下积极主动地维护、实现和拓展国家管辖海域内及国家管辖海域外的各种海洋利益。面对因海洋法所客观存在的模糊和不确定之处而导致的包括海域划界在内的各种矛盾,沿海国家也应该以一种积极主动的姿态参与其中,在敏锐把握海洋法发展趋势的前提下通过积极主动的行为战略推动海洋法的发展。

四、综合发展国家海洋能力是充分实现海洋利益的基本路径

国家海洋能力是一种综合能力,除了上述的推动国际法发展的能力以外,还包括了海洋科技能力、海洋经济能力、海洋管理能力、海洋军事能力以及海洋地缘政治的运用能力等内容。目前国际海洋竞争实际上就是海洋科技的竞争,谁能在海洋科技上领先,谁就能拥有海洋开发的主动权,并能够为海洋管理与海洋军事提供技术支持,从而在国际"蓝色竞争"中赢得主动,因此海洋科技能力是国家海洋能力的前提和基础。发展海洋科技的根本目的就是要发展海洋经济,没有现代海洋科学技术便没有现代海洋产业,因此国家海洋经济能力就是通过各种海洋开发手段实现国家海洋利益的能力,是国家海洋能力的核心和关键所在。发展海洋经济离不开国家有效的海洋管理,海洋管理的目的是为了海洋开发的科学性、合理性、有序性,保证海洋经济的可持续发展。因此,国家的海洋管理能力是国家海洋经济能力

的根本保障。对于沿海国家而言,需要做的最基本的事情就是完善海洋立法,提高立法的层次和法律的效力等级,将国际海洋法向国内法进行转化。并以此为基础完善海洋行政管理体制和执法体制,做到有法可依、执法必严、违法必究,将公约赋予沿海国家管辖海域内的主权、主权权利、管辖权、管制权等落到实处。质言之,"只有国家的事实的管理,才能保证国家海洋权益的最终实现"①。自人类经略海洋以来,海洋军事经历了一个由前台逐步走向幕后的过程,尽管目前军事手段不再作为一个解决海洋矛盾与问题的有效手段,但其始终是作为一个海洋政治中的威慑手段和最后手段而存在的。因此,国家海洋军事能力是国家海洋能力的后盾。例如,美国作为继英国之后的又一个全球性霸权国家或海洋强国,某种程度上来说航母也是美国的一种文化或者象征,也正因为如此,每当世界发生危机时,美国总统想到的第一个问题总是:"我们的航空母舰在哪里?"美国政府就明确声称,只要美国利益所及的地方,美国的航空母舰就应该以合理的方式存在于此。以航空母舰为代表的海洋军事力量是当前美国称霸全球的基本威慑力量和后盾。当然,国家海洋能力还包括国家海洋地缘政治的运用能力。地缘政治环境是国家发展海洋经济、实现海洋利益的外部环境。充分研究国家所面临的海洋地缘政治环境,能够为国家持续稳定实现海洋利益提供外部环境支持。总之,国家海洋能力是一种综合能力,其综合功能在于提升国家海洋利益的获取能力和保障能力,从而使国家在海洋竞争中居于主动地位。

---

①　鹿守本:《海洋管理通论》,海洋出版社 1997 年版,第 117 页。

第六章 关于南海问题研究的回顾与反思

第一节 南海问题的发展阶段

南海诸岛自古以来就是中国领土。然而自十九世纪以来,先有西方殖民者后有南海周边国家,他们不顾历史事实,公然入侵我南海岛礁及海域,南海问题由此产生,时至今日已逾二百余年。我们可以将中国在南海的领土主权及海洋权益按照侵犯程度和形式差别,大致可以分为以下三个阶段。

第一阶段是西方列强侵犯我南海岛礁管辖权阶段。"1800 年,英国船只 Bombay 号就曾窜入我国西沙群岛海域"①,开启了西方列强侵犯南海的先河,"南海问题"由此而生。随后,德国、法国、日本等国先后侵犯南海。德国对南海的侵犯始于"1883 年对西沙群岛和南沙群岛进行调查测量"②。法国对南海的侵犯始于"1898 年 12 月,法国殖民者法布里埃向殖民部提出,欲在西沙群岛上为渔民建立供应站"③的企图。日本对南海诸岛的侵犯始于 1907 年日本商人西泽吉次带领 200 多人入侵东沙岛,动用刀枪,驱逐在这里捕鱼的中国渔船,拆毁岛上的天后庙,将岛上中国"坟百余座用铁器

---

① 孙冬虎:《南海诸岛外来地名的命名背景及其历史影响》,《地理研究》2000 年第 2 期,第217—224 页。

② 刘文宗:《我国对西沙、南沙群岛主权的历史和法理依据(之一)》,《海洋开发与管理》1997年第 2 期,第 47—51 页。

③ 韩振华:《我国南海诸岛史料汇编》,东方出版社 1988 年版,第 637 页。

掘开,取出各骸骨","进行焚化,推入水中"①。这一阶段从 19 世纪初一直持续到民国初年,主要表现为西方列强在南海进行测绘、以西文或汉语音译命名岛屿、擅自开发海岛资源,其实质是对我南海管辖权的侵犯。

第二阶段是西方列强侵犯我南海岛礁领土主权阶段。随着中国持续衰弱,1933 年 4 月,法国炮舰"阿美罗德"号(Alerte)和测量舰"阿斯德罗拉勃"号(Astrolabe)由西贡海洋研究所所长薛弗氏(Chevey)率领,遍历南沙群岛其余各岛,详加"考察",以示"占领",从而制造所谓的"法国占领九小岛事件",南海问题的性质发生根本改变。随后,日本于 1933 年 8 月 21 日由日本驻法代办泽田致文法国外交部,对于法国占领九岛表示抗议,并声称"诸岛应属日本"②。抗日战争爆发后,日本于 1939 年 3 月占领西沙群岛和南沙群岛,4 月 9 日以所谓"台湾总督府"发表第 122 号文告,宣布占领"新南群岛"(即南沙群岛),连同东沙群岛、西沙群岛一并划归台湾总督管辖,隶属高雄县治③。1946 年底,中华民国政府依据波茨坦公告陆续接收和派兵驻守南海诸岛。与此同时,法国重新将侵略的魔掌伸向西沙群岛和南沙群岛。1946 年 10 月 5 日,法国军舰"希福维"号(Cllevreud)入侵南沙群岛的南威岛和太平岛,并在太平岛竖立石碑。对我国政府决定收复西沙、南沙群岛,法国立即提出抗议,并派军舰"东京"号(Tonkinois)到西沙群岛,当驶至永兴岛,发现该岛已有我国军队驻守时,则改驶至珊瑚岛,在岛上设立行政中心④。面对如此错综复杂的形势,民国政府及时采取了包括重新命名南海诸岛群体和个体的名称、绘制南海诸岛地图并向世界公布中国在南海的管辖范围等一些必要措施,从而有效维护了南海诸岛的领土主权。

第三阶段是南海周边国家侵犯我南海岛礁领土主权及海洋权益阶段。

---

① 陈天锡:《西沙岛东沙岛成案汇编·东沙岛成案汇编》,商务印书馆 1928 年版,第 65—66 页。

② 李金明:《抗战前后中国政府维护西沙、南沙群岛主权的斗争》,《中国边疆史地研究》1998 年第 3 期,第 68—75 页。

③ 《海军巡弋南沙海疆经过》,台湾学生书局 1975 年版,第 13 页。

④ 陈鸿瑜:《南海诸岛主权与国际冲突》,台北幼狮文化事业公司 1987 年版,第 62—63 页。

在 1951 年 9 月的旧金山会议上,南越当局发表了对南海诸岛所谓的主权声明①。1956 年,南越政府侵占我西沙群岛的珊瑚岛、甘泉岛和南沙群岛的南威岛,并宣称对我国西沙群岛和南沙群岛拥有传统主权②。就菲律宾而言,1946 年 7 月 23 日时任菲律宾外长季里诺声称:"中国已因南沙群岛之所有权与菲律宾发生争议,该群岛在巴拉望岛以西 200 海里,菲律宾拟将其合并于国防范围之内"③,其觊觎南沙的企图昭然若揭。1956 年菲律宾人克洛马频繁到南沙群岛进行活动,从而制造所谓"发现"南沙群岛的"克洛马事件"。1956 年 5 月 19 日,菲副总统兼外交部长加西亚公开宣称,菲律宾在南海中发现"既无所属又无居民"的岛屿,"因而菲律宾继发现之后,有权予以占领"④。20 世纪六七十年代,南海地缘形势发生了深刻变化,美国、前苏联在南海地区展开了激烈的争夺,南海"边缘地带"特性进一步凸显。1969 年 5 月,埃默里等人的《亚洲近海地区矿产资源勘探协调委员会技术报告》发表。在两者的共同刺激下,与二战后联合国系列海洋法会议所催生的海洋意识相结合,菲律宾、越南和马来西亚等南海周边国家强占南海岛礁、瓜分海域、掠夺资源,南海问题进入到一个新的历史阶段,一直持续至今并呈现出日益复杂化、国际化的趋势。

第二节 南海问题的研究历程

随着"南海问题"的不断演进,关于"南海问题"的研究也就应运而生。总体而言,1928 年以前主要是用地图疆界线段表达国家疆界的主张。其中代表性的地图有:1880 年王之春着的《国朝柔远记》,即已记载东沙群岛属广东省管辖⑤。"1901 年陈寿彭译的《新译中国江海险要图志》卷一第二图

① 吴士存:《南海争端的由来和发展》,海洋出版社 1999 年版,第 70 页。
② 贺鉴,汪翱:《国际海洋法视野中的南海争端》,《学术界》2008 年第 1 期,第 254—259 页。
③ 曾达葆:《新南群岛是我们的》,《大公报》1946 - 8 - 4。
④ 韩振华:《我国南海诸岛史料汇编》,东方出版社 1988 年版,第 683 页。
⑤ 吕一燃:《近代中国政府和人民维护南海诸岛主权概论》,《近代史研究》1997 年第 3 期,第 1—22 页。

《中国滨海及长江一带下至中国海南洋群岛》,此图是由英国海军海图局编制的,图中把南海诸岛标绘为中国领土。1908 年英国出版的《中华帝国地图集》,也是把南海诸岛绘属于中国"①。1905 年王兴顺重订《大清天下中华各省府州县厅地理全图》,将中沙群岛和南沙群岛以"万里石塘"的名称划入我国版图。图中用长方形图例把"万里石塘"标明为府一级行政单位②。1912 年,地图学家胡晋接、程敷锴编绘出版了《中华民国地理新图》。在这幅系列地图册里,有一幅《中华民国边界海岸及面积区划图》,图中出现了南海的连续疆界线标示③。

1928 年陈天锡编辑的《西沙岛东沙岛成案汇编》则开启了南海问题研究的新起点④。在随后的长达 84 年的时间里,前 50 年基本上以史地调查与考证或者介绍居多,后 30 年才进入大规模、多学科复合研究阶段。

1933 年"九小岛"事件发生后,激发起国内学者对于南海问题开展研究。代表性的研究成果主要有徐公肃的《法国占领九小岛事件》、胡焕庸的《法日觊觎之南海诸岛》以及陆东亚的《对于西沙群岛应有之认识》⑤等,以上论着都对法国侵占中国南海诸岛的事实进行了揭露,并指出法国所占领的南海九小岛属于南沙群岛而非原来国人认为的西沙群岛。但是,囿于当时客观条件的限制,上述学者还无法拿出有利的证据证明南沙群岛确系中国领土。

抗日战争结束之后,中国政府于 1946 年接收了西沙群岛和南沙群岛,从而激发起国内学者再次对于南海问题开展研究。代表性的研究成果主要

---

① 林琳:《国际社会对南海诸岛中国主权的确认》,《广西民族学院学报(哲学社会科学版)》1995 年第 3 期,第 103—106 页。

② 韩振华:《我国南海诸岛史料汇编》,东方出版社 1988 年版,第 309、311—312 页。

③ 胡晋接,程敷锴:《中华民国地理新图之中华民国边界海岸及面积区划图》,亚东出图书馆 1912 年版。

④ 张明亮直接把 1928 年陈天锡编辑的《西沙岛东沙岛成案汇编》视为南海问题研究的起点。参见:《早期的南中国海研究》,《东南亚研究》2007 年第 3 期,第 44—47 页。

⑤ 凌纯声等,吾行健辑:《中国今日之边疆问题》,南京正中书局 1934 年、1939 年渝三版;台湾学生书局 1981 年再版。

有杜定友的《东西南沙群岛资料目录》①一书。该书不仅收录了前人关于南海争端的研究成果,批评了30年代国内学者对于南海诸岛研究的错误言论,还介绍了当时南海诸岛史地的资料收集情况。此外,重要的研究成果还有郑资约编著的《南海诸岛地理志略》②以及杨秀清主编的《海军进驻后之南海诸岛》③等。

20世纪50年代中期,针对南越政府侵占我西沙群岛部分岛礁、"克洛马事件"以及菲律宾与南越针对南海诸岛的相关言论,激发起国内学者对南海问题展开研究,从而揭开了新中国成立后南海问题研究的序幕。代表性的学者主要有李长傅、崔琦、邵循正、朱契、王斤役、陈栋康等④。在这一时期,学者们仍然主要从历史地理角度研究中国人民发现、开发、经营南海诸岛的历史过程,以及中国历代政府对南海诸岛的管辖。

20世纪70年代以后,原来相对平静的南海波浪乍起。南海沿岸国家及地区纷纷对南沙提出主权要求,南沙群岛的主要岛礁被侵占,其海域被分割,并且这种侵占和分割呈现蔓延的趋势,南海问题进入到新的历史阶段。基于这一特定的历史环境,以及20世纪80年代我国哲学社会科学逐步走向繁荣,国内学者对于南海问题的研究由点到面逐步走向活跃并一直持续至今。我们可以将近40年来国内学者关于南海问题的研究根据研究内容划分为以下几个方面。

其一,南海诸岛及其附近海域的历史地理研究。早期代表性的学者主

① 杜定友:《东西南沙群岛资料目录》,西南沙志编纂委员会1948年版。
② 郑资约:《南海诸岛地理志略》,商务印书馆1947年版。
③ 杨秀清:《海军进驻后之南海诸岛》,海军总司令部政工处1948年版。
④ 李长傅:《帝国主义侵略我国南海诸岛简史》,《光明日报》1954－9－16(7);崔琦:《奇怪的发现》,《人民日报》1956－6－5(3);邵循正:《我国南沙群岛的主权不容侵犯》,《人民日报》1956－6－5(3)。《西沙群岛是中国之领土》,《人民日报》1956－7－8(4);朱契:《南沙群岛和东、西、中沙群岛一向是中国的领土》,《光明日报》1956－6－7。学术论文主要有王斤役:《唐代以来西沙群岛已是中国的领土》,《新史学通讯》1956年第11期;《南沙群岛史》,《史学月刊》1958年第1期。以及陈栋康:《我国的南海诸岛》,中国青年出版社1962年版。

要有史棣祖、谭其骧、劳祖德①、林金枝、韩振华、戴可来等。其中林金枝与韩振华②通过自身研究赋予成立于 1956 年的厦门大学南洋研究所（今南洋研究院的前身）以新的学术生命力，自此以后该研究所成为我国南海问题研究的重要基地；戴可来③通过自身研究奠定了我国南海问题研究的又一基地郑州大学历史系（今越南研究所的前身）的基础。1983 年，中国社科院成立中国边疆史地研究中心，随后该中心逐渐发展成为我国南海史地研究的重要基地，代表性的学者主要有吕一燃、李国强④等。20 世纪 90 年代以后，厦门大学南洋研究所及郑州大学历史系在我国南海史地研究方面依然具有活力，代表性的学者主要有林金枝、韩振华、李金明、郭渊⑤、戴可来、于

---

① 史棣祖：《南海诸岛自古就是我国领土》，《地理知识》1975 年第 9 期；谭其骧：《七洲洋考》，《中国史研究动态》1979 年第 6 期；劳祖德：《清末关于东沙岛的一次中日交涉》，《历史与文物资料》1979 年第 3 期。

② 林金枝：《南海诸岛范围线画法的由来演变》，《南洋问题》1979 年第 4 期；林金枝，吴凤斌：《祖国的南疆》，上海人民出版社 1985 年版；韩振华：《西方史籍上的帕拉塞尔不是我国西沙群岛》，《光明日报》1980 - 4 - 5；《南海诸岛史地考证论集》，中华书局 1981 年版；《七洲洋考》，《南洋问题》1981 年第 3 期；《我国南海诸岛史料汇编》，东方出版社 1988 年版；《南海诸岛史地研究》，社会科学文献出版社 1996 年版；《坝葛鑛、坝长沙今地考》，《中国边疆史地研究报告（第三辑）》1988 年第 12 期。

③ 戴可来：《漏洞百出，欲盖弥彰》，《光明日报》1980 - 6 - 9。

④ 吕一燃：《南海诸岛：地理·历史·主权》，黑龙江教育出版社 1992 年版；《近代中国政府和人民维护南海诸岛主权概论》，《近代史研究》1997 年第 3 期。林荣贵、李国强：《南沙群岛史地问题的综合研究》，《中国边疆史地研究》1991 年第 1 期；李国强：《民国政府与南沙群岛》，《近代史研究》1992 年第 6 期；李国强：《南中国海研究：历史与现状》，黑龙江教育出版社 2003 年版。

⑤ 林金枝：《中国最早发现、经营和管辖南海诸岛的历史》、《中国人民对西沙、南沙群岛物产开发的悠久历史》，吕一燃：《南海诸岛：地理·历史·主权》，黑龙江教育出版社 1992 年版。韩振华：《有关我国南海诸岛地名问题》，《中国边疆史地研究》1995 年第 1 期。李金明：《南海诸岛史地研究札记》，《中国边疆史地研究》1995 年第 1 期；《我国史籍中有关南海疆域的记载》，《中国边疆史地研究》1996 年第 3 期；《元代"四海测验"中的南海》，《中国边疆史地研究》1996 年第 4 期；《越南黄沙长沙非中国西沙南沙考》，《中国边疆史地研究》1997 年第 2 期；《我国南海疆域内的石塘、长沙》，《南洋问题研究》1998 年第 1 期；《抗战前后中国政府维护西沙、南沙群岛主权的斗争》，《中国边疆史地研究》1998 提第 3 期；《中国南海疆域研究》，福建人民出版社 1999 年版；《南海主权争端的现状》，《南洋问题研究》2002 年第 1 期等。郭渊：《晚清政府的海洋主张与对南海权益的维护》，《中国边疆史地研究》2007 年第 3 期等。

向东①等。1996年,中国南海研究中心(今南海研究院的前身)成立,并逐步发展成为我国南海问题研究的又一重要基地,代表性的学者主要有吴士存②等。此外,陈史坚、张良福、陈启汉、林琳、刘南威、陈克勤、黄盛璋等学者在这一领域从不同角度分别作出了一定的研究③。总之,国内学术界在宏观上对我国拥有南海诸岛主权的历史依据、基本史实进行了深入的剖析,在微观上则涉及到地名考证、史料辨析等更多的方面,从历史、地理等多个层面进行了综合性研究。他们通过自身研究,以不可辩驳的史实从法理上证明了中国在世界上最早发现、最早命名、长期不断经营开发与定居利用,并且历代均进行有效管辖与行使主权。所以,中国拥有对南海群岛主权的历史事实和法理依据是充分的、确凿的、无可争辩的,并对越南所谓南海主权的"历史及法理依据"予以批驳。

其二,南海问题的国际法研究。据有案可查的资料,早在1980年,张鸿增④开始明确将国际法引入南海问题的研究之中。1990年以后,随着南海诸岛历史研究的不断深入以及学科间相互交叉不断加强,对南海问题的研究已不局限于单纯对历史地理问题的研究,而是将历史地理研究与国际法研究相结合,拓展南海问题研究的空间,这是这一时期该领域研究十分显著的特点。于是,国内学术界从事国际法研究的学者或多或少都会涉及到南

① 戴可来,于向东:《〈抚边杂录〉与所谓"黄沙""长沙"问题》,《国际问题研究》1989年第3期;戴可来,童力:《越南关于西南沙群岛主权归属问题文件资料汇编》,河南人民出版社1991年版。

② 吴士存:《南海资料索引》,海南出版社1998年版;《南沙争端的由来与发展》,海洋出版社1999年版;《南海问题文献汇编》,海南出版社2001年版。

③ 陈史坚,钟晋梁:《南海诸岛志略》,海南人民出版社1989年版;张良福:《南沙群岛领土主权的争端》,《中国边疆史地研究报告》1991年第3—4期;陈启汉:《中国渔民是开发南海诸岛的主人》,《广东社会科学》1993年第6期;林琳:《汉代以前中国人民对南海诸岛的开发和经营》,《北京社会科学》1995年第4期;刘南威:《中国南海诸岛地名论稿》,科学出版社1996年版;陈克勤:《中国南海诸岛》,海南国际新闻出版中心1996年版;黄盛璋:《南海诸岛历来是中国领土的历史证据》,《东南文化》1996年第4期。

④ 张鸿增:《从国际法看中国对西沙群岛和南沙群岛的主权》,《红旗》1980年第4期。

海问题,其中赵理海①、杨翠柏②等学者从国际法的角度对南海问题进行了较为系统的研究,其他重要的学者主要有王可菊、马涛、赵建文、王建廷等③。与此同时,国家海洋局海洋发展战略研究所及国家海洋信息中心的学者们④系统研究了南海断续国界线及海洋划界等问题;厦门大学南洋研究院、中国边疆史地研究中心的学者们将国际法研究与史地研究进行了密切结合,产生了丰硕的成果⑤。在上述研究中,学者们先后运用地图与国际边界争端中的作用、时际国际法、"发现"与"承认"等国际法中的各项原则,并对国际法中与此类原则相关的案例进行比较分析后认为:国际法的相关原则均可证明中国拥有对南海诸岛的唯一主权,任何国家对南海诸岛提出

---

① 赵理海:《从国际法看我国对南海诸岛拥有无可争辩的主权》,《北京大学学报》1992 年第 3 期;《关于南海诸岛的若干法律问题》,《法制与社会发展》1995 年第 4 期.;《海洋法问题研究》,北京大学出版社 1996 年版。

② 杨翠柏,唐磊:《从地图在解决边界争端中的作用看我国对南沙群岛的主权》,《中国边疆史地研究》2001 年第 2 期;杨翠柏:《时际国际法与中国对南沙群岛享有无可争辩的主权》,《中国边疆史地研究》2003 年第 1 期;《"发现"与中国对南沙群岛的主权》,《社会科学研究》2003 年第 2 期;《"承认"与中国对南沙群岛享有无可争辩的主权》,《中国边疆史地研究》2005 年第 3 期。

③ 王可菊:《中国对南沙群岛拥有主权——兼评越南在南沙群岛问题上出尔反尔的行为》,《法学研究》1990 年第 2 期;马涛:《从国际法看南沙群岛的主权归属问题》,《东南亚研究》1998 年第 5 期;赵建文:《联合国海洋法公约与中国在南海的既得权利》,《法学研究》2003 年第 2 期;王建廷:《历史性权利的法理基础与实证考查》,《太平洋学报》2011 年第 3 期。

④ 许森安:《南海断续国界线的内涵》,《"21 世纪的南海:问题与前瞻"研讨会论文集》2000 年 5 月;高之国:《国际海洋法的新发展》,海洋出版社 2005 年版;贾宇:《南海"断续线"的法律地位》,《中国边疆史地研究》2005 年第 2 期;李令华:《关于南海 U 型线与国际海洋边界划定问题的探讨》,《现代渔业信息》2005 年第 12 期;《南海传统九段线与海洋划界问题》,《中国海洋大学学报》(社会科学版)2008 年第 6 期;《南海周边国家的海洋划界立法与实践》,《广东海洋大学学报》2008 年第 2 期。

⑤ 林金枝:《外国确认中国拥有西沙和南沙群岛主权的论据》,《厦门大学学报》1992 年第 2 期。李金明:《从国际法看菲律宾对我国南沙群岛的侵占》,《中国东南亚研究会通讯》1997 年第 2、3 期;《从历史与国际海洋法看黄岩岛的主权归属》,《中国边疆史地研究》2001 年第 4 期;《南海争端与国际海洋法》,海洋出版社 2003 年版;《海洋法公约与南海领土争议》,《南洋问题研究》2005 年第 2 期;《南海局势与应对海洋法之新发展》,《南洋问题研究》2009 年第 4 期;《南海断续线的法律地位:历史性水域、疆域线、抑或岛屿归属线?》,《南洋问题研究》2010 年第 4 期。郭渊:《从近代国际法看晚清政府对南海权益的维护》,《求索》2007 年第 2 期;《对南海争端的国际海洋法分析》,《北方法学》2009 年第 2 期。李国强:《对解决南沙群岛主权争议几个方案的解析》,《中国边疆史地研究》2000 年第 3 期。

主权要求都是违反国际法的,从而以详实的法律驳斥了南海周边国家侵占我"断续线"内岛礁及其海域的国际法主张,并对南海断续线的性质、历史性权利、以国际法路径解决南海争端等问题进行了探讨。

其三,南海问题的地缘政治研究。进入二十一世纪,域外大国纷纷插手南海争端,南海问题呈现出日益复杂化、国际化趋势,一批从事国际政治、国际关系、海权研究的学者们及相关研究机构逐步参与到南海问题研究之中。其中代表性的研究机构主要有中国社科院亚太所、厦门大学南洋研究院(东南亚研究所)①、暨南大学东南亚研究所②、南海研究院③、郑州大学越南研究所、广西社科院东南亚研究所等,其中厦门大学南洋研究院(东南亚研究所)、暨南大学东南亚研究所、南海研究院 的研究人员在此领域进行了积极的探索,取得了丰硕的成果,地缘政治研究作为新的研究领域在南海问题研究中的地位日益凸显。其他重要学者主要有王传军、邱丹阳、刘中民、

---

① 李金明:《从东盟南海宣言到南海各方行为宣言》,《东南亚》2004 年第 3 期;《南海波涛——东南亚国家与南海问题》,江西高校出版社 2005 年版;《南海问题的最新动态与发展趋势》,《东南亚研究》2010 年第 1 期。郭渊:《从睦邻政策看中国在南海问题上的立场和主张》,《中国边疆史地研究》2004 年第 4 期;《冷战后美国的南中国海政策》,《学术探索》2008 年第 1 期;《20 世纪 50 年代南海地缘形势与中国政府对南海权益的维护》,《当代中国史研究》2010 年第 3 期;《南海地缘形势与中国政府对南海权益的维护——以二十世纪六七十年代南海争端为考察中心》,《太平洋学报》2011 年第 5 期。卢明辉:《南海争端与东南亚国家的扩军》,《南洋问题研究》2006 年第 4 期。邱旺土:《印度对南海争端的介入及其影响评估》,《南洋问题研究》2011 年第 1 期。

② 张秀三:《南中国海问题的国际因素与我国的对策探析》,《东南亚》2001 年第 2 期。鞠海龙:《中国海上地缘安全论》,中国环境科学出版社 2004 年版;《亚洲海权地缘格局论》,中国社会科学出版社 2007 年版;《美国奥巴马政府南海政策研究》,《当代亚太》2011 年第 3 期。张明亮:《冷战前美国的南中国海政策》,《南洋问题研究》2006 年第 2 期。

③ 吴士存:《纵论南沙争端》,海南出版社 2005 版;吴士存,朱华友:《聚焦南海——地缘政治、资源、航道》,中国经济出版社 2009 年版;郑泽民:《南海问题中的大国因素》,世界知识出版社 2010 年版。

蔡鹏鸿、何志工、张小稳、马为民、张瑶华等①；这些研究主要涉及到关于南海争端国家的国别研究，分别探讨了南海周边国家的海洋政策、扩军、海洋划界等问题；关于南海问题中的台湾因素研究，探讨了台湾的南海政策及动向，以及两岸南海合作问题；卷入南海争端的大国研究，分别探讨了美、日、印等域外大国卷入南海争端的原因及后果等问题。

其四，解决南海问题具体对策研究。正如前文所述，南海问题产生以后经历了一个不断发展演进的过程。目前南海问题的焦点主要是南沙群岛及其海域，其基本形势是：南沙群岛的主要岛礁被五国六方控制，其海域被六国七方分割，并且这种分割和控制还有继续蔓延的趋势。针对南沙的主权争端，有关各方纷纷提出了关于南沙群岛主权争端的解决方案。在这种情况下，寻求解决南沙主权争端的有效可行方案、或对目前各种方案进行分析研究也就逐渐成为南海问题研究的重点所在，并形成了以下研究领域：一是关于南海资源共同开发的基本理论及具体实践的研究，基本理论研究方面代表性的学者主要有廖文章、肖建国、余民才、蔡鹏鸿、罗国强等②，具体实践研究方面代表性的学者主要有李金明、于文金、李国选、周忠海、安应民、邵建

① 王传军：《区外大国对南海地区的渗透及其影响》，《当代亚太》2001 年第 11 期；邱丹阳：《中菲南沙争端中的美国因素》，《当代亚太》2002 年第 5 期；刘中民：《中美关系中的海权问题及对策》，《学习月刊》2005 年第 8 期、《海权问题与中美关系述论》，《东北亚论坛》2006 年第 5 期、《冷战后东南亚国家南海政策的发展动向与中国的对策思考》，《南洋问题研究》2008 年第 2 期；蔡鹏鸿：《美国南海政策剖析》，《现代国际关系》2009 年第 9 期；何志工，安小平：《南海争端中的美国因素及其影响》，《当代亚太》2010 年第 1 期；张小稳《近期美国升高西太平洋紧张局势的战略意图及其影响》，《东北亚论坛》2011 年第 1 期；马为民：《美国因素介入南海争端的用意及影响》，《东南亚纵横》2011 年第 1 期；张瑶华：《日限本在中国南海问题上扮演的角色》，《国际问题研究》2011 年第 3 期。
② 廖文章：《海洋法上共同开发法律制度的形成和国家实践》，《人文暨社会科学期刊（台湾）》2007 年第 2 期；肖建国：《论国际法上共同开发的概念及特征》，《外交学院学报》2003 年第 2 期；余民才：《论国际法上海洋石油共同开发的概念》，《法学家》2001 年第 6 期；蔡鹏鸿：《争议海域共同开发的管理模式：比较研究》，上海社会科学院出版社 1998 年版；罗国强：《"共同开发"政策在海洋争端解决中的实际效果：分析与展望》，《法学杂志》2011 年第 4 期。

平等①;二是关于解决南海争端的具体方案的研究,代表性的学者主要有李国强、鞠海龙、葛勇平、蔡鹏鸿等②。三是关于南海问题的国家海权战略研究,主要涉及军方的学者,如军事科学院的张世平与王生荣、海军大连舰艇学院的石家铸、海军政治部的吴纯光等,其他重要学者主要有鞠海龙等③。

第三节 基本结论与反思

南海问题不是一个新问题,而是一个已经历时两百余年的老问题了。研究由问题而生。南海问题研究也不是一个新领域,而是一个历时近百年的老研究领域了。通过上述对于南海问题研究的概述,我们可以对国内学者关于南海问题的研究作出如下总结与反思。

一条主线:以史地研究与法理研究为主线,并逐步实现多学科研究的融合。在南海问题研究领域里,史地研究是一个传统的研究领域,从1928年南海问题研究的新起点开始,一直持续到今天,可以说是一个投入研究人数最多、生命力最强、产生成果最为丰富的领域。史地研究的主要目的,就是力图向国人及世界证明中国对于南海诸岛及其附近海域拥有无可争辩的历史主权。对此,中国有充分的历史与法理依据。可见,史地研究的本质就是

---

① 李金明:《南沙海域的石油开发及争端的处理前景》,《厦门大学学报(哲学社会科学版)》2002年第4期;于文金、朱大奎:《中国能源安全与南海开发》,《世界地理研究》2006年第4期;李国选:《南海共同开发制度化:内涵、条件与制约因素》,《南洋问题研究》2008年第1期;周忠海:《论南中国海共同开发的法律问题》,《厦门大学法律评论》2003年第5期;安应民:《论南海争议区域油气资源开发的模式选择》,《当代亚太》2011年第6期;邵建平:《如何推进南海共同开发?——东南亚国家经验的视角》,《当代亚太》2011年第6期。

② 李国强:《对解决南沙群岛主权争议几个方案的解析》,《中国边疆史地研究》2000年第3期;鞠海龙:《和平解决南海问题的现实思》,《东南亚研究》2006年第5期;葛勇平:《南沙群岛主权争端及中国对策分析》,《太平洋学报》2009年第9期。蔡鹏鸿:《试析南海地区海上安全合作机制》,《现代国际关系》2006年第6期。

③ 张世平:《中国海权》,人民日报出版社2009年版;王生荣:《海权对大国兴衰的历史影响》,海潮出版社2009年版;石家铸:《海权与中国》,上海三联书店2009年版;吴纯光:《太平洋上的较量——当代中国的海洋战略问题》,今日中国出版社1998年版;鞠海龙:《中国海权战略》,时事出版社2010年版。

法理研究,两者实质上是融合在一起的。因此,随着史地研究的不断深入,必然与国际法研究相融合。当然,早期包括国际海洋法在内的国际法主要是习惯法规则。1958年四个海洋法公约的制定,使海洋法由习惯法开始向成文法转变,但基本上代表的是海洋大国的利益。二十世纪七十年代以后,随着第三次联合国海洋法会议召开以及1982年《联合国海洋法公约》的签署,人类历史上第一次产生了一部系统的体现包括第三世界国家利益在内的世界多数国家利益的成文的海洋法体系。于是,从成文的国际法角度研究南海问题成为一个基本趋势。1990年以后,随着法学在国内学术界逐步走向繁荣,在南海问题研究领域逐步实现了国际法研究与史地研究的融合,并将国际法逐步渗透到地缘政治研究及资源开发研究领域之中,极大拓展了南海问题研究的空间,从而形成了多学科交叉融合的局面。这在史地研究领域诸如李金民、李国强、吴士存等学者那里表现得尤为明显。

一个缺陷:战略研究相对不足。研究的目的是为了解决问题。然而在南海问题研究领域,我们可以看到这样一个现象,二十一世纪以前主要的研究领域是史地研究和法律研究,而对策研究相对不足。在世纪交替之际情况稍有改观,这主要是基于两个方面的原因:一是我国政府提出了着眼于和平解决南海争端的"搁置主权、共同开发"①的主张;二是进入二十一世纪后,随着中国不断崛起,南海问题逐渐成为美、日、印等域外大国遏制中国崛起的一枚棋子而不断插手其中。于是,国内学者将对策研究聚焦于地缘政治研究和我国政府所提出的相关对策研究之中。可见,国内学者的对策研究是一种被动式的对策研究,也就是问题产生或提出后的应对之策研究。总之,国内学者关于南海问题的对策研究主要围绕外部地缘政治环境及我国政府所提出的相关对策而展开,缺乏前瞻性的、综合性的国家行为战略研究。

一个后果:问题越来越复杂。尽管四十年来国内学者在南海问题研究领域结出丰硕的成果,但并没有使问题得以缓解或解决,现实情况却是问题

---

① 《邓小平文选(第三卷)》,人民出版社1993年版,第87页。

越来越复杂。这种复杂性体现在：其一，岛礁被侵占。早在1956年，南越政府就开始侵占中国西沙群岛的珊瑚岛、甘泉岛和南沙群岛的南威岛，并声称对我西沙和南沙群岛拥有传统主权。1970年起，菲律宾政府开始派兵占领南沙群岛部分岛礁。时至今日，南沙群岛的主要岛礁被五国六方（中国、越南、菲律宾、马来西亚、文莱和中国台湾）所控制；其二，海域被分割。《联合国海洋法公约》签署后，南海周边国家根据公约大肆分割我南海"断续线"内的广阔海域。时至今日，海域被六国七方（中国、越南、菲律宾、马来西亚、印度尼西亚、文莱和中国台湾）所分割，并且这种分割和控制还通过行政管理及国内立法不断予以强化。如菲律宾于1988年设置"卡拉延市"对其侵占的岛礁及海域行使行政管理之责，并于2009年制定领海基线法对其侵占行为予以法律确认。越南则分别于1982年设置黄沙县、2007年设立长沙县，分别对其所侵占或主张管辖的岛礁及海域行使行政管理之责，并于2012年6月21日制定《越南海洋法》对其侵占行为予以法律确认；其三，资源被掠夺。虽然我国政府提出了着眼于和平解决南海争端的"搁置主权、共同开发"的主张，但是南海周边国家在抓紧抢占南海岛礁及海域的同时，还不断加快对所占海域资源的开发活动。仅以油气资源为例，据世界权威能源咨询机构HIS公司2002年数据显示，越南、菲律宾、马来西亚、文莱等四国在中国南海断续线内的油气田至少有53个。仅2001年四国在中国南海断续线两侧的原油开采量就高达3746.9万吨，约等于中国近海原油产量的2.1倍；天然气384.2亿立方米，约等于中国近海天然气产量的9.3倍[1]。其四，结成同盟共同对抗中国。尽管中国政府提出以双边谈判的方式和平解决南海争端，但南海争端国家丝毫没有诚意，反而以结成各种形式的同盟共同对抗中国。这种同盟主要表现为：各争端国家相互结成同盟，其中以越南、菲律宾、马来西亚为代表，试图结成"南沙集团"以共同对抗中国；以东盟为舞台频繁向中国发难，使中国疲于应付；拉拢美、俄、日、印等域外大国，通过各种形式的合作或结盟共同对抗中国。上述结盟形式使南海问题日益

① 萧建国：《国际海洋边界石油的共同开发》，海洋出版社2006年版，第167页。

复杂化、国际化,解决难度日益增大。

　　一个呼唤:南海问题研究呼唤海洋政治分析。目前,南海问题日益复杂化、国际化,解决难度日益增大。维护南海权益不仅是历史问题、法律问题、地缘政治问题,而且也是海洋政治问题,要求我国必须在国家层面对内对外积极主动实施综合性国家行为战略,否则必将陷入更加被动局面。

第四节　南海问题的海洋政治分析

　　具体到南海问题而言,必须充分认识到南海是我国的重大利益之所在。这是因为我国海岸线被双重岛链束缚,缺乏有效的战略纵深和回旋余地,在世界上所有的大国中,我国的海上周边环境及安全角势是最为严峻的。唯一拥有战略纵深的广阔海域就是南海。南海不仅给我国提供了包括资源和航线在内的最为丰富的经济层面的价值,而且提供了政治、军事及安全层面的价值。而且南海问题又具有特殊性,它并不涉及到谋求海洋扩张或海洋霸权的问题,而是涉及到维护合法的领土主权和海洋权益的问题。因此国家更应该采取积极有效的行为战略去应对这一问题。

　　由于《联合国海洋法公约》的不少规定是"不完善的,甚至是有不少缺陷的",这是"通过协商一致达成全面谅解的必不可少的妥协,在制定错综复杂的海洋法律制度时必须付出的代价"[①]。也正因为如此,自《联合国海洋法公约》生效以来,南海周边国家纷纷选择公约中对自己有利的条款来支持自己声称的主权和管辖权,并积极主动地付诸实际的管理和控制行为,致使长期以来存在着严重争端的南海问题日趋白热化。截至目前,南海周边国家非法侵占我国南海岛礁最长已逾四十年,我国的持续拖延,一旦使得周边各国对于南海岛礁的占领形成一种国际法上的有效占领并为国际社会所认可,南海争端的解决便会更为艰难。反观我国,尽管在应对南海争端中

---

　　① 赵理海:《我国批准〈联合国海洋法公约〉问题》,赵理海:《海洋法问题研究》,北京大学出版社 1996 年版,第 147—157 页。

也付诸一些包括立法、行政管理、开发、战争等国家行为,但基本上是一种被动的选择,缺乏积极主动的国家行为战略,这也是造成我国在南海争端中日益被动的根本原因。

因此,对于目前我国南海问题研究方面我们必须要有一个清醒的认识,那就是通过历史地理研究虽然可以证明我国对于南海诸岛及其海域拥有无可争辩的历史主权,但实际上却停留于自说自话的境地之中;通过国际法方面的研究虽然可以依据国际法的相关原则证明我国拥有对南海诸岛的唯一主权并有效驳斥其它南海周边国家的国际法主张,但实际上由于国际法所存在的自身缺陷而导致出现互相争斗较劲的局面;通过地缘政治研究使我们对我国海上周边安全环境有着较为清醒的认识,但实际上往往使我国陷入理性与民意的矛盾之中而无所适从;通过共同开发方面的研究虽然为我国实施南海资源共同开发提供了充分的理论与实践准备,但实际情况却是"争议没有搁置,开发没有共同,资源都给别人开发了,而中国却没有得到任何利益"①。不可否认,上述研究都有其自身的价值,但难以从根本上解决问题。

当前南海问题研究最为欠缺的就是海洋政治方面的研究,也就是国家如何在南海问题上积极主动地付诸综合性国家行为战略的研究。海洋政治要求正确认识与处理国家与海洋法的关系问题。对于当代中国而言,我们应该维护《联合国海洋法公约》,遵循国际法的基本原则,但是又不拘泥于海洋法。由于南海断续线、线内水域的性质及"历史性权利"等问题在现代海洋法律制度中本身就具有较大的不确定性和模糊性,因此我们明智的做法就是在充分把握海洋法发展趋势的前提下,通过国家积极主动的综合性的行为战略实践我们在南海断续线内水域的各种权利,以此推动海洋法的发展。这种综合性的国家行为战略以海洋科技为先导、以发展海洋经济为目标、以有效的海洋管理为保障、以具有威慑力的海上武装力量为后盾,使我们在南海争端中逐步居于主动地位,为未来的和平谈判积累足够多的筹码,从而最大限度地维护和实现国家海洋利益。

---

① 李金明:《南海问题的最新动态与发展趋势》,《东南亚研究》2010 年第 1 期,第 35—41 页。

结　论

我国是陆海兼备的大国,海洋与国家的生存与发展息息相关,并事关中华民族的伟大复兴。然而我国与周边国家在海域划界、岛屿归属和资源开发等方面存在诸多争议,维护海洋权益极为迫切。

在汉语里,权益是一个单纯词,意指主体应该享受的不容侵犯的权利;权利也是一个单纯词,意指主体依法行使的权力和享受的利益,两者反映着一种本质上的法律属性,是一种法律的存在,权利事实上就等于权益。而在英语里,right既指权益,又指权利,两者是一回事。权利事实上就等于权益。质言之,海洋权益与国际海洋法律制度相关联。

现代国际海洋法律制度的确立经历了一个由海洋霸权到沿海国家平等协商的过程。"海洋权力"概念是海洋霸权时代的产物,由马汉在《海权论》中系统提出,翻译为"sea power"。"海洋权利"翻译为"sea(marine) right",在这里权利是一个单纯词,其目的是获取海洋利益,即 sea(marine) interests。如果将海洋权益看作合成词,那么"海洋权益"就可以被解读为:海洋 +(权利 + 利益),翻译为 sea + right + interests 。如果遵循这一逻辑,那么"海洋权力"就可以被解读为:海洋 +(权力 + 利益),翻译为 sea + power + interests ,于是"海洋权力"也同样可以被理解为"海洋权益"。这就是"海洋权力"与"海洋权利"的共同之处所在。两者的目的都是 interests。只不过实现的手段不一样而已。其中 power 与 arm 有关, right 与 low 有关。这就是"海洋权力"与"海洋权利"的根本区别所在。

"海洋权力"与"海洋权利"共同致力于对海洋利益的追逐,其目的都是确保国家能够有效维护和稳定实现海洋利益。海洋利益是一个历史范畴,不同历史时期人类获取的海洋利益是不一样的。人类获取海洋利益的能力称为"海洋权能",可以翻译为"sea capability"。海洋权能就是以海洋价值观念为前提和基础,以海洋科学技术为手段,以海洋经济为基本表现形式,从而充分获取海洋利益的能力。因此,海洋权益可以归纳为海洋权能、海洋权力与海洋权利的复合体,即海洋权益 = 海洋权能 + 海洋权力 + 海洋权利 + 海洋利益,用英语表述为 sea + capability + right + power + interests。在思考海洋权益问题时绝不可忽视海洋权力(sea power)的存在。因为,国家海洋利益虽然是客观存在的,但是还需要通过国家的力量去维护,尤其是需要运用国家力量对其海上"领土"和权利所及的国家管辖海域实施有效的管理和控制。也只有国家实际的管理和控制,才能保证国家海洋利益能够得到稳定有效的实现。

海洋权益缘起于国家对于海洋利益的追逐。海洋利益是一个历史范畴,它是随着人类开发利用海洋的海洋实践活动不断深入而在认识上不断深化的结果。随着人类涉海活动的不断深入,开发利用海洋的能力与水平也就不断提高,海洋文明作为一种新的文明形态也就应运而生并且其影响力不断提高,不仅不断左右人类的经济生活,而且不断影响人类的政治生活,必然导致越来越多的沿海国家不断卷入海洋利益的争夺之中以适应经济基础的需要。在海洋文明早期,人类不可能过多思考海洋权利问题,而更多的是依靠武力,依靠国家有组织的暴力来对海洋施加影响和控制,这就是海洋权力,即海权。生产、海运、殖民地构成了海权的三要素,其中生产是三种要素中最基础的要素,因为有了生产出来的交换产品才促使海运的出现,而殖民地则是保护海运而出现的。在这三因素中可以找到决定沿海国家历史和政策的关键所在。总之,商品经济是海洋权力赖以建立的基础,海洋所具有的通道价值是海洋权力赖以形成的条件,通过海洋军事力量对海洋通道予以控制是海洋权力的基本表现形式。影响各国海洋权力的主要因素可以归纳为自然因素与政府因素两大类。其中自然因素包括地理位置、自然结构、人口、民族特点等四个因素。

海洋权力的理论在马汉那里作了最为完善的阐释。虽然马汉在其名著

《海权论》中对于欧洲海权三百年的历史予以深刻的分析和总结,并且提炼出海权的三要素及影响各国海权的五个主要因素,从而构建了完整的海权理论。其实这一总结也是对源于古希腊的绵延二千多年的海权现象作了系统的理论总结。

随着时代的发展,当人类社会进入二十世纪以后,越来越多的殖民地脱离宗主国而走向独立,人类社会也就步入由现代民族国家为主要组成单元的现代国际体系时代。于是,在现代国际体系下,由殖民地的争夺转变为国际市场的争夺,相应地,国际海洋秩序也就由争洋霸海的时代转变为由平等的国际法主体通过协商共同确定国际海洋秩序的新时代。海洋权力,即谋求以武力实施对海洋控制也就逐步让位于以作为平等国际法主体的国家间共同协商确定国际海洋秩序的新时代。海洋权利也就应运而生。

海洋权利的过程就是国家通过谈判等非暴力方式逐步将海洋由"无主物"转变成为受国际法保护的在海洋特定区域能够享有相应权利的过程。事实上,海洋权利经历了一个漫长的演变历程。现代国际海洋法律制度的基本表现形式是1982年第三届联合国海洋法会议制定的《联合国海洋法公约》,该公约确定了现代国际海洋法律秩序。事实上,现代国际海洋法律制度就是主权国家积极主动行为的结果,没有主权国家对于海洋利益的积极争夺,就不会有现代国际海洋法律制度。《联合国海洋法公约》最富有创新精神的上述内容都冲击了传统的国家理论,尤其是冲击了传统的国家主权观念。这就充分表明,由主权国家作为主体通过国际协商谈判的方法制定国际法律制度必然充斥着大量的讨价还价,最终制定出的国际法律制度也必然是相互之间妥协的结果,其后果必然是对国家行为的限制与约束。海洋利益的获取与国家行为的限制就是现代海洋法律制度对于主权国家的基本规范,就是现代海洋法律制度的基本逻辑。这实际上涉及的就是国家自主性问题。

国家自主性理论主要有三个方面的内容构成:国家为什么具有自主性、国家所具有的自主性是相对于什么而言的、国家自主程度的衡量标准是什么。国家自主性由对内自主性与对外自主性两部分组成。就对内自主性而言,国家归根到底来源于社会并作为凌驾于社会之上的公共权力共同决定了国家必然具有相对于社会的自主性,这种自主性是基于对国家所确认的公共利益的追求,因此一切国家都具有相对自主性;国家所具有的自主性是相对于包括经济上的统治阶级在内的社会一切阶级而言的;国家形式决定了国家相对自主性的程度,一般而言,行政国家比传统的议会至上的国家具有更高程度的自主性,不仅如此,就行政国家而言,不同的国家形式对于行政机关及其官僚所执掌的公共权力的"异化"倾向制约程度也不相同,从而使这些不同形式的行政国家表现出不同程度的自主性。但是无论如何,任何国家都不具有绝对的自主性,因为国家终究要受到社会的制约。就对外自主性而言,主权国家作为国际社会的平等成员决定了国家必然具有超越于其它国家的自主性,这种自主性是基于对国家所确认的国家利益的追求;国家所具有的自主性是相对于国际社会而言的;国家实力的强弱及其封闭程度决定了国家自主性的程度。一般而言,由政治、经济、军事、科技组成的国家实力强大的国家具有更高程度的自主性,不仅如此,奉行闭关锁国政策的国家也同样具有更高程度的自主性。但是无论如何,任何国家都不具有绝对的对外自主性,因为国家终究要受到国际社会的制约。

　　基于上述分析,我们可以对国家与海洋权益两者之间的关系作出如下总结:国家海洋权益由海洋权能、海洋权力与海洋权利三部分构成,其目的是稳定实现海洋利益。海洋利益是一个历史范畴,国家能够顺应时代要求确认海洋利益并积极主动地通过发展海洋科技及海洋经济等手段充分获取海洋利益是海洋权益产生的起点。换言之,海洋权益缘起于国家对于海洋利益的追逐,并且在海洋权力与海洋权利的协同发展中演进至今,国家是推动海洋权益不断演进的基本动力。海洋权力的目的在于通过对海洋的控制以稳定实现国家海洋利益,海洋军事是国家海洋权力的传统手段和最后手段。海洋权利是现代国际海洋法律制度所确认的,国家积极主动的单方面海洋权利主张是现代国际海洋法律制度形成的起点,同时其制定过程中所依赖的国际政治格局对国家行为造成一定程度的限制和制约。现代国际海洋法律制度形成以后,基于国际法的基本特性,它既对加入其中的主权国家的国家行为造成一定的限制和制约,同时主权国家也可以通过积极主动的行为推动现代海洋法律制度的发展。由于现代国际海洋法律制度是主权国家在其管辖海域内实施海洋管理的依据,因此国家必须积极主动地实现国际法向国内法的转化,只有这样主权国家才能对其管辖海域实施有效的管理和控制,从而稳定实现海洋利益。主权国家的海洋管理也就同样构成国家海洋权力的重要手段。总之,海洋权益不仅是一个国际法问题、地缘政治问题,也是一个海洋政治学的问题,要求国家在维护海洋利益方面充分发挥自主性,对内对外采取综合性、宏观性的行为策略并积极主动地将其付诸实施。因此,在海洋权益方面,国家不应该无所作为,但也不应该恣意妄为。这就是国家与海洋权益两者关系的基本总结。

通过上述总结,我们还可以进一步提炼出海洋政治的基本分析框架:其一,海洋利益是国家的重大利益之所在。尤其是对于一个拥有漫长海岸线的国家,成为海洋大国是成就强国的唯一选择,因为凭借海洋或通过海洋能够使其获得成为伟大国家的包括政治、经济、军事、安全等一切价值。其二,海洋利益的稳定实现有赖于海洋秩序的形成和确立。在人类经略海洋的早期阶段,国际海洋秩序的形成和维系主要由包括武力在内的国家海上力量而确定。现代国际海洋法律秩序则是由国际海洋法律制度所确认的。因此海洋政治的核心问题实质上就是国家与海洋法的关系问题。海洋法的制定过程其实就是一个海洋政治过程,没有国家积极主动的行为战略,就没有现代海洋法律制度。其三,国家积极主动的行为战略是推动海洋法发展的基本动力。由于海洋法是主权国家之间的法,而不是凌驾于主权国家之上的法,它是沿海国家的利益、整个国际社会的利益平衡协调的结果,是各主权国家协商一致、各方利益折中妥协的产物,因此必然存在大量的空白点、模糊和不确定之处,有待于进一步的充实和完善。主权国家对待公约的正确态度应该是充分尊重公约,在坚持国际法基本原则的前提下积极主动地维护、实现和拓展国家管辖海域内及国家管辖海域外的各种海洋利益。面对因海洋法所客观存在的模糊和不确定之处而导致的包括海域划界在内的各种矛盾,沿海国家也应该以一种积极主动的姿态参与其中,在敏锐把握海洋法发展趋势的前提下通过积极主动的行为战略推动海洋法的发展。其四，综合发展国家海洋能力是充分实现海洋利益的基本路径。国家海洋能力是一种综合能力，包括了海洋科技能力、海洋经济能力、海洋管理能力、海洋军事能力、海洋地缘政治运用能力及推动国际法发展能力等内容。总之，国家海洋能力是一种综合能力，其综合功能在于提升国家海洋利益的获取能力和保障能力，从而使国家在海洋竞争中居于主动地位。

　　具体到南海问题而言，必须充分认识到南海是我国的重大利益之所在。这是因为我国海岸线被双重岛链束缚，缺乏有效的战略纵深和回旋余地，在世界上所有的大国中，我国的海上周边环境及安全角势是最为严峻的。唯一拥有战略纵深的广阔海域就是南海。南海不仅给我国提供了包括资源和航线在内的最为丰富的经济层面的价值，而且提供了政治、军事及安全层面的价值。而且南海问题又具有特殊性，它并不涉及到谋求海洋扩张或海洋霸权的问题，而是涉及到维护合法的领土主权和海洋权益的问题。因此国家更应该采取积极有效的行为战略去应对这一问题。海洋政治要求正确认识与处理国家与海洋法的关系问题。对于当代中国而言，我们应该维护《联合国海洋法公约》，遵循国际法的基本原则，但是又不拘泥于海洋法。由于南海断续线、线内水域的性质及"历史性权利"等问题在现代海洋法律制度中本身就具有较大的不确定性和模糊性，因此我们明智的做法就是在充分把握海洋法发展趋势的前提下，通过国家积极主动的综合性的行为战略实践我们在南海断续线内水域的各种权利，以此推动海洋法的发展。这种综合性的国家行为战略以海洋科技为先导、以发展海洋经济为目标、以有效的海洋管理为保障、以具有威慑力的海上武装力量为后盾，使我们在南海争端中逐步居于主动地位，为未来的和平谈判积累足够多的筹码，从而最大限度地维护和实现国家海洋利益。

参考文献

1. Peter A. Hall, Rosemarcy C. R. Taylor, "Political Science and the three New Instituinalist". Political studies, (1996), XLIV.

2. Same Bateman and Stephen Bates, eds., "The Seas Unite: Maritime Cooperation in the Asia Pacific Region". Australian National University Printing Service, 1996.

3. Anthony E. Sokol, "Sea Power in the Nuclear Age". Public Affair Press, 1961.

4. Gerard Peer, "Ocean management in practice," in Paolo Fabri(ed.), Ocean Management in Global Change. London: Elsevier Applied Science, 1992.

5. E. L. Miles, "Concepts, approaches, and applications in sea use planning and management," Ocean Development and International Law, Vol. 20, No. 3 (1989).

6. Biliana Cicin - Sain, "Sustainable development and integrated coastal management," Ocean and Coastal Management Vol. 21, No. 1 - 3 (1993).

7. Mark J. Valencia, "The Spratly Islands Dispute", Far Eastern Economic Review, January 9, 2003.

8. David Maland, Europe in the Seventeenth Century, Second Edition, London, 1983.

9. James M. Anderson, The History of Portugal, London, 2000.

6. Stanley G. Payne, A History of Spain and Portugal, The University of Wisconsion Press, 1973.

10. David Birmingham, A Concise History of Portugal, The University of Wisconsin Press, 1973.

11. Clive Ponting, World History, A New Perspective, London, 2000.

12. Dean, Cole and Minchinton, The Growth of English Overseas Trade in the Seventeenth and Eighteenth Century, London, 1969.

13. 《马克思恩格斯全集(第 14 卷)》,人民出版社 1964 年版。

14. 《马克思恩格斯全集(第 23 卷)》,人民出版社 1972 年版。

15. 《马克思恩格斯全集(第 25 卷)》人民出版社 1974 年版。

16. 恩格斯:《反杜林论》,人民出版社 1970 年版。

17. 邓小平:《邓小平文选(第三卷)》,人民出版社 1993 年版。

18. [古希腊]希罗多德:《历史》,周永强译,安徽人民出版社 2012 年版。

19. [古希腊]希罗多德着:《希波战争史》,吴玉芬,易洪波编译,重庆出版社 2007 年版。

20. [古希腊]修昔底德着:《伯罗奔尼撒战争史》,谢德风译,商务印书馆 1960 年版。

21. [荷]格劳秀斯:《捕获法》,张乃根,马忠法,罗国强,王林彬,杨毅译,上海人民出版社 2006 年版。

22. [荷]格劳秀斯:《论海洋自由或荷兰参与东印度贸易的权利》,马忠法译,上海人民出版社 2005 年版。

23. [德]特奥多尔.蒙森:《罗马史》,李稼年译,商务印书馆 2005 年版。

24. [加拿大]巴里·布赞:《海底政治》,时富鑫译,北京三联书店 1981 年版。

25. [美]J. M. 阿姆斯特丹 P. C. 赖斯:《美国海洋管理》,林宝法,郭家梁,吴润华译,海洋出版社 1986 年版。

26. [美]杰拉尔德·丁·曼贡:《美国海洋政策》,张继先译,海洋出版社 1982 年版。

27. [美]阿尔弗雷德·塞耶·马汉:《海权论》,范利鸿译,陕西师范大学出版社 2010 年版。

28.[苏联]约·彼·马吉多维奇:《世界探险史》,屈瑞,云海译,海南出版社、三环出版社2006年版

29.[英]詹宁斯、瓦茨修订:《奥本海国际法(第一卷第一分册)》,王铁崖等译,中国大百科出版社1995年版。

30.[加]E.M.鲍基思:《海洋管理与联合国》,孙清等译,洋出版社1996年版。

31.[英]安东尼·吉登斯:《民族—国家与暴力》,胡宗泽,赵力涛译,三联书店1998年版。

32.[美]罗伯特·W.杰克曼:《不需暴力的权力》,欧阳景根译,天津人民出版社2005年版。

33.[英]密里本德:《马克思主义与政治学》,黄子都译,商务印书馆1984年版。

34.[美]西达·斯考切波:《国家与社会革命》,何俊志,王学东译,上海世纪出版集团2007年版。

35.[英]伯特兰·罗素:《权利论》,吴友三译,商务印书馆2012年版。

36.[法]费尔南·布罗代尔:《地中海与菲利普二世时代的地中海世界》,唐家龙、曾培耿等译,商务印书馆2013年版。

37.[英]D.豪沃思:《战舰》,伍江译,海洋出版社1984年版。

38.[法]阿尔德伯特等:《欧洲史》,蔡鸿滨 桂裕芳 译,海南出版社2002年版。

39.[美]斯塔夫里阿诺斯:《全球通史》,吴象婴、梁赤民译,北京大学出版社2006年版。

40.[英]J.F.C.富勒:《西洋世界军事史:第二卷》,钮先钟译,台湾军事译粹社1976年版。

41.张炜、许华:《海权与兴衰》,海洋出版社1991年版。

42.《简明不列颠百科全书》,中国大百科全书出版1986年版。

43.傅蓉珍、张晴、金忠冕:《海上霸主的今昔》,黑龙江人民出版社1998年版。

44. 侯淑波:《国际贸易实务与法律》,南开大学出版社 2013 年版。

45. 陈必祥、段万翰:《世界五千年》,汉语大辞典出版社 2004 年版。

46. 滕藤:《海上霸主的今昔——西班牙、葡萄牙、荷兰百年强国历程》,黑龙江人民出版社 1998 年版。

47. 齐世荣、钱承旦、张宏毅主编:《15 世纪以来世界九强兴衰史》,人民出版社 2009 年版。

48. 胡鞍钢、门洪华主编:《解读美国大战略》,浙江人民出版社 2003 年版。

49. 宋云霞:《国家海上管理权理论与实践》,海洋出版社 2009 年版。

50. 倪乐雄:《文明的转型与中国海权》,新华出版社 2010 年版。

51. 王生荣:《海权对大国兴衰的历史影响》,海潮出版社 2009 年版。

52. 韩立民,陈艳:《海域使用管理的理论与实践》,中国海洋大学出版社 2006 年版。

53. 吴纯光:《太平洋上的较量:当代中国的海洋战略问题》,今日中国出版社 1998 年版。

54. 胡启生:《海洋秩序与民族国家》,黑龙江人民出版社 2003 年版。

55. 石家铸:《海权与中国》,上海三联书店 2008 年版。

56. 张世平:《中国海权》,人民日报出版社 2009 年版。

57. 文天尧:《争洋霸海:制海权与国家命运》,凤凰出版社 2009 年版。

58. 丁力:《地缘大战略:中国的地缘政治环境及其战略选择》,山西人民出版社 2010 年版。

59. 倪健民、宋宜昌主编:《海洋中国:文明重心东移与国家利益空间》,中国国家广播出版社 1997 年版。

60. 郑立法 班海滨主编:《蓝色争锋:海洋大国与海权争夺》,海潮出版社 2003 年版。

61. 李杰主编:《戍海固边:海上安全环境与海洋权益维护》,海潮出版社 2003 年版。

62. 高建军:《国际海洋划界论》,北京大学出版社 2005 年版。

63. 沈文周主编:《海域划界技术方法》,海洋出版社 2003 年版。

64. 李明春:《海洋权益与中国崛起》,海洋出版社 2007 年版。

65. 管华诗、王曙光主编:《海洋管理概论》,中国海洋大学出版社 2003 年版。

66. 唐晋:《大国崛起》,人民出版社 2006 年版。

67. 邵沙平主编:《国际法》,高等教育出版社 2008 年版。

68. 曾文革、杨树明主编:《国际法》,中国政法大学出版社 2010 年版。

69. 鹿守本:《海洋管理通论》,海洋出版社 1997 年版。

70. 赵理海主编:《海洋法问题研究》,北京大学出版社 1996 年版。

71. 高之国、贾宇、张海文主编:《国际海洋法的新发展》,海洋出版社 2005 年版。

72. 谭柏贵:《海洋资源保护法律制度研究》,法律出版社 2008 年版。

73. 孙斌、徐质斌主编:《海洋经济法》,青岛出版社 2000 年版。

74. 屈广清、屈波主编:《海洋法》,中国人民大学出版社,2005 年版。

75. 张海文主编:《联合国海洋法公约释义集》,中国海洋出版社 2006 年版。

76. 蔡鹏鸿:《争议海域共同开发的管理模式:比较研究》,上海社会科学院出版社 1998 年版。

77. 萧建国:《国际海洋边界石油的共同开发》,海洋出版社 2006 年版。

78. 王沪宁主编:《政治的逻辑》,上海人民出版社 2004 年版。

79. 徐大同主编:《西方政治思想史》,天津教育出版社 2000 年版。

80. 郭道晖:《社会权力与公民社会》,译林出版社 2009 年版。

81. 吴于廑等主编:《世界史近代史卷(上卷)》,高等教育出版社 1992 年版。

82. 陈必祥、段万翰:《世界五千年》,汉语大辞典出版社 2004 年版。

83. 傅蓉珍、张晴、金忠富主编:《海上霸主的今昔》,黑龙江人民出版社 1998 年版。

84. 陈天锡主编:《西沙岛东沙岛成案汇编·东沙岛成案汇编》,商务印书馆 1928 年版。

85. 杜定友主编:《东西南沙群岛资料目录》,西南沙志编纂委员会 1948 年版。

86. 杨秀清:《海军进驻后之南海诸岛》,海军总司令部政工处 1948 年版。

87. 陈鸿瑜:《南海诸岛主权与国际冲突》,台北幼狮文化事业公司 1987 年版。

88. 凌纯声等:《吾行健辑. 中国今日之边疆问题》,台湾学生书局 1981 年版。

89. 林金枝,吴凤斌:《祖国的南疆》,上海人民出版社 1985 年版。

90. 韩振华:《南海诸岛史地考证论集》,中华书局 1981 年版。

91. 韩振华主编:《我国南海诸岛史料汇编》,东方出版社 1988 年版。

92. 韩振华:《南海诸岛史地研究》,社会科学文献出版社 1996 年版。

93. 陈史坚,钟晋梁:《南海诸岛志略》,海南人民出版社 1989 年版。

94. 刘南威:《中国南海诸岛地名论稿》,科学出版社 1996 年版。

95. 吕一燃:《南海诸岛:地理·历史·主权》,黑龙江教育出版社 1992 年版。

96. 戴可来,童力主编:《越南关于西南沙群岛主权归属问题文件资料汇编》,河南人民出版社 1991 年版。

97. 吴士存:《南海争端的由来和发展》,海洋出版社 1999 年版。

98. 吴士存:《南海资料索引》,海南出版社 1998 年版。

99. 吴士存主编:《南海问题文献汇编》,海南出版社 2001 年版。

100. 吴士存:《纵论南沙争端》,海南出版社 2005 年版。

101. 吴士存,朱华友:《聚焦南———地缘政治、资源、航道》,中国经济出版社 2009 年版。

102. 李金明:《中国南海疆域研究》,福建人民出版社 1999 年版。

103. 李金明:《南海争端与国际海洋法》,海洋出版社 2003 年版。

104. 李金明:《南海波涛——东南亚国家与南海问题》,江西高校出版社 2005 年版。

105. 李国强:《南中国海研究:历史与现状》,黑龙江教育出版社 2003 年版。

106. 鞠海龙:《中国海上地缘安全论》,中国环境科学出版社 2004 年版。

107. 鞠海龙:《亚洲海权地缘格局论》,中国社会科学出版社 2007 年版。

108. 鞠海龙:《中国海权战略》,时事出版社 2010 年版。

109. 郑泽民:《南海问题中的大国因素》,世界知识出版社 2010 年版。

110. 江红义:《国家自主性理论的逻辑》,知识产权出版社 2011 年版。

111. 陈炳辉:《试析"国家的相对自主性"》,《理论学习月刊》1994 年第 3、4 期。

112. 龙佳解:《关于国家相对独立性的几个问题》,《湖南大学社会科学学报》1994 年第 2 期。

113. 孙立平:《向市场经济过渡过程中的国家自主性问题》,《战略与管理》1996 年第 4 期。

114. 朱陆民:《国际相互依存中的国家自主性及其限度》,《云南行政学院学报》2003 年第 6 期。

115. 杨雪冬:《国家自主与中国发展道路》,《社会科学》2006 年第 3 期。

116. 郁建兴:《马克思的国家自主性概念及其当代发展》,《社会科学战线》2002 年第 4 期。

117. 范春燕:《"国家相对自主性"含义辨析》,《理论探索》2007 年第 1 期。

118. 王芳:《中国海洋资源态势与问题分析》,《国土资源》2003 年第 8 期。

119. 丁晖:《海水直接利用及含海水城市污水的处理》,《辽宁城乡环境科技》卷 22 第 4 期 2002 年第 8 期。

120. 孔鹏:《跟随国家能源战略,掘进油轮运输业》,《新财富》2006 年第 11 期。

121. 刘瑞玉:《关于我国海洋生物资源的可持续利用》,《科技导报》2004 年第 11 期。

122. 赵磊,单丽莎:《权力、权利异同论》,《社会科学研究》1991 年第 4 期。

123. 赵勇:《什么是国际法》,《世界知识》1986 年第 21 期。

124. 李贵连:《话说权利》,《北大法律评论》1998 年第 1 卷第 1 辑。

125. 张鸿增:《从国际法看中国对西沙群岛和南沙群岛的主权》,《红旗》1980 年第 4 期。

126. 王可菊:《中国对南沙群岛拥有主权———兼评越南在南沙群岛问题上

出尔反尔的行为》,《法学研究》1990 年第 2 期。

127. 赵理海:《从国际法看我国对南海诸岛拥有无可争辩的主权》,《北京大学学报》1992 年第 3 期。

128. 赵理海:《关于南海诸岛的若干法律问题》,《法制与社会发展》1995 年第 4 期。

129. 林荣贵,李国强:《南沙群岛史地问题的综合研究》,《中国边疆史地研究》1991 年第 1 期。

130. 李国强:《民国政府与南沙群岛》,《近代史研究》1992 年第 6 期。

131. 李国强:《对解决南沙群岛主权争议几个方案的解析》,《中国边疆史地研究》2000 年第 3 期。

132. 李金明:《南海诸岛史地研究札记》,《中国边疆史地研究》1995 年第 1 期。

133. 李金明:《从历史与国际海洋法看黄岩岛的主权归属》,《中国边疆史地研究》2001 年第 4 期。

134. 李金明:《海洋法公约与南海领土争议》,《南洋问题研究》2005 年第 2 期。

135. 李金明:《南海局势与应对海洋法的新发展》,《南洋问题研究》2009 年第 4 期。

136. 李金明:《南海断续线的法律地位:历史性水域、疆域线、抑或岛屿归属线?》,《南洋问题研究》2010 年第 4 期。

137. 李金明:《南海问题的最新动态与发展趋势》,《东南亚研究》2010 年第 1 期。

138. 张明亮:《早期的南中国海研究》,《东南亚研究》2007 年第 3 期。

139. 贺鉴,汪翔:《国际海洋法视野中的南海争端》,《学术界》2008 年第 1 期。

140. 郭渊:《对南海争端的国际海洋法分析》,《北方法学》2009 年第 2 期。

141. 郭渊:《南海地缘形势与中国政府对南海权益的维护———以 20 世纪六七十年代南海争端为考察中心》,《太平洋学报》2011 年第 5 期。

142. 黄盛璋:《南海诸岛历来是中国领土的历史证据》,《东南文化》1996 年第 4 期。

143. 杨翠柏:《时际国际法与中国对南沙群岛享有无可争辩的主权》,《中国边疆史地研究》2003 年第 1 期。

144. 杨翠柏:《"发现"与中国对南沙群岛的主权》,《社会科学研究》2003 年第 2 期。

145. 杨翠柏:《"承认"与中国对南沙群岛享有无可争辩的主权》,《中国边疆史地研究》2005 年第 3 期。

146. 贾宇:《南海"断续线"的法律地位》,《中国边疆史地研究》2005 年第 2 期。

147. 马涛:《从国际法看南沙群岛的主权归属问题》,《东南亚研究》1998 年第 5 期。

148. 赵建文:《联合国海洋法公约与中国在南海的既得权利》,《法学研究》2003 年第 2 期。

149. 王建廷:《历史性权利的法理基础与实证考查》,《太平洋学报》2011 年第 3 期。

150. 林金枝:《外国确认中国拥有西沙和南沙群岛主权的论据》,《厦门大学学报》1992 年第 2 期。

151. 刘文宗:《我国对西沙、南沙群岛主权的历史和法理依据(之一)》,《海洋开发与管理》1997 年第 2 期。

152. 邱丹阳:《中菲南沙争端中的美国因素》,《当代亚太》2002 年第 5 期。

153. 刘中民:《海权问题与中美关系述论》,《东北亚论坛》2006 年第 5 期。

154. 刘中民:《冷战后东南亚国家南海政策的发展动向与中国的对策思考》,《南洋问题研究》2008 年第 2 期。

155. 何志工,安小平:《南海争端中的美国因素及其影响》,《当代亚太》2010 年第 1 期。

156. 张小稳:《近期美国升高西太平洋紧张局势的战略意图及其影响》,《东北亚论坛》2011 年第 1 期。

157. 马为民：《美国因素介入南海争端的用意及影响》，《东南亚纵横》2011
　　　年第 1 期。

158. 卢明辉：《南海争端与东南亚国家的扩军》，《南洋问题研究》2006 年第
　　　4 期。

159. 邱旺土：《印度对南海争端的介入及其影响评估》，《南洋问题研究》
　　　2011 年第 1 期。

160. 张秀三：《南中国海问题的国际因素与我国的对策论析》，《东南亚》
　　　2001 年第 2 期。

161. 鞠海龙：《美国奥巴马政府南海政策研究》，《当代亚太》2011 年第
　　　3 期。

162. 鞠海龙：《和平解决南海问题的现实思》，《东南亚研究》2006 年第
　　　5 期。

163. 廖文章：《海洋法上共同开发法律制度的形成和国家实践》，《人文暨社
　　　会科学期刊（台湾）》2007 年第 2 期。

164. 肖建国：《论国际法上共同开发的概念及特征》，《外交学院学报》2003
　　　年第 2 期。

165. 罗国强：《"共同开发"政策在海洋争端解决中的实际效果：分析与展
　　　望》，《法学杂志》2011 年第 4 期。

166. 李国选：《南海共同开发制度化：内涵、条件与制约因素》，《南洋问题研
　　　究》2008 年第 1 期。

167. 周忠海：《论南中国海共同开发的法律问题》，《厦门大学法律评论》
　　　2003 年第 5 期。

168. 安应民：《论南海争议区域油气资源开发的模式选择》，《当代亚太》
　　　2011 年第 6 期。

169. 葛勇平：《南沙群岛主权争端及中国对策分析》，《太平洋学报》2009 年
　　　第 9 期。

170. 蔡鹏鸿：《试析南海地区海上安全合作机制》，《现代国际关系》2006 年
　　　第 6 期。

171. 王传军:《区外大国对南海地区的渗透及其影响》,《当代亚太》2001 年第 11 期。

172. 蔡鹏鸿:《美国南海政策剖析》,《现代国际关系》2009 年第 9 期。

173. 艾跃进:《从海防意识看中国近代衰落的原因》,《南开学报(哲学社会科学版)》2004 年第 6 期。

174. 辛向阳:《霸权崛起与挑战国家范式分析》,《当代世界与社会主义》2004 年第 4 期。

175. 张森森,俞丽虹,梁钢华:《"海洋意识"的缺失困惑》,《瞭望新闻周刊》2006 年第 36 期。